致　谢

　　本书是浙江省哲学社会科学规划课题"菲茨杰拉德小说中的视觉文化与表演性研究"（16NDJC232YB）的最终研究成果，感谢浙江省社科规划办的大力支持。

　　本书能得以顺利完稿出版，还要衷心地感谢上海外国语大学虞建华先生一直以来的鼓励和教导。虞老师的文章和专著引领我进入美国文学研究的大门。他的论文将《了不起的盖茨比》中的饮酒狂欢解读为美国20世纪20年代禁酒令下的反叛表演，启发了我对整部小说的"表演性"解读。虞老师治学严谨，生活中却是一位幽默宽厚的长者。他从不疾言厉色，而是积极地肯定和鼓励学生们哪怕一点小小的创新。如果不是虞老师当初对此选题的大力肯定和鼓励，我不会有信心在这么多年里持续进行这一研究。虞老师以他深厚中英文语言功底、渊博的学识和宏大的视野为我们树立了榜样。他年已古稀却笔耕不辍，也使我辈在学术研究中不敢有所懈怠。

　　在此我还要感谢杭州师范大学的殷企平教授和浙江理工大学的何庆机教授。殷老师是我的文学启蒙导师，而何老师在我写作书稿过程中的敦促和鼓励我也将永远铭记于心。

　　本书稿初动笔时，女儿刚就读二年级。感谢年幼的她懂事好学，放学后从不打扰妈妈写作，而是陪伴我在书房中阅读小说。灯下两个埋头书堆的身影，是那段时间最美好、最温馨的回忆。

　　本书在出版过程中还得到了浙江理工大学青年创新专项基金（2019Q102）、

学术著作出版资金(19116242－Y)和浙江

s201603)的资助,在此特表感谢。

研究生和本科生的热情帮助,在此感谢朱锦

师为本书出版所做的一切。

2017—2018年浙江省高校重大人文社科攻关计划项目:"社会发展视域下的浙江县报的历史变迁及功能研究(1949—2018年)"

浙江县报的历史变迁及功能研究

李 骏 著

ZHEJIANG UNIVERSITY PRESS
浙江大学出版社

图书在版编目(CIP)数据

浙江县报的历史变迁及功能研究 / 李骏著. —杭州：
浙江大学出版社,2020.12
ISBN 978-7-308-20865-9

Ⅰ.①浙…　Ⅱ.①李…　Ⅲ.①报纸—新闻事业史—研
究—浙江　Ⅳ.①G219.245.5

中国版本图书馆 CIP 数据核字(2020)第 240577 号

浙江县报的历史变迁及功能研究

李　骏　著

责任编辑	傅百荣	
责任校对	梁　兵	
封面设计	周　灵	
出版发行	浙江大学出版社	
	（杭州市天目山路 148 号　邮政编码 310007)	
	（网址:http://www.zjupress.com）	
排　　版	杭州隆盛图文制作有限公司	
印　　刷	广东虎彩云印刷有限公司绍兴分公司	
开　　本	710mm×1000mm　1/16	
印　　张	14	
字　　数	251 千	
版 印 次	2020 年 12 月第 1 版　2020 年 12 月第 1 次印刷	
书　　号	ISBN 978-7-308-20865-9	
定　　价	58.00 元	

序

　　学生李骏的著作《浙江县报的历史变迁及功能研究》即将出版,邀我作序,这是在他博士论文的基础上继续深化研究而成的,作为他的导师,我欣然答允。

　　中华人民共和国成立后不久,县报就开始出现并发展起来,成为中国报业的一个重要组成部分。浙江省县报的生成、发展和变革,正是在我国从农业社会走向城市化、现代化的背景下展开的。媒介是现代社会系统中的一个重要组成部分,社会的变迁会引起媒介变化,媒介也会推动和改变社会发展进程。社会转型时期,新旧观念和文化面临着复杂的矛盾冲突,渗透着对社会发展变革的挑战。

　　县报是媒介的一个分支,县报与社会发展也是一种双向互动关系。县报具有新闻宣传、信息与知识传播、娱乐消遣、读者自我表现等功能,还发挥着建构社会认同、实现社会整合等重要作用,在县域的社会发展和变迁中,传播先进理念,提升居民素质,推进经济社会转型发展,参与地域品牌和地域文化的建构和传播。

　　在已有的关于县报研究的论文和专著中,很多是从采编实务、报业竞争、经营管理等方面来进行,研究者较少从社会发展的视角,把它与县域发展之间的互动关系进行研究,本书运用社会发展的视角来研究浙江县报,具有一定的创新价值。

　　2017年6月李骏完成了博士论文,本书在此基础上继续研究,进行增补和充实。当时他走访了40多家浙江省的县报,收集了大多数浙江县报的发展资料,通过对县报进行深入考查,对2003年在全国性报刊整顿中大面积停刊的县报管理制度进行了反思,提出如下观点:在新时代新形势下,媒介融合快速发展,浙江县报的形式也发生了新的变化,依然具有很强的生命力,有很大的发展空间,我们的相关管理部门不应该想方设法去限制,甚至取缔县报,而应该客观、理性、准确地看待和思考这个问题。县报在基层是有较大影响的新闻媒体,可以通过发展县报完善我国的媒体层级设置。这个论断对我国县报的发展具有一定的理论价值和现实意义,也是对县级媒体研究一个极为重要的补充。此后不久的2018年9月,中共中央在长兴县召开县级融媒体中心建设现场推进会,提出要在2020年底基本实现县级融媒体中心在全国的全覆盖,由此掀起了一场县级融媒体中心建设的高潮,县报获得更新换代的跨越式大发展。

本专著通过对浙江县报的发生、发展进行系统性研究和提炼,梳理了浙江县报在社会主义改造和建设时期,改革开放初期以及社会主义市场经济建设时期的发展脉络,分析其所扮演的角色、承担的责任,以及发挥的功能。本书对我国县报的发展历史和规律有比较深入的研究,可以为目前在掀起高潮的县级融媒体中心建设提供借鉴,适合媒体的从业人员、研究者以及其他相关人员阅读。

希望作者能在科研道路上不断努力,砥砺前行,更上一层楼,不断有高质量的研究成果问世。

程曼丽 *

2020 年 10 月

---

* 程曼丽:北京大学新闻与传播学院教授、博士生导师、国家战略传播研究院院长、新闻学研究会执行会长,第四届中国新闻史学会会长,教育部 2013—2017 年高等学校教学指导委员会新闻传播学类委员会委员。

前　言

　　中华人民共和国成立后不久,许多县委开始创办县委机关报,并快速发展起来,成为中国报业的一个组成部分。新中国浙江省内县报的生成、发展和变革,正是在我国从农业社会走向城市化、现代化的背景下展开的。通过对新中国浙江县报的出现、发展进行系统性梳理和提炼,思考其在中国的社会主义改造和建设时期、改革开放初期和社会主义市场经济建设时期所扮演的角色、承担的责任以及发挥的功能。

　　社会转型时,新旧观念和文化面临着复杂的矛盾冲突,渗透着对社会发展模式的挑战。媒介是现代社会系统中的一个重要组成部分,社会的变迁会引起媒介变化,媒介也会推动和改变社会发展进程。报纸主要有政治、文化、信息和商品等属性;具有新闻宣传、信息与知识传播、娱乐消遣、读者自我表现等功能。县报是媒介的一个分支,同时,县报与社会发展也是一种双向互动关系。浙江县报发挥建构社会认同、实现社会整合等重要作用,在县域的社会发展和变迁中,传播先进理念,提升居民素质,推进经济社会转型发展,还参与地域品牌和地域文化的建构和传播。

　　中华人民共和国成立以来,随着中国社会体制经历的三次重大变化,县报的属性和功能也发生相应变化,从创办之初单一的政治属性,增加了商品属性、文化属性等。

　　第一次是在20世纪50年代的社会主义改造和建设时期,浙江县报出现了第一次发展高潮,推动社会主义事业发展。浙江县报主要属性是党报性质,突出的是党和政府的"喉舌"功能,对社会变革主导思想进行广泛的政治动员,借助媒介手段发动民众广泛响应,参与社会主义改造和建设活动,为贯彻党中央的精神、为保障社会稳定发展提供了强大的思想保证,进而对现实的政治生活以及社会生活产生影响。

　　第二次是在党的十一届三中全会以后,中国实行改革开放政策,指导思想由"以阶级斗争为纲"转变为"以经济建设为中心",浙江县报在这个时期出现了复刊和创刊的潮流,开始有了一些商品属性,承担一些经济功能,在报道事实、传播信息等方面有了很大的发展。这个时期的县级党报不多,很多地方先办起了更加实用的农科报、经济报,直接为农业生产提供知识支持,为商业发展提供信息支持,直接推动经济发展。

　　第三次在 20 世纪 90 年代初邓小平南方谈话后,尤其是在党的第十四次全国代表大会上提出,由计划经济体制向市场经济体制转变,建立具有中国特色的社会主义市场经济体制。此后,浙江县报有了更大的发展,农科报和经济报慢慢转变为功能更加齐全、内容更加全面和广泛的新型县级党报。县报既有行政取向又有市场取向;既有政治属性又有信息、文化和商品属性;既是精神产品,又是信息文化产业的一个组成部分,浙江县报的功能从宣传为主的"喉舌"基础上,增加了传播市场信息、地域文化,反映民情等功能,在建构社会认同方面发挥作用。

　　21 世纪后,浙江县报进行与社会环境相适应的转型。浙江县域的城镇化建设,推动经济发展,为报业提供了广泛的信息需求和受众需求,县报在县域空间里获得了发展的新动力,县报承载着重要的文化传播功能,成为社会发展的加速器,也是社会矛盾的缓冲器。县报的数字媒体平台也迅速发展起来,县报的党报属性继续保留,区域报、都市报的功能开始突出,社会新闻、民生新闻的版面增多,内容更加丰富。浙江县报推进社会体制更新,推动价值观念嬗变,促进社会冲突与矛盾的解决,推动社会的转型与发展。

　　以往对于县报的研究,大多是从采编实务、报业竞争、经营管理等方面来进行,研究者较少系统地从县报与县域发展之间的互动关系方面进行研究。本专著从县报与社会之间多层次、多角度的复杂关系入手,分析其角色和功能,通过对浙江县报社会发展的作用和效果研究,来揭示县报的多种功能。

　　本书还对 2003 年的全国性报刊整顿中全面停刊县报的制度,进行了再思考,提出在新形势下,对县报的重新审视。目前,县报表现形式发生了新的变化,县级融媒体建设正在大张旗鼓地推广,县报有了新的发展空间。对于管理部门来说,不能是想方设法去限制,甚至取缔县报,而是要客观、理性、准确地看待和思考这个在我国基层群众中起到重大作用的新闻媒体,完善媒体层级设置。这对全国各地诸多县报的发展具有重要的理论和实践意义,也是对我国媒体研究的一个必要补充。

目　录

第一章 概 述

中华人民共和国成立以来,在经历社会转型的各个历史阶段中,不同类型媒体的社会角色和发挥的功能有明显差异,媒体所承担的社会角色也是多重而不是单一的。著作以浙江省的县报为主要研究对象,对其发展情况做系统的梳理和深入分析,研究、解读、阐释浙江县报在社会发展中扮演的角色和承担的责任,分析和思考在社会发展与转型中发挥的功能,在政治、经济、文化方面起的作用。

1.1 研究背景

浙江是中国东南沿海的一个省,东西和南北的直线距离都是 450 公里左右,陆域面积约 10 万平方公里,为全国陆域面积的 1.1%,是中国陆域面积最小的省份之一,人口约 5400 多万,为全国的 4%。下辖杭州、宁波两个副省级市,温州、绍兴等 9 个地级市;有 90 个县级行政区,包括 36 个市辖区、20 个县级市、33 个县、1 个少数民族自治县(浙江省人民政府网,2020)。

翻开 19 世纪末的历史,浙江省由于地理位置优越,开放较早,教育发达,人文蔚起,地方报业一直比较兴盛,甲于东南。近代浙江境内出现的第一份县报,是嘉兴平湖县的《平湖白话报》,清光绪二十三年(1897)创办。县报是一种区域报,地方文化和经济条件赋予它生命力,对它的出现和发展有很大影响,浙江县报因为受到政策或经济状况等因素影响,发展曲折,几起几落,但对浙江省的地方经济、文化发展,在不同时期中,确确实实也起到了不可忽视的作用。

　　中华人民共和国成立后,20世纪50年代是浙江县报发展的第一个高潮,从1954年县报《临海报》创刊起,到1956年实现快速的发展,当年就基本实现县县有报,1958年以后,随着三年困难时期的到来,一些县报开始停止发行,到1961年2月浙江省内各县全部停办县报,这种情况一直到20世纪70年代末。

　　中国实行改革开放以后,浙江省处于改革开放的潮头,经济发展迅速、文化底蕴深厚,县报的发展受到当地经济状况、宏观环境、历史文化和县报自身竞争实力等方面的影响,在几十年的发展中,发挥了重要作用,也积累了丰富的经验。在20世纪80年代初期,浙江省的《吴兴报》《江山报》《诸暨报》等县报率先复刊,到21世纪初,浙江省除了个别海岛县外,又一次基本上实现县县有县报。2003年受国家报刊管理制度大调整的影响,停办了一批县报,但是仍保留了16家有全国统一刊号的县报,和一家有省内刊号的少数民族自治县县报《景宁报》,浙江省的县报数量居全国首位。随着经济发展,为满足执政党、政府和民众各方需求,停办的县报后来都已经恢复办报①,虽然没有获得国内统一刊号,但依然承载着地方报的功能。

　　研究浙江县报的角色与功能,不仅要对浙江县报从中华人民共和国成立以来的发展情况做系统的梳理,记录浙江县报在此期间的发展历程,认识和把握发展其规律,用于资政育人,也是进一步梳理地方媒体的功能,了解它如何推进地方社会发展、经济发展、文化建设,在传承当地历史文化等方面怎样发挥作用,怎样为社会发展提供精神动力和历史借鉴。

　　20世纪90年代,浙江省的县报,属全国前几位,但是尚不能说是领军者。到了2001年,浙江省已经走到全国第一位。尤其是2003年下半年整顿之后,浙江省创新了县报发展方式,成为全国的排头兵,全国许多地方的县级和地市级报社,纷纷来浙江取经。

　　据浙江省新闻工作者协会县市区域报工委统计,2016年,浙江省县市区域报共实现经营总收入14.58亿元。除了原保留的16家外,又有几家通过上级报业集团改办等方式取得刊号,具有国家正式刊号的县报达到18家,这18家报社总收入约10亿元,广告收入约4.1亿元,新媒体收入近4000万元,增幅明显。其中,《萧山日报》广告收入近6400万元,《余杭晨报》4500万元,《永

---

　　①　2003年底,浙江省内停办的县报,几年之后全部恢复办报,在县域内发行。起初,这些报纸多数以"今日××"命名,故被浙江省内传媒界人士统称为"今日系列"县报。

康日报》3077万元。另有《东阳日报》《海宁日报》《义乌商报》《诸暨日报》和《余姚日报》五家,广告收入超过2000万元。

浙江各县级新闻传媒中心(没有国内统一刊号的县报)的不完全统计,2016年报业总收入约4.58亿元。其中,全年广告收入突破千万元的县报有3家,分别为长兴传媒集团外,还有德清新闻中心1529万元,宁海新闻中心1014万元;广告收入达到500万元以上的县报有象山、北仑和桐庐3家。

2018年,浙江18家县报收入总和约14亿元,其中《萧山日报》到达1.5亿元,超过5000万元的有9家;广告收入约4亿元,其中最高的也是《萧山日报》0.56亿元。《萧山日报》《余杭晨报》《义乌商报》等掀起新一轮的改革热潮,力求内容更加本土化,阅读更加便利化,服务更加生活化,交流更加日常化。县报在办好纸媒的同时,大力开展新媒体建设,多家报社建立了网络媒体、移动媒体和户外媒体,进行多媒体融合发展,实现媒介互补和良性互动。

对浙江省的县报发展进行研究,具有典型意义,也有很强的现实意义。

党的十八届三中全会报告指出:

> 全面深化改革的总目标是完善和发展中国特色社会主义制度,推进国家治理体系和治理能力现代化。(中国共产党中央委员会,2013)

提出完善国家治理体系,提高国家治理能力两方面要求,以及多元共治的发展思路。

党的十八届五中全会公告提出:

> 重点促进城乡区域协调发展,促进经济社会协调发展,促进新型工业化、信息化、城镇化、农业现代化同步发展。(中国共产党中央委员会,2015)

实现中华民族伟大复兴,需要提高国家治理的现代化水平,重构国家与社会、政府与公民的关系。在国家治理体系建设上,要处理好中央与地方的关系。城镇化、农业现代化建设的落脚点在基层,很多规划都落实到县一级来具体执行。县报曾经是中国四级报业体系的最基层一级,县报及其所属新媒体在舆论导向、信息传播、文化娱乐、监督等方面都发挥了积极的作用。目前,中国正在全面建设小康社会,全力推进社会主义新农村建设。完善媒体层级设置,可以更好地促进社会发展,完善公共服务,全面满足群众文化方面的需求。

随着网络媒体的崛起、社会自治的勃兴、公共领域的拓展、多元思潮的传播,党政权力二元一体的治理模式逐步向主体多元化治理转变,各种社会主体开始广泛参与社会治理,媒体在这个过程中发挥了重要作用。浙江县报在整个国家内部传播体系中,发挥毛细血管功能,县报受众包括县级政府干部,小区和农村居民,县报面向城乡居民提供知识、教育、社会服务等。县报自身也在经历着新媒体转型,在新形势下开展媒介融合业务,继续完善政策和信息传播的渠道,实现各种信息更加有效地传播至广大城乡的各个角落。

发展地方媒体,注重地方新闻,也是国外很多地方性报纸,在面对媒介全球化趋势做出的一种应对与选择。美国大报倾向于刊登国际国内大事,比如美联社,每天发出约 5 万字的国际新闻稿件,而地方报纸带有鲜明的地方性;比如州一级的报纸,每天大概只编发 6 条国际新闻,2011 年,巴菲特花费 2 亿美元,收购了一家区域性报纸《奥马哈世界先驱报》,这是位于他故乡的一家报社,主要刊登本地区范围内,一些居民感兴趣的独家新闻,本地的中小型的体育赛事,餐饮、美食,风土人情和休闲活动等,主要面向本地读者。在日本,在很多地方报纸上几乎看不到那些重大国内国际新闻,它们主要报道本地发生的各种琐事,被称为"豆"新闻,这种新闻具有鲜明的地方性和本地特色。

1.2 研究内容

县报作为一种地方报,要研究其在社会发展中的具有怎样的功能和作用,就要深入考证县报的生存和发展背景,结合当地经济状况、历史文化底蕴、人文环境进行研究,还包括县报受众的基本特征和精神文化需求,在此基础上考证县报对县域治理、新闻报道、信息传播、经济发展、文化娱乐作用,在县委县政府传达重大决策,地方政策法规上的功能,挖掘本地优秀的历史文化遗产上的功效,建设区域话语公共空间,解决民生问题的作用。

本研究在广泛走访,搜集掌握大量资料的基础上,注重时代特征和地方特色,整理和考证中华人民共和国成立以来浙江的县报,特别是关于现在尚存的县报,和今日系列的省内刊号县报的情况,对县报的角色和功能做深入研究,对县域通讯员和读者特征作研究。在运用现有的传播学、社会学理论进行研究的基础上,将零散的信息和数据进行整合,研究发现的浙江县报与社会发展之间新的联系,做出自己的阐释和解读,寻找县报发展的一些规律。

1.2.1 浙江省县报的概况

目前浙江省的县报被一些学者零星进行研究,但反映其整体概貌,针对功能与角色进行深入研究的还很少。本专著从中华人民共和国成立以来,浙江县报的发展情况入手,通过对县报发生、发展、变迁事实情况的细致梳理,掌握其发展的过程和特点,进而深入研究县报在社会发展、经济建设、文化娱乐,以及解决基层各类问题等方面发挥的作用。

1.2.2 县报角色和功能

本书对中华人民共和国成立以来县报的角色和功能作了深入探讨。县是国家的基本构成单元,县委是中国共产党的基层组织,县政府是国家的基层管理机构。县报及其新媒体平台是信息传播的毛细血管,是反映社会发展情况的一个重要窗口,可以反映出国家和社会的一些真实的参数。县报是一种地方媒体,普遍在本地具有重要影响力,起到了最迅速、最广泛地把党委和地方政府的方针政策传导到基层,把基层的呼声和问题,及时上报到各级党委政府的重要作用。

浙江县报曾经规模不小,从业人数众多,在信息传播、精神文明建设的微循环中发挥重要作用。

20 世纪 50 年代在中国,县报的一个重要作用是进行社会和政治动员。在当时的政治局势下,县级党委和政府广泛利用县报有意识地进行社会主义改造和国家建设内容的传播,以及中共中央提出的社会主义建设总路线"鼓足干劲,力争上游,多快好省地建设社会主义""大跃进"和人民公社这"三面红旗"等思想的传播,号召和鼓励人们参与当时国家和地方的重点工作,团结人心,形成共识,从而获得人们的普遍支持。

中国实行改革开放以来,县报成为推动经济、文化和社会发展的一个重要角色,在民主法治建设、多元开放等方面也发挥了积极作用,包括中央精神的传达、地方政府中心工作的宣传、监督权力运作、信息传播、地域文化挖掘和培育区域共同体与公共空间、凝心聚力等。在国家治理体系中,县报融合新媒体,创新传媒体制、机制,保证了传播质量,在最基层产生社会矛盾前,能及时发现,及时报道,引起当地政府重视并得到及时处理,缓解了社会矛盾,解决了老百姓身边的问题,保障了社会稳定。同时,县报在传播大众文化,推动地方党委和政府与人民大众的紧密联系上发挥重要功能。

1.2.3　其他

考察县报受众的特征,县报受众具有明显的地域特点。研究县报的通讯员队伍,通讯员也是县报的读者,是大量参与县报投稿、支持县报发展和传播县报内容的读者。

还考察技术发展对县报的影响。2003 年国家报刊管理政策调整后,浙江省除 16 家县报保留刊号,其余 50 多家县报通过转型,成立传媒中心,依托网站发行纸质版来开展工作。本书对县报在新媒体环境下如何适应传播环境的发展与变化,建立新媒体传播平台,推动社会发展,配合地域治理,服务好基层老百姓,作了深入研究。

1.3　研究方法

丁淦林教授的《中国新闻史研究需要创新——从 1956 年的教学大纲草稿说起》一文,提出新闻史研究要"论从史出"(丁淦林,2007:3),这也是本研究坚持的基本原则。

研究的基本思路,运用和借鉴新闻学、传播学、社会学等学科的研究方法,对县报进行理论化和系统化的探索,探讨在社会发展中,县报如何发挥独特作用,发挥社会效益,对地方社会发展做贡献;全面考察县报受众特征,研究县报对县域文化发展的影响,和老百姓文化生活的关系;从传播学的视角,全面分析县报在传播、舆论引导等方面所呈现出的特征;运用传播学、经济学等理论知识对县报在社会转型以及媒介融合与竞争下的发展现状进行研究,对县报与县域经济发展的关系做深入研究;对用传播学理论对县报受众特征进行梳理,研究县报的角色和功能。

研究采用的路径和方法:首先是资料收集,实地观察与访谈,在掌握大量一手资料的基础上,运用案例分析,文献资料分析进行深入研究和探讨。

数据的真实完整具有本体论的意义。研究资料有两大来源:

来源之一,通过实地走访,收集县报的一手资料、报纸原件和典型案例。走访和调研《萧山日报》《富阳日报》《奉化日报》《海宁日报》《温岭日报》《乐清日报》等多家县报,与长期从事县报一线工作的报人,尤其是对县报发展做出重要贡献的老报人进行直接交流,收集大量县报发展的第一手资料,多家具有代表性县报的典型案例,展现出活灵活现的历史面貌,梳理县报的功能。

走访浙江省内县报发展具有代表性的县域,对县报读者进行实地考察,采访不同层级县报读者,广泛了解县域城乡居民的读者特征以及他们对地方报纸的需求。

走访对县报进行过研究的学者,通过访谈对某些单薄的原始文献记录进行深入挖掘,全面了解县报的研究背景。

到相关单位调研,到浙江省新闻工作者协会(简称浙江省记协)县市区域报工作委员会和浙江省新闻出版局、浙江省报业协会,广泛收集县报的资料。

在采集各方面信息时,注重与文字史料相互印证和补充,考证历史原貌。对相关案例中存疑之处进行认真的考据。

来源之二:收集大量的县报研究资料和文献。通过图书馆、档案馆、互联网等渠道收集关于与县报研究相关的论文、专著、报刊等。搜集浙江各县相应年代的方志、党史,了解县报存在的历史背景。查阅政府管理部门的相关档案、县报研究机构的浙江县报统计资料,相关论著和论文等,作为本研究的基础资料。研究中还收集了中国县市报研究会编写的从 20 世纪 90 年代初期开始到 2020 年的《县市报研究》期刊,以及由浙江省新闻工作者协会县市区域报工委编写的年会会刊。

根据研究内容的需要,对搜集的报纸、数据、文献等数据进行分析和梳理,运用历史学研究方法,对浙江县报进行比较全面和深入的研究。具体来说,运用文献分析法对县报的历史、研究现状等进行分析;同时,认真研读多家县报原文,运用案例分析法进行麻雀解剖式的深入研究。将收集的各类资料进行整体的、全面的研究,正确的把握研究问题的概貌,进行分类研究,挖掘问题的深度。

运用归纳法对与县报与社会发展相关资料做一些分析,归纳总结浙江县报的媒介功能特性,将零散的数据进行整合,发现新的联系、新的规律,努力做出自己的阐释和解读。

研究难点。

(1)有一定时期的历史跨度。中华人民共和国成立以来县报发展前后有 70 多年,收集资料的难度大。

(2)区域跨度大。改革开放以来,浙江省有 70 多个县有过县报,目前有国家正式刊号的县报有 18 家,还有 60 多家县报以内刊形式在县域内发行,走访困难较大,而且浙江县报大多数都没有对 2000 年以前的报纸进行数字化处理,很多资料只能实地去查阅,或使用二手的研究数据。

(3)行政区域划分变化大。中华人民共和国成立 70 多年来,不少县行政区域归属发生了诸多变化,有的升格成地级市,有的被拆分成几个县,有的改了名,有的改为县级市或区,这些变化使各地县报生存和发展的背景情况变得相当复杂。

(4)如何正确归因,也是研究中的难点。一些社会现象和社会发展是否由县报所推动,县报在其中起到多大的作用,考证难度较大,要尽力做出合理的逻辑推断,才能尽量避免不当归因。

1.4　研究意义

国内对县报的研究为数不多,对县报进行功能和角色研究的成果也很少。本书研究在通过全面掌握浙江县报发展历程,结合各个时期的时代背景来分析县报的角色、功能和性质,深入研究县报受众特点,传播模式,对县报发展的相关理论进行整合和分析,对中华人民共和国成立以来浙江县报发展、演变情况进行分析整理,尝试提出县报与社会发展间的关联,在一定程度上丰富和拓展了与中国报业发展相关的研究。

本研究的现实意义:如何构建合理媒体层级,是政界、传媒界、学术界共同关心的问题,中共中央城镇化工作会议描绘出中国特色的城镇化美丽蓝图:"让城市融入大自然,让居民望得见山,看得见水,记得住乡愁。"(中共中央城镇化工作会议,2013)落脚点在于对基层的治理。对于县报发挥了哪些作用,生存空间有多大,新媒体时代如何演变,发展前景如何,城乡百姓需不需要这类媒体等问题,已经争论了多年。目前县域中还面临复杂的社会问题,本专著就社会转型大环境下县报生存和发展的根本问题做了研究,对县报角色与功能进行比较全面、系统的研究,全面地探索新中国成立以来浙江县报出现、发展和演变的特点。根据一方水土养一方人的地理文化特征,为进一步完善报业层级设置和管理,发挥县域媒体的作用,解决城乡居民的社会和文化生活问题提供借鉴和指导。

第二章　文献综述

在浙江新闻史著作中,有三部影响较大:其中一部也是我国最早的地方新闻史专著之一,是由《之江日报》社社长项士元所著《浙江新闻史》(项士元,1930),记载了从清咸丰四年(1854),至 20 世纪 20 年代中华民国的 70 多年中,浙江新闻事业的发展情况。此书存史价值较高,但书中记录的那些清末和民国时期的县报生存背景和发展模式以及报纸功能,和本次的研究对象中华人民共和国时期的浙江县报,存在一些明显的不同。书中内容虽然和本次研究不直接相关,但也为研究提供了一些有益的参考。第二部是 1989 年出版的《杭州报刊史简述》(徐运嘉、杨萍萍,1989),记述了杭州地区报刊事业的产生和发展概况,对 1949 年以后杭州地区的县报,有比较完整的记录。第三部是杜加星主编的,2007 年出版的《浙江省新闻志》,属于浙江省志丛书中的一部,是浙江一方新闻之全史,记述清咸丰四年至 2000 年,浙江省新闻事业不同历史时期的状况。该书有 160 万字,内容非常丰富,新闻史料比较全面。对本研究主体:中华人民共和国成立后的浙江县报,提供了重要数据源及线索。但方志类史书以客观简要记录县报本体为宗旨,内容简明扼要,没有拓展的研究性论述,不像新闻史研究的专著那样,对报纸的功能和作用进行论述。此外,浙江省的一些地区还出版了当地新闻史著作,比如《温州新闻志》(编委会,1992)、《杭州新闻史》(张梦新,2011)、《宁波新闻传播史(1845—2008)》(蔡罕,2012)、《浙江县报百年史》(李骏,2012)等。所有这些,都为深入研究浙江县报提供了扎实的基础资料和线索。

在近代历史中,浙江涌现出不少在国内影响颇大的新闻媒体,如开先河的浙江近代中文报刊,清咸丰四年在宁波发刊的《中外新报》,如在东南沿海乃至国内影响较大的《东南日报》;一些新闻界名流,如秋瑾与《中国女报》、鲁迅与

《越铎日报》；知名的新闻事件与新闻报道，如"非孝"事件、史量才遇刺事件等都在全国产生不小的影响。浙江向全国输送新闻专业人才如流水不断，浙江也有一些文化名人直接参与县报工作，比如郁达夫与《富阳日报》，茅盾与《新乡人》，郑振铎与《新学报》等。浙江的县报事业，其产生、演变和发展，从1897年《平湖白话报》开端，至2020年已有一个多世纪的历史。据可查考的史料档案不完全统计，浙江省共出现过的县报400多家，乐清、青田等一些县报发行远及海外，对当地侨民颇具影响，还有一份比较特殊的报纸，是跨浙江、江西、安徽三省，开化、休宁、婺源、屯溪四县联办的县报《边界经济报》。

2.1　县报研究

"物有甘苦，尝之者识；道有夷险，履之者知"。回看中华人民共和国成立后，从全国范围来看，县报在县域发展中发挥过重要作用，在浙江更是发挥了不可或缺的作用，但以往人们对报业的研究主要集中在国家、省、地三级，对县报的情况关注较少。

中华人民共和国成立初期，县报研究处于萌芽状态，1956年3月22日《人民日报》发表《介绍一个县报——吴兴报》一文，介绍浙江的吴兴报，这是中央媒体首次发表关于县报内容的评论。1958年1月以后，《新闻战线》开始刊载一些与县报工作相关的小论文，每期有几篇，主要探讨一些新闻实务的问题，县报记者如何开展采、写、编、评这些最基本的新闻业务，总结一些基本经验，在期刊上进行交流和推广，论文一般比较短小，篇幅为1到2页，不超过2000字，有时候1页安排几篇几百字的小文章。这个时期的县报论文，有的是宣传管理部门的人员对县报进行一段时间观察后，进行一些理论梳理，比如《湖北几个县报的农业生产大跃进宣传》（汪华明，1958）、《河南省委宣传部对县报工作提出具体要求》（刘黎桂，1958）、《湖北孝感地委成立县报工作专门小组》（汪华明，1958）、《中共山西省忻县地委指示各县加强对县报的领导》（张瑞亭，1958）、《我们对县报的领导》（安季维，1958）、《学会办县报学会用县报》（中共海伦县委员会，1958）。有很多是县报工作人员结合自身的经验写的一些体会，比如《墨江县报的评论工作》（陶章，1958）、《篇篇谈思想篇篇口语化南县报的评论工作》（刘兆颐，1958）、《彻底解决办县报的方针问题》（熊耀才，1958）、《下决心办一张出色的县报》（王耀，1958）、《为政治服务是我学习写作的目的》

(安季维,1959)、《县报的篇幅还是小些好》(王兴如,1959)。也有一些专家对县报工作的指导性文章,比如化名"言群"的作者,写了《县报编辑工作的几个特点》(言群,1959)、《谈县报的时事报道》(言群,1959)等多篇与县报相关的论文。1960 年 1 月开始,《新闻战线》还开辟"县报动态"专栏,编发全国县报每月的大事,到 1961 年以后,随着大部分县报停刊,《新闻战线》也就很少刊登县报研究的相关论文了。

这个时期,有的地方还组织编写了县报研究的论文集,比如湖南人民出版社出版的《怎样办县报》(中共湖南省委宣传部,1958),山西人民出版社出版的《怎样办好县报——介绍万隆小报的经验》(中共万隆县委宣传部,1960)等书籍,介绍了一些县报的工作规律,主要是湖南南县报和山西万隆小报的一些经验。强调县报的导向必须服从中国共产党的领导,做党的驯服工具,要突出党委宣传的中心工作;县报工作人员要站稳无产阶级立场,破除迷信,创造革新;要善于结合地方工作的特点,联系群众、联系实际、改造思想。

党的十一届三中全会以后,改革开放促进经济迅速发展,社会主义现代化建设有了新面貌。这个时期是县报复刊的探索阶段,到 1991 年底全国县市报有 230 家,浙江省有 10 家,还有 20 多家县级专业报,包括农科报、经济报等。1992 年党的十四大召开后县报蓬勃发展,到 2003 年全国有县报 2000 余家,浙江省有 60 多家。大量县报研究的论文发表在《新闻战线》和《中国记者》等期刊上,内容多数是关于新闻采编或者经营管理的实务研究。

1991 年 11 月,中国县市报研究会在江苏省宜兴市成立,办有内部发行刊物《县市报研究》,研究内容多数集中在具体的新闻业务层面。1998 年在中国台湾地区举行的"两岸传播媒体迈向 21 世纪学术研讨会"上,发表的《改革开放以来大陆县市报蓬勃发展的原因和趋势》(洪佳士,1998:198－209)一文,总结了县报发展历程,较早从理论上对县市报发生和发展的情况进行了比较深入地探讨。

1998 年 7 月,浙江省新闻工作者协会县市党报工作委员会成立,并将报业经营资料编入每年一期的年会会刊,为研究浙江省县市党报这些年的发展情况提供了比较可靠的数据。这个时期江苏、山东、湖北等多个省份也先后成立了有关县市报研究性质的组织,编写县报相关资料,也收录了部分研究论文,这为研究县报在中国发展的整体情况提供了参考依据。

国家在 2003 年开展报刊整顿,重点是压缩总量、调整结构,县报在这次整顿中数量大幅度减少,发展模式也发生很大变化。留存的县报并入省或市级党报中,中国报业结构从"中央、省、地、县"四级变成"中央、省、地"三级。浙江省有国家刊号的县报,保留了 16 家,15 家县报被省市党报有偿兼并,另 1 家是独立发展的义乌市《小商品世界报》。还有 1 家少数民族自治县景宁畲族自治县省内刊号的《畲乡报》继续保留。县报在浙江多数县里却是"名亡实存",县报取消后,这些县市建立里县级新闻传媒中心之类的机构,保留了原来的人员和设备,建立新闻网、微博、手机 APP 等,走上媒介融合之路,并采用网站纸质版的形式在县内发行,发挥原来县报的功能,也成为一股充满生机活力的推动社会发展和新闻事业的力量。

这个时期有了一些理论研究专著与论文发表。《萧山日报志》(萧山日报志编委会,2004)完整记录了一家县报发展状况。《中国县市区域报的浴火重生》(王平,2009)首次研究了县报在全国报业整顿后的,在 2004 年到 2009 年的五年期间的生存与发展状况。在各县出版的县志中,各级政府出版的年鉴,新闻工作者协会出版的年鉴中,或多或少涉及了县报情况记录,为深入研究提供了史料和素材。

在其他省,原湖北省县市报研究会会长编写了《风雨求索二十年》(晏书成,2011),重点记录 20 世纪 80 年代到 2003 年报业整顿期间湖北省县报发展的整体概貌,为了解县报在浙江以外省份的发展情况提供了详实数据,便于更加全面地把握县报在中国发展的社会背景。

知网上有关县报研究的论文有 653 篇,其中发表在中央媒体期刊的《新闻战线》201 篇,《中国记者》63 篇,省级媒体期刊江苏《新闻通讯》(后改名《传媒观察》)121 篇,浙江《新闻实践》(后改名《传媒评论》)57 篇,北京《新闻与写作》36 篇,陕西《新闻知识》36 篇,上海《新闻记者》16 篇,湖北《新闻前哨》13 篇,四川《新闻界》12 篇,山东《青年记者》11 篇,辽宁《记者摇篮》10 篇,高校和研究机构期刊很少刊登关于县报的论文,可以看出:

(1)央媒体期刊中,《新闻战线》从 20 世纪 50 年代开始就长期关注县报研究,《中国记者》也刊发了不少县报研究的论文,地方上县报繁荣的省如江苏、浙江等,对县报研究也比较多。

(2)研究方向主要集中在新闻实务层面:县报采编业务,经营管理,媒介融合等业务。

上述研究都为本课题的研究提供了重要的资料。但也存在一些不足:

(1)一些研究深度不够。研究仅限于现象调查和简单分析,缺乏理论建构;所构建的理论模型,也较少把县报进行学理抽象研究。

（2）一些研究视野不够开阔。多数局限于新闻实务,较少使用传播学、社会学的理论方法,把县报研究与社会发展等因素联系起来研究。

（3）一些研究调查范围不够广泛。大部分研究样本数量不足,影响了信度和效度。

2.2　社会发展与基层报纸的关系

传统的社会管理的体系,一般是自上而下的线性模式。伏尔泰认为,国家扮演着"钟表师"的角色,使人民在公共行为、社会习俗、社会机制等方面,遵照国家的意志执行。(Jean-Pierre Gaudin,2010)

根据这一模式,媒体就是在"钟表师"指导下按部就班工作的一个环节。浙江县报在不同时代的城乡传播过程中,发挥了不同的作用。

在中华人民共和国成立初期,主要任务进行是社会主义改造和建设,农村管理体系和制度发生重大变化,这个时期的县报,围绕中共中央和地方政府的中心工作,服务政府发展纲要,对广大群众进行社会主义教育。当时县报被作为一个宣传和动员的重要工具,一些领导认为政策和方针的传达,一靠开会,二靠报纸,政策贯彻执行中的问题,主要依靠报纸来指导和推动。对一些不识字的农民,通过广泛开展扫盲班、读报、夜校学习等,对政策进行宣传和贯彻执行。在报道中抓典型、抓问题、抓经验,案例生动鲜明,在广大基层农民中做好宣传工作。新闻报道特色是文章短、标题短,文章口语化、形式多样化、版面方块化,大力推广群众参与,群众办报,新闻报道针对性强,效果明显。

改革开放后,中国的城镇居民生活环境也发生了很大的变化,从改革开放前以单位制为背景下组建成的"生活—工作"一元体系,慢慢地过渡到以小区为基础的居住和生活圈子。小区里很多人彼此不认识,又普遍缺少公共空间,所以,城镇里的居民以往对地域的归属感与熟悉感也在逐渐缺失。乡村也不同于费孝通在《乡土中国》里描写的以血缘关系组成的乡村体系,从 20 世纪80 年代初开始实行家庭联产承包责任制,到社会主义市场经济体制建立后大量农民工进城打工,长期住在城市或城镇。而一些农村也在城镇化建设过程中,进行了城镇小区化模式的建设。

生活环境变化后,城乡居民比较关注对与自身相关的事情,面对公共事务时,参与的积极性不高。随着城市化进程的加快,乡村改造、城乡接合部治理、小区建设等工作越来越受到重视。改革开放后的社会治理方式,由单一政府管理,发展为政府主导为主,多元主体参与。基层媒体最接地气,县报的参与,在塑造县域认同感上发挥重要作用,积极推动多元主体参与基层治理,不同主体通过协商、合作,求同存异,共同促进小区的和谐发展。

吴群刚等提出小区承担新的社会整合功能,小区建设的最大挑战是如何在市场经济下,在陌生人组成的小区里,构筑和谐的人际关系,新型的合作互助社会共同体(吴群刚、孙志祥,2011:13)。在这个建设过程中,基层媒体的作用越来越凸显。

很多西方小区研究,围绕"如何在'个人至上'理念影响下的现代社会中,让一群陌生人达成共识,形成集体责任感,共建一个具有归属感的小区。"这一个主题展开研究(杨敏,2007:137-164)。王处辉等人提出通过培育小区意识来推动小区治理。县报应该发挥文化培育和大众教化功能,主动地投入到培养居民的区域意识,建立文化共同体之中,参与到基层治理中。要将小区成员汇集起来,建立共有、共享的小区意识,培养小区主人翁精神,建立新型小区治理体系(王处辉、朱焱龙,2015:1)。

罗霆从城市建设的角度分析小区报的作用,以及小区报在小区建设和小区信息传播中,如何运营与发展(罗霆,2011:60-63)。罗自文研究了城市小区建设和小区报的关系,分析了当前小区报发展的主要问题和困难,提出将小区报纳入小区建设的系统中,使小区报能够与小区共同发展(罗自文,2014:40-43)。这两篇文章利用系统研究的方法,转换视角,摆脱了围绕小区报而讨论小区报的局限性,遗憾的是没有对这种视角转换后的小区报建设进行更深入的分析和研究。

曾海芳、张咏华的观点是,小区报能够记录和倾诉来自最底层居民的声音,是真正面向草根,属于底层群众的报纸。小区报还具有的地域话语体系化的属性,能够形成一种文化特质(曾海芳、张咏华,2010:58-60)。

路阳、郝一民在《小区传媒在小区治理中的价值与意义》一文中,阐述了小区媒体在小区治理中具有传声筒的功能,还参与建构小区公共平台,提出小区应该利用好小区传媒,来促进建设,使小区能够和谐发展(路阳、郝一民,2013:16-18)。这篇论文分析了小区媒体在参与社会治理中的意义与价值,不足之处是缺少小区媒体参与治理的具体方案,实践性不足。

目前浙江省获得国家刊号正式出版的小区报一家也没有,内刊性质的小区报基本也没有,有一些开发商、房地产企业办的企业报在小区内免费发放,内容报道以企业事务为主，涉及小区事务的不多。在政策和社会需求的共同作用下，最基层的报纸主要是县报，在很大程度上发挥了小区报的作用。所以，小区报的研究成果，也可以给研究浙江县报提供参考和借鉴。对于县报而言，创办和运营的过程中，同样要坚持把服务基层摆在第一位，要多为当地居民建好发声平台，提供倾诉的机会，推动居民的地域认知和社会参与。

学术界已有不少关于媒体与社会发展的相关研究，涉及"中央与地方""媒体与治理""结构与功能"之间等诸多因素，为进行媒体角色与功能研究提供多维视角和理论借鉴。王栋和徐承英合写的《整合、协调、回馈：社会组织参与小区治理民主机制及其功能探究》一文中，探讨了如何发挥社会组织的积极性，促进他们主动参与小区多元主体合作，如何平衡、制约各种社会组织的理念和利益，建立有效的治理机制，协调好体制与机制的关系。小区治理的"功能"和"效应"如何互补，形成有机体系（王栋、徐承英，2012:77－83）。但是，理论模型中，较少把媒体作为一个独立角色展开研究。

近几年，关于城乡差距、乡村现状的报道和研究，暴露出一些亟待解决的问题，正在引起广泛关注。《北大毕业生返乡报告》（杨仁望，2016）一文概括了乡村礼俗秩序变迁、拜金之风日盛、暴戾之气滋生等现状，反映出基层受众的一些基本特征。

国外的行政体制设置和我国不一样，欧美发达国家小区报的发展和研究，也可以为考查浙江县报提供参考。美国是"国家、州、县"三级行政体系，小区报是最基层的报纸，我国是"中央、省、地市、县、乡（镇、街）"五级行政体系，国家正式批准的小区报凤毛麟角，县报可以看成是国家报纸序列中最基层的报纸。美国、加拿大等国家基层报纸小区报的发展势头良好，在推进社会发展中发挥了重要作用，有学者对此进行过一些研究。辜晓进的《走进美国大报》，记录了美国各大报感受到的有益、有趣的东西，也记录了拥有一百多年历史的老牌小区报的报道内容、发行以及广告经营等情况（辜晓进，2002）。

陈凯在《小的才是美好的——分众时代：美国小区报的发展良机》一文中，对美国小区报做了梳理和定义，介绍了美国小区报分众化的特点，如何满足个性化的需求，分析小区报的发展机遇和机会，展望小区报的发展前景。新闻定制服务出现后，给大众传播带来的巨大改变。从媒体受众分类服务，为不同阶层受众提供不同的服务，小区报的机遇恰恰就是可以提供这种分层中的一部分定制服务（陈凯，2009:28－51）。

陈凯在《走进美国小区报》的专著中，对美国小区报发展的整体架构和发展状况做了记录,数据十分详实,阐释了美国小区报的发展理念"小的才是美好的"。书中还探讨了如何培育小区居民的区域归属感(陈凯,2011)。中国和美国的行政建制有所不同,美国小区报的很多发展背景和中国大陆的县报类似,可以为研究县报提供参考。

媒介地理学是从媒介学与地理学交叉中发展出来的学科,以新颖的角度来观察媒介塑造的世界。媒介地理学为科学了解、认识、研究区域媒体提供了一系列独特的思想观点和理论视维(邵培仁,2010)。

媒介地理学也为研究浙江县报的生存与发展提供新视角,可以运用"天、地、人、媒"之间的关系,相互作用,相互影响、和谐共存的思想,对浙江县报的空间、时间和景观等进行研究。

2.3　报纸的角色和功能研究

在社会学中,社会角色的概念是指与一定社会地位、身份相一致的一整套权利、义务和行为规范。媒介也是社会中的一个成员,在整个社会体系中,扮演着一定的社会角色,不同的社会制度、文化环境和社会环境下,对报纸的角色和功能的认知存在差异(刘劲松,2011)。刘建明的《新闻学概论》著作中,指出:"新闻媒介的功能是指其传播内容对受众和社会的影响。"西方新闻界经常把媒体记者比作"无冕之王",具有立法、行政、司法三权之外的第四种权力。中华人民共和国成立以来我国报纸的角色定位,以党报是党和政府的"耳目喉舌"为主。

李金铨认为,受"文人论政"这个传统文化的影响,现代中国报业的主要功能不是提供信息,更多是在发挥启蒙和宣传的作用。因此,报纸可以分为"儒家模式、毛泽东模式和市场化模式"三种模,其中市场化模式在邓小平实行改革开放政策之后才出现(李金铨,2008)。

陆晔、潘忠党指出中国记者新闻专业主义话语建构的三个传统:(1)"文人论政"传统,这种传统从儒家士大夫开始一直延续至近代知识分子;(2)党和人民的"耳目喉舌"传统;(3)商业媒体传统,这个传统起源于西方,在中国大陆建立社会主义市场体制后,才逐渐兴起的(陆晔、潘忠党,2002:7)。

张志安、吴涛归纳了中国媒介角色的三个基本类型:

启蒙者、记录者和宣传者,其中,启蒙者偏向"参与",记录者偏向"中立",而宣传者则主要为社会主义国家的传媒体制所决定,在欧美国家中比较少见(张志安、吴涛,2014:64)。

改革开放以来,我国对报纸角色的认知逐渐丰富,在继承了过去几十年传统的同时,报纸承载的功能也在不断丰富。

南京大学方延明教授在 2004 年国家社科基金项目"全面建设小康社会:我国新闻传媒的角色、功能与使命"研究中,对我国的新闻传媒角色、功能与使命进行整体研究,但没有针对县报展开深入研究(方延明,2006)。

总的来说,对报纸角色与功能的认知主要包括以下一些方面。

2.3.1 阶级斗争工具

报纸的"工具论"是指"报纸是阶级斗争的工具"。恩格斯多次谈到了报纸的工具论,有时候直接描述成武器论。他在 1890 年 9 月指出:

> 1848 年到 1849 年为《新莱茵报》撰稿。这是革命的时期,在这种时候从事办日报的工作是一种乐趣。你会亲眼看到每一个字的作用,看到文章怎样真正像榴弹一样地打击敌人,看到打出去的炮弹怎样爆炸。(马克思恩格斯全集,1890/1956:9)

1894 年 12 月 27 日,由于《工人报》从 1895 年 1 月 1 日起改为日报,恩格斯给奥地利工人写的贺信中。又一次提出报纸的武器论观点:

> 在每一个党、特别是工人党的生活中,第一张日报的出版总是意味着大大地向前迈进了一步,这是它至少在报刊方面能够以同等的武器同自己的敌人作斗争的第一个阵地。这个阵地你们已经为自己占领了。(马克思恩格斯全集,1894/1956:9)

在中国,报纸的"工具说"起源于国内战争时期,1930 年 8 月 15 日,时任中国共产党中央主席的向忠发,在《红旗日报》发刊词中提出"在现在阶级社会里,报纸是一种阶级斗争的工具"(向忠发,1930)。1933 年中国共产党领导人张闻天在《关于我们的报纸》一文中提到"我们的报纸是革命的报纸,是工农民主专政的报纸,是阶级斗争的有力武器"(张闻天,1933)。中国共产党处于战争环境下,在地下斗争时期,对报纸功能的认识主要有工具论和武器论。

1948 年 11 月 18 日中共中央发布的《关于新解放城市中中外报刊通讯社处理办法的决定》指出：

> 报纸刊物与通讯社是一定的阶级、党派与社会团体进行阶级斗争的一种工具，不是生产事业，故对于私营报纸、刊物与通讯社，一般地不能采取对私营工商业同样的政策。（中共中央，1948）

中华人民共和国成立以后，中国共产党成为执政党，对报纸的"阶级性"有了更全面的阐释。1957 年 3 月 10 日，毛泽东在同新闻出版界代表的谈话中，讲了关于报纸阶级性的看法：

> 在阶级消灭之前，不管通讯社或报纸的新闻，都有阶级性。资产阶级所说的"新闻自由"是骗人的，完全客观的报道是没有的。（毛泽东，1957）

同时，毛泽东在论述中，明确指出报纸在阶级社会中，报纸是阶级斗争的工具。

"文化大革命"期间，中国的报纸，基本上成为"阶级斗争工具"，传播观点比传播信息要重要得多。

"文化大革命"结束后，以《光明日报》在 1978 年后，发起一场关于真理标准的大讨论，吸引大量报纸、期刊等媒介参与其中。这次大讨论涉及多个领域，"文化大革命"中提出的关于媒体的各种"理论"，也被很多学者进行重新思考，对一些曾经"奉之为圭臬"的理论教条进行广泛讨论，深入辨析，辨明是非后，对一些认识误区进行"拨乱反正"。通过真理标准的讨论，否定"两个凡是"的错误路线，确认"实践是检验整理的唯一标准"。为中国实施改革开放政策奠定了基础，起到了重要的引导作用，奠定了思想和理论基础。中国开始走改革开放之路，进入以经济建设为中心的新时期，全国人民投身到经济建设大潮中，媒体事业也在改革开放中取得很大发展。

这一时期论争的话题包括一些宏观层面的新闻理论问题，诸如新闻的党性、人民性、商品性等属性问题；什么是真正的新闻自由；新闻真实性的定义等。讨论也开始涉及一些微观层面问题，如新闻的定义是什么，新闻的五要素是什么，新闻价值的五要素是什么等等。对其中一些问题需要结合起来讨论，比如明确新闻的定义是认识新闻事业属性的基础；新闻的属性和新闻价值的关系；新闻与宣传的关系等。关于新闻理论的某些论点和思想，源自于复旦大学王中教授(赵凯,2004)。这些问题讨论,对于人们认识新闻媒体的角色,重新思考新闻媒体的功能有重要作用,对制定新闻发展相关政策,指导新闻工作发展也具有重要意义。

新闻事业是一项重要的社会事业,具有社会中介组织的性质,通过信息传播发挥沟通、交流的作用,从而对社会舆论的产生、走向具有很大影响,国家、政党、阶级和社会团体都会把它作为宣传工具,引导舆论;工厂企业也会用它来宣传品牌,发布广告,提高商业影响。在阶级社会中,新闻媒体不管是在资本主义社会还是社会主义社会中,都具有一定的阶级性,在和平时期,新闻媒体可以传播执政党及其国家的路线方针,宣传各类政策,促进经济发展,维护社会稳定。在阶级矛盾突出,或者在战争年代,新闻媒体就会被当做阶级斗争的工具,直接为所属阶级服务。在社会主义中国,新闻媒体被定义为中国共产党和人民的喉舌,在社会发展中担负着引导舆论导向、沟通桥梁和传播信息的作用。

改革开放之初的 1980 年,《新闻与传播研究》(当时刊名《新闻研究资料》)在当年第 3 期特意开辟一个专栏,对"报纸是不是阶级斗争的工具"这个理论问题进行专门讨论。徐培汀、谭启泰的文章《试论报纸的性质》,阐述了给报纸定性的重要性,写得言之凿凿:报纸的性质不仅是新闻学理论研究的重要课题,也是新闻工作的重大现实问题;搞清楚报纸的性质,有助于完善马克思主义新闻理论,指导报纸改革工作(徐培汀、谭启泰,1980:55－61)。

康荫的《新闻工作性质初探》一文,强调不能把"报纸是阶级斗争工具"的理论绝对化,否则会阻碍新闻事业的发展。甘惜分的《报纸的性质和作用,是相互联系而又相互区别的两个概念》,视野开阔,提纲挈领,深入阐释了报纸的性质和功能,立场中立,措辞严谨。

通过对新闻事业"工具性"问题的广泛讨论,冲破的对新闻事业认识的局限性,拓宽了理论视野,对新闻实践也有很大推动。在这个时期的大讨论中,中国大陆新闻事业的做了新的定位,开始走出角色束缚,不再局限于"阶级""革命"和"斗争"的话语体系中,和"社会""咨询""商品""服务"等关键词有了联系,一些报纸也开始刊登商业广告,新闻媒体开始登上经济舞台,在推动改革开放和经济发展中开始发挥重要作用。

1989 年 11 月 28 日,江泽民在中宣部举办的新闻工作研讨班的讲话中,也指出报纸的阶级性,提到:

在国际上还存在着社会主义和资本主义的对立,在国内阶级斗
争还在一定范围内存在的情况下,新闻自由就不能不带有阶级性。
(江泽民,1990:2—7)

说明在进入社会主义建设时期,报纸的阶级斗争工具性功能虽然不再凸
显,但依然存在。

2.3.2 宣传

一些新闻传播学理论认为,新闻包括宣传和信息传播两方面内容。国外
研究者不主张提"宣传",认为宣传从本质上说是"灌输";而"新闻",才是传播
信息。但是,不管东西方哪一个国家的新闻,实际上都承担着宣传任务。从概
念来说,新闻涵盖了宣传的内容,而宣传并不能包括新闻。新闻虽然不能视为
完全纯粹意义上的宣传,但是新闻和宣传的关系很紧密,新闻媒体通过新闻报
道和新闻评论实施其宣传职能。

在中华人民共和国成立后,报纸就在土改、"反右""大跃进""文化大革命"
等重大政治运动中,充分发挥了宣传的力量,为各个时期的主要工作呐喊助
威、推波助澜。在改革开放初期,来自各方面的思想阻力较大,报纸以思想解
放为主导,勇立潮头,为改革摇旗呐喊,充当开启民智的思想启蒙者角色。报
刊引领思想解放的思潮,1978 年 5 月 11 日,《光明日报》在头版,发表了特约
评论员文章《实践是检验真理的唯一标准》,针对中共中央当时推行的"两个凡
是"路线进行思考,引发理论界大讨论,为中国共产党在路线调整,指导思想的
拨乱反正方面,起到了重要而深远的影响,成为中国共产党在历史进程中的一
个重大转折,为中国的现代化建设开启了大门。

20 世纪 90 年代初,改革开放政策实施十多年后,特别是在 1989 年出现
了"政治风波"以后,一些人对改革是姓"社"还是姓"资"提出争议,对改革开放
道路进行强烈的质疑。1991 年春节前后,《解放日报》上接连发表几篇"皇甫
平"的评论文章,这些文章深刻阐述了邓小平关于深化改革开放的理论,提倡
破除争论,进一步解放思想,为改革开放摇旗呐喊。为了进一步解决改革带来
诸多社会矛盾,适应新的市场需求,报纸还刊登了一系列宣传全面推行社会主
义市场经济体制的文章。

在社会主义市场经济体制建设中,传媒的产业属性也得到了确认。市场
化的媒介更多的是追求信息的新闻价值,但宣传报道的重任一直没有离开报

纸。基层政府需要有自己的宣传平台,本区域里发生的重大事件,如果通过上级媒体来报道,往往会事与愿违。有些事,上级媒体可能会觉得缺乏足够的吸引力,有些事对基层政府来说是大事,在上级报纸看来不够重大而经常发不了报道。县报可以解决基层政府的这个难题,县级政府、乡镇、街道的一些方针政策,大事小情都可以通过县报这个载体来发布,可以通过县报把政府的中心工作及时向当地老百姓通报。同时,也可以用此平台为政府做一些形象宣传报道,美是能够引起人们关注和赞赏的,宣传地方美好的风貌和形象,可以让本地居民认识和发现身边的美,提高生活的幸福感。

县报协助基层政府做群众舆论引导工作,树立正确的价值导向。在多元的话语体系中,人民的价值观千差万别,难免会造成一些矛盾和冲突,影响社会稳定。县报向群众传达社会和谐的理念和声音,及时地掌握当地的各种重大事件和动向,发生自然灾害和社会危机时,能够在第一时间向小区居民通报事实情况,稳定局面,化解危机,及时、妥善地解决相关的社会问题。

2.3.3 传递信息,沟通桥梁

传播信息是报纸重要的社会功能之一,在现代社会中,报纸是个人获得信息的重要来源。

媒介功能可以分为直接功能和间接功能,其中,直接功能是指那些对受众和社会发生作用迅速,人们可以直接感觉到的功能,比如传递信息属于媒介的直接功能。媒体的间接功能注重发挥媒体潜在的影响,会在一个较长时间段内持续发挥作用,比如媒体的宣传功能可以看成是一种间接功能。

张志安和吴涛在 2014 年实施的一项调查显示,目前信息功能是报纸一个非常重要的功能:

> 中国新闻从业者认为"非常重要"的媒介功能中排首位的是"迅速为大众提供新的信息";后面依次排序是:"帮助人民了解党和政府的政策""依据事实报道新近发生的事件""帮助人民实行舆论监督""引导舆论""推动社会改革""成为人民的喉舌""报道可靠信息以阻止流言的散播"。(张志安、吴涛,2014:64)

报纸还具备"广告纸"功能,通过广告传播大量的产品信息,在中国发展社会主义市场经济后,报纸广告功能得到进一步的重视,有了很大程度的拓展和深化。

对于县报来说,发布独一无二的信息,才具有竞争力,县报的最大优势是对地方新闻的报道,信息功能主要体现在对当地信息的收集和发布,报刊区域新闻、政策、广告、文化信息等各种各样的信息。

洪佳士在《县市党报的繁荣与发展趋势》(洪佳士,2000:32—33)一文中首次提出县报要树立"写当地人,写当地事,给当地人看"的办报思路,强调了地域信息的重要性,这个观点后来被周光荣、张年忠等人多次引用。洪佳士的文章中还提出促进城乡居民读者与记者双重身份的重叠,让有责任感的市民积极参与新闻报料,加入到通讯员队伍,掌握新闻线索,随时向县报编辑部投稿。《新闻战线》等杂志中,也有多篇论文中提到这个观点,提出县报要加强通讯员队伍建设,也是为了能够通过通讯员建立良好的地域信息收集体系,能够最快、最全面地收集地方新闻和各类信息。

随着经济发展,城乡居民经济需求得到满足后,文化需求也不断提高,通讯员身份为居民表达己见提供了便利,也为他们实现个人文化创作的愿望提供平台。另一方面也通讯员队伍也为报社建立一个信息回路,信息反馈体系,在信息传递的过程中,还发挥了报纸双向沟通的桥梁作用。通讯员在这个过程中,承担了新的沟通功能。

在当前的县域治理中,政府要从"管理"思维转向"治理"思维,需要吸引更多的社会主体参与治理,要增加政府与群众之间的互动,建立更广泛和高效的沟通渠道,以及信息回馈渠道,加强沟通,最终形成发展合力。县报成为沟通和回馈体系中的重要一环。

达尔格林号召媒体参与公共领域建设,推动公民参与社会的公共事务中,交换于对生活中遇到的公共事务的看法和观点,达成一些共识,展示和形成一些相对独立的民意力量(Dahlgren,1995:7)。美国公共新闻运动中,致力于让媒体去积极推动居民关心小区公共事务,广泛号召居民对这些事务发表观点,从而引起管理部门的重视。

互联网飞速发展,尽管新媒体平台不断发力,自媒体已经四通八达,为社会多元主体提供了各种各样的便利的信息发送渠道,但是有些地方政府的领导,有时候对新媒体平台的信息反应还比较迟缓,有的甚至视而不见。而县报在参与社会治理的过程中,作为官方媒体,能够较好地保障各类信息的流通和传递,加强政府与多元主体之间的沟通,有效地调动更多资源,推动小区多元主体共同参与小区治理。

2.3.4 监督

媒体监督是一种民主监督形式，主要依靠媒体来完成。媒体监督是以维护公平正义、保障社会秩序、保护公民权利为目的，通过公开报道、引导舆论等方式，以报刊、广播电视、网络等平台发布，对行使公共权力的行为进行监督。

王强华也对媒介监督做了概括，提出媒体监督利用新闻媒体，对国家机关和工作人员，社会公共事务，共有财产等方面的监督。媒体监督通过公民的言论自由来实现，是公民的基本权利之一。（王强华，2000:27）。

言论和出版自由是媒体监督的基础。马克思在 1842 年严厉抨击对普鲁士书报检查制阻碍了出版自由，压制探讨思想问题，禁锢传播真理。为此他大声疾呼：

> 没有出版自由，其他一切自由都是泡影。自由的一种形式制约着另一种形式，正像身体的一部分制约着另一部分一样。（马克思恩格斯全集，1842/1956:9）

孙旭培的《新时期 10 年我国新闻媒介的功能与运作》一文，总结了改革开放后的第一个十年中，中国新闻事业的发展，对报纸的功能进行了梳理，认为中国共产党报纸有开展批评与自我批评的传统，党报批评坏人坏事的作用很大，效果很好，这也是报纸监督功能的一个体现（孙旭培，1992:1—16）。

改革开放后，党政部门对发挥舆论监督的作用有了进一步的认识。党的十三大会议提出了"发挥舆论监督的作用"。舆论监督可以针对坏人坏事，也可以针对社会成员和人民公仆，以及社会管理，政府对各种事务的处理；可以是批评，也可以是赞扬，以及发表各种观点的评论，提出对某些对社会现象的看法和建议，在所有舆论监督中，媒介监督是舆论监督的主要方式。

新时期，中国共产党和国家领导人对新闻监督工作也提出过一些观点。江泽民在党的第十五次全国代表大会报告中提出"重视发挥传播媒介的监督作用"。朱镕基在 1998 年 10 月 7 日视察中央电视台时，夸奖《焦点访谈》栏目办得好，指出："舆论监督对民主与法制建设具有重要的意义。"并亲笔挥毫为《焦点访谈》题词："舆论监督，群众喉舌，政府镜鉴，改革尖兵。"在 2009 年世界媒体峰会上，胡锦涛在开幕式上致辞时表示：

> 在推进改革开放和社会主义现代化建设的过程中，中国政府始

终高度重视媒体发展,鼓励和支持中国媒体贴近实际、贴近生活、贴近群众,搞好舆论监督和保障人民知情权、参与权、表达权、监督权等方面发挥重要作用。(胡锦涛,2009)

为了获得更多读者的接受与支持,县报也要更有担当,充当敢作敢当的媒体监督者。县报要扎根基层,扎根本地,与群众一起监督政府和官员,维护社会正义和公平。

张波在《全面提升区县党报的舆论引导水平》一文中指出:在互现代传播技术高度发达,高速网络和移动网络普及,数字媒体平台快速发展,社会矛盾在网媒上集中反映,要加强县报的监督能力,做好舆论引导(张波,2014:4—45)。

王廷志在《浅谈如何提高区县报的舆论引导能力》一文中,提出区县报要坚持正确的舆论导向,提高舆论引导力;要提高新闻的亲和力,要关注弱势群体和困难群众,增加优秀的民生类栏目,加强民生新闻的报道;要加强监督报道,只强调正面报道,不发表负面报道,逐渐变成为地方政府和领导歌功颂德的工具,严重损伤媒体公信力(王廷志,2014:62—63)。

2.3.5 教育:塑造社会共识,文化传承

美国政治学家阿尔蒙德(Gabriel Almond A.)在著作《公民文化——五国的政治态度和民主》中,总结了欧美的美国、英国、墨西哥、意大利、联邦德国等国的公民文化发展和居民基本政治态度情况,用结构、角色、功能等话语来解读政治结构参与者的实际作用,构建了包含政治系统的公民文化理论体系,政治结构由相互关联和相互作用的各种角色组成。

个体是相对独立的,人类有摆脱他人和社会制度控制的倾向(Leach, E. R.,1977:19—22)。因此,人与人需要相互传播来建立联系,通过沟通来达成一些共识,产生群体观念(Burridge, K,1979:116)。

媒体具备教化功能,能在大众教育中发挥作用。简·安夫雷在论文《以公民教育为中心》里,对公民教育的重要性进行阐述,提出公民教育是民主社会发展的必然要求,公民教育除了进行一些技能教育,还要把公民培养成为有思想、有责任心的公民。

媒体能够通过教化,促进经济和社会发展,让公民得到教育,获得自身的发展机会,展示个人观点,以及和各个社会机构和阶级平等对话发言的权利

（Macpherson，1965：58）。

传播学的奠基人美国学者哈罗德·拉斯韦尔提出传播的三种社会功能中，其中一种是社会遗产传承功能，即将前人的经验、智能、知识，通过一些载体进行记录、保存、传承，使后人能在前人的基础上发展（Harold Lasswell，1948/2012）。

哈贝马斯（Jürgen Habermas）提出了"公共领域"这个概念，就是在私人领域和公共权力领域之间，有一个中间地带，向所有公民开放，主要由对话组成，目的是形成一个体现公共理性精神，以大众传媒和公共舆论为载体的批判空间。哈贝马斯指出：

> 本来意义上的公共性是一种民主原则，不是因为有了公共性，每个人都能有平等的机会表达个人倾向、愿望和信念；而是只有当这些个人意见通过公众批判而变成公众舆论时，公共性才能实现。（Jürgen Habermas，1990/1999：252）

公共领域是一个中性区域，既不属于个人，也不属于政府和权力机构。西方新闻媒体在一定程度上说，被定位到这个区域的。中国的报纸属于党报，但也发挥了一些类似的功能。

> 新闻媒介是社会之公器，是全体公民窥视社会和自然环境的共同渠道，从事公共事务讨论的公共论坛，在现代国家的公共领域中具有头等的重要地位。（Jürgen Habermas，1990/1999，页252）

由此可见，媒体是公共事务讨论的一大平台，可以通过媒体平台形成一定的公共舆论空间。

20世纪80年代末，美国的公共新闻学开始崭露头角，这应该是新闻界对自身社会角色的又一次反省。一些学者认为，媒体变得曲高和寡，在不断的疏离公众，媒体从业人员应该积极寻求解决办法，不仅要把报道面向社会公众，还要参与社会公共事务，通过新闻运作，加强与公众的紧密结合，使他们回归公共空间。

"乡村"和"小区"都是建立在血缘、地缘之上的，由情感和地域认同感维系的，充满人情味的社会生活系统。一般来说，由于乡村比小区封闭，人员流入少，血缘关系更强，人情味和地域认同感更强。（张晓霞，2010）地域认同感能够营造居民的归属感，人需要有一定的归属感，才能有比较强的安全感。（孙研,2015)吴群刚等提出小区承担了新的社会整合功能,小区建设的难点是,如何在市场经济下,在这些由原本互不相识的人组成的小区里,构筑和谐的人际关系,让他们产生地域认同感和归属感,建立新型的合作互助社会共同体(吴群刚、孙志祥,2011:13)。

西方小区研究也很关注集体责任感的构建,特别是在受到个人至上理念影响的人群中,如何共同去构建一个具有集体责任感,小区归属感的共同体(杨敏,2007:137-164)。培育小区主人翁意识,也是小区治理的关键一环。县报在基层治理中,应该增强对当地居民的地域文化意识的培养,参与社会共同体的建设,提高小区成员的凝聚力,形成具有共有、共享的小区主人翁意识的小区治理体系(王处辉、朱众龙,2015:1)。

中国人讲守望相助,有了困难,大家相互拉一把,同舟共济。但是,很多地方,人们思想意识还跟不上城镇化快速发展的步伐,因此,近几年经常有媒体报道,老人倒在地上,没人去扶起。如果这个事情发生在一个熟悉的小区里,围观的人如果认识摔倒的人,是经常和他一起聊天,或者一起买菜的人,就肯定会去拉他一把,这也是一种守望相助的安全感,寻找和依靠这种安全感,其实是动物的一种本能。人类属于群体动物,需要区域和环境赋予的安全感,领地感也是群居动物的一种基本需求,是很容易唤醒的,这对于营造乡村、小区共同体,是非常有利的。

当前中国在县域建设过程中,非常重视政权组织发挥作用,也开始重视发挥基层群众组织和媒体的作用,地方媒体承担着区域精神文明建设和舆论引导功能,对经济社会发展有重要作用。在县域治理中,县报发挥多元主体的作用,鼓励和推动社会多元主体积极参与社会发展建设,增强互动,调和矛盾,获得更多的认同,塑造县域共识,使社会和谐发展。

依靠多元社会主体参与社会治理,就要充分发挥媒体作用,在县域基层,就要发挥最接地气的媒体"县报"的作用,通过县报媒体的传播,增强多元社会主体的公共意识和社会责任感,提升公民自治的意识,提高群众参与公共事务的主动性。在遇到严重的社会问题时,不是依靠"维稳"思维,生硬的"统治"思维来治理县域,而要通过媒体等多元化主体,通过长期润物细无声式的熏陶,实施潜移默化的影响,重塑居民的价值观,培养社会共识,让问题和矛盾在有效沟通中达到和解,产生共识,形成凝聚力和归属感,让居民建立存在感和责任感,共同参与解决问题,而不仅仅只盯住眼前,各扫门前雪。这也正是治理思维所推崇的精神,要通过地方媒体来塑造区域共识,传承地方文化。

报社组织一些居民互助组织,组建读者数据库,建立志愿服务队伍,在全县范围内组织活动,通过活动让当地百姓更加关注地方新闻,参与地方公共事务的管理和讨论,让小区的居民在意识上更加接近,增强家园认同感,建立区域归属感,提高公共事务的参与度,为了共同的家园建设出谋划策,参与小区事务处理。

2.3.6 娱乐

拉斯韦尔提出媒体具有监视环境、社会协调、传递遗产三大功能(Harold Lasswell,1948/2012)。赖特(Charles Wright)1959年对此作了补充,提出了媒体还具有"提供娱乐"的功能,合称为"传播的四项基本功能"。中国在进入20世纪90年代以后,随着市场经济的发展,人民对于娱乐的需求不断增加,影视、娱乐等大众文化开始兴盛起来,大众媒体的娱乐功能彰显,出现大量消闲解闷的文娱类新闻和寓教于乐的娱乐评论。报纸开辟了娱乐新闻专版,追踪影视明星、歌星,发布流行歌曲排行榜,影视追踪报道等文章,受到读者的关注。体育类的栏目也开始有了专版,一些关注于足球、篮球、围棋的专业报纸也有了较大的订阅量。

在媒介融合背景下,县报的娱乐功能也在不断强化,县报深入小区和乡村,与基层政府或者小区、乡村一起为文化、体育活动搭建舞台,开展一些群众喜闻乐见的文化活动,和一些公益活动,丰富老百姓的业余生活,为基层群众提供很多精神食粮,也带来很多欢乐,成为小区居民生活的一个必需品。

已有的县报发挥了诸多作用,因此,不断有学者呼吁为县报的生存开拓空间,学者吴锋、李耀飞提出,国内县市报市场潜力巨大,建议对县市报建立市场化管理体制,逐步放宽准入政策,通过审核给县市报发放国内统一刊号,进行规范化管理(吴锋、李耀飞,2015:11)。

第三章　浙江县报发展概况

　　浙江是"鱼米之乡，文物之邦"，经济发达，报纸出版事业源远流长。浙江古代报业，或可追溯到唐代（方汉奇，1996：65），而有史籍文献记载的新闻史，兴起于南宋杭州的"朝报"（赵升，1983：129）和"小报"（张梦新，2011：13－15），发展于明清。浙江近现代报业自清咸丰四年（1854）宁波《中外新报》发端，是我国最先出现近代报纸的澳门、广东、香港、浙江等地之一。浙江报业起步早、数量大，种类也较齐全。史上浙江省的一些报刊，营销省外乃至海外，在东南沿海地区颇具影响。

　　浙江人为发展报纸事业做出了很大贡献，正如前辈报人项士元所说："凡海内所有国人编刊发行之新闻纸，浙省人士，鲜不参与，此诚中国新闻史之光荣，亦浙省文化之卓可称述者也。"（项士元，1930：13）邵飘萍、杭辛斋、秋瑾、章太炎、鲁迅、蔡元培等多位浙籍新闻界名家，都在中国报业活动中留下了闪光的史迹，而在其中也有不少名家如茅盾、郁达夫等人，直接参与过浙江县报的创办和采编活动。

　　浙江省内的第一份县报是清光绪二十三年（1897），在嘉兴平湖县创办的《平湖白话报》。从此以后，浙江的县报从无到有，受政策和经济等因素的影响，各地县报多次经历停刊、复刊，走过跌宕起伏的发展道路，历经晚清、中华民国和中华人民共和国三个不同时代，迄今已有超过一个世纪的历史。县报是一种地方报，在地域内具有较强的传播力，地方的经济、文化环境赋予其顽强的生命力，在浙江省新闻事业的发展中，具有一席之地，对推动浙江发展也起到一些作用。

　　从历史经验来看，中华人民共和国成立后，浙江县报的创刊和发展，与地域的政治、经济、文化背景有着密切关系。县报发展受到四个条件的影响：第一,中央政策,即中共中央的大政方针,还有当地领导的重视程度;第二,经济基础;第三,文明程度,包括地方文化氛围,居民文化素质;第四,县报的机制体制,自身实力。

到 2020 年,浙江省有 18 家县报具有国家新闻出版广电总局核发的国家统一刊号,此外,还有 60 多家县报获得浙江省新闻出版广电局核发的省内刊号。据现存史料不完全统计,从 19 世纪末至 21 世纪初,浙江省曾有公开发行的各种县报 400 多种。

3.1　晚清和中华民国时期

清光绪二十一年(1895)到清光绪二十四年(1898),中国资产阶级出现一个兴办企业的小浪潮,新创办的大型企业上百家,资本总额达一千多万元,资产阶级维新思想广泛传播,直到最后推动清廷发布百日维新政策。在这样的社会背景下,第一次国人办报的高潮来临,三年中新办报刊约有 120 种,国人办的大约有 100 种(方汉奇,2012:83)。

嘉兴是丝绸之府,鱼米之乡,历来人文荟萃,近代又深受上海影响,清光绪二十三年(1897),平湖人陈惟俭等创办《平湖白话报》(杜加星,2007:14),是国内较早的一份白话报,也是浙江第一份县域报纸,每日出一小张,直到光绪二十四年戊戌政变后,地方政府捣毁报馆,导致报纸停办(邓中肯,2010)。

1919 年的五四运动时期,浙江的县级报刊(中国近代报纸在 20 世纪早期,报刊不分是常态)有了很大发展。在上海商务印书馆工作的沈雁冰等人,1919 年夏在乌镇聚会后,建立桐乡青年社,宣传新思想、新文化,抨击社会时弊,出版不定期的社刊《新乡人》(艾扬,1982)。这个时期,受五四运动影响,浙江省内还有十几个县,创办了宣传民主、革命精神的报刊,比如萧山的《责任》、永嘉的《新学报》、诸暨的《诸暨民报》等。

1927 年“四一二”政变后,国共合作破裂,浙江境内的许多报刊相继停刊,一些参与办报的报界名流,因为与当局存在不同政见遭逮捕,甚至杀害。蒋介石把故乡省份浙江作为心腹地区,使浙江经济获得比较快速的发展,同时加强对浙江媒体的控制,使国民党的党、政报刊占据绝对主流地位。经济发展促使浙江各县落后状态得以改变,原先县域相对封闭的格局逐渐被打破,一批商业报刊出现,县域内的民办报纸也纷纷出刊。比如在 1927 年到抗日战争全面爆发前的十年中,杭州地区各县民办综合性报纸有 29 种,其中仅萧山县就有 10 种(徐运嘉、杨萍萍,1989:22－29)。1927 年 11 月,郁达夫、郁养吾和孙一峰等人共同商议后,一起创办了富阳县第一家日报《富阳日报》,主要刊登国内外重大新闻和县域要事等内容。

浙江省的国民党各县党部和县政府,通过各种形式实际控制了一批民办报刊,对这些报刊给予政策扶植和资金资助。地方当局十年里还创办县级党政机关报刊 40 多家(王文科、张扣林,2010:134－135)。如 1927 年春创刊的《嘉兴党声》,每月都可以获得国民党嘉兴县党部 20 元大洋的资助。江山的《江声报》、海宁的《海宁民报》等多数国民党地方党委报也都可以获得政府的类似资助。

1937 年 11 月日本侵略者踏上浙江土地以后,一些有较大影响的省级报纸搬迁到浙西山区继续办报。浙江有 40 多家国民党县党部和政府办的报纸,散布在省内各地,报道战事,宣传抗日(杜加星,2007:87－186)。许多县的抗日组织和人民团体也办报 40 余家报纸,共产党在浙东四明山区、浙南、金义浦①等革命根据地创办了几十家地方报纸,宣传抗日救国,到抗战后期多数报纸因面临经济、人员、设备等多重困难停办了。

1945 年抗战胜利后,浙江报业开始复苏,第三次国内革命战争时期,浙江省内的县报先后有 60 多家(王文科、张扣林,2010:186－210)。到了 1949 年后,时局动荡,物价飞涨,民生凋敝,经济衰败,浙江很多报社经营每况愈下,难以为继,不得不关门歇业,全省县报锐减到不足 20 家。

3.2　中华人民共和国成立初期

1949 年 5 月 4 日杭州解放以后,浙江省各地县级党委、军管会为了迅速传播解放战争的相关信息,及时转发新华通讯社发布的新闻,曾经采取各自独立办报,或者党、政、军合作方式创办报,这些报纸多数是为应对社会急剧转型,进行信息发布的过渡性质的报纸,内容主要从新华社发布的信息中选编,自采新闻少,多数出版发行时间都比较短,几个月到半年,期发量从几百份到上千份,时局稳定后就停刊或者转型了。

———————————

① 浙南主要为温州地区,金义浦是指金华、义乌、浦江。

解放伊始,全省各地市党委、军管会曾独自或合作创办 4 开小报,内容全是或大都是新华通讯社电讯,其中绍兴《新华电讯》有时也发地方新闻,登过征求文物筹建鲁迅纪念馆的报道。应当指出的是,在当地解放不久即面世的这些小报,虽然基本上只刊登新华社讯,刊行时间也比较短,有的仅出版半年左右,期发量 2000~4000 份左右,但不失为浙江社会主义新闻事业崛起初期的一朵浪花,受到社会各界的欢迎。

1949 年 5 月 11 日《龙游新华简报》创刊,比县人民政府成立还早一天,报纸为日刊,由中国人民解放军龙游县军管会主办,登载新华社消息和评论,8 开单面,土白纸铅印,发行 500 份,免费发送机关、学校、商店,8 月 30 日停刊。

1949 年 5 月 12 日《金华新闻》创刊。由当时中国人民解放军驻金某部与金华军管会主办,4 开 2 版直排铅印。原浙东二纵队六支队主办的《新路南报》于 5 月 24 日并入该报。社址在金华雅塘街原交通银行旧址。《金华新闻》是金华县解放后当地首家新办报纸。全部采用新华社电讯,版面安排具有解放区报纸的特点,新闻字里行间充满着振奋人心的胜利消息。初创时由私营汉文印刷厂排印,随后从兰溪《导报》和《东阳民报》调来部分设备和排字、印刷工,自设印刷厂在太史第章家祠堂。5 月下旬,驻金部队进军西南撤离金华,中共金华地委决定由原《新路南报》原班人员接办《金华新闻》。当年 7 月 26 日终刊。

1953 年,中国第一个五年计划实施,开始进行大规模的经济建设。1954 年 1 月,共和国时期浙江省内第一家县级党委《临海报》创刊,由中共临海县委主管(浙江省新闻工作者协会,2006:221)。紧接着第二家县报《萧山报》在 12 月 11 日创办,由中共萧山[①]县委主管,初创时为 8 开 2 版,发行周期为 5 日 1 期,活字直排印刷,用 5 号繁体字。第一版重要新闻,第二版农业、工贸、文卫、政法新闻报道,有时事综述、党的生活、农民技术常识、读报人来信等专栏(萧山日报志编委会,2004:40-43)。

随着农业合作化的迅猛发展,农村广大基层党组织迫切需要获得更多适应发展新形势的政策和理论指导,而几年来农业生产的发展也积累了一定的经济基础,可以在物质上为县委创办报纸提供一些支持。浙江出现一个由县委办报推动的报纸发展高潮,各县党委纷纷开始办报。

---

① 1949 年 5 月 5 日,萧山县为浙江省直属县;1949 年 6 月底,萧山县划归绍兴专区;1952 年,复为省直属县;1957 年,萧山县划归宁波专区;1959 年,萧山县改属杭州市。

这期间,有三件事值得一提。第一件事,1955 年 7 月 16 日,中共吴兴①县委创办的《吴兴报》,1956 年 3 月,中共中央宣传部报刊处刘凯专程前来湖州,总结办好《吴兴报》的经验,被《人民日报》作为典型,在 1956 年 3 月 22 日第 3 版的"报刊评介"专栏文章《介绍一个县报——吴兴报》(刘凯,1956)中重点推介。在《人民日报》上介绍一个县报,以指导当时兴办的全国县报,这还是第一次。第二件事,《临海日报》《平湖日报》分别约请郭沫若题写了报头。第三件事,1960 年毛泽东来金华视察时,在双龙电厂阅读了中共金华县委机关报《金华日报》。

浙江省的县报发展到 1956 年底已经有 75 家②(浙江省经济研究中心,1986:203),这个时期的县报内容以农村、农业报道为主,城镇内容报道较少。到 1959 年以后,进入三年困难时期,浙江省的纸张供应出现严重不足,学生课本用纸的纸质都很差,数量也很有限,无法再为办报提供足够纸张,多数县报因为纸张在内的各种经济问题,陆续开始停刊,到 1962 年浙江省内的县报全部停刊。

1963 年到 1966 年 5 月,浙江省内没有再办县报。1966 年 5 月后,浙江省报业处于无序发展状态,各县的红卫兵、造反派、保皇派等组织为了自身需要,未经任何管理部门审核批准,就印刷出版各种以鼓动"造反"为主题的小报,向群众分发。还有一些小报刊登捕风捉影、混淆视听的消息和各种传闻,一时间小报泛滥成灾,很多小报时间不长就停刊了。

3.3 党的十一届三中全会到党的十四大

以党的十一届三中全会召开为起点,中国开始进入改革开放新时期,进行社会主义现代化建设,1980 年到 1992 年,浙江县报进入复刊和探索发展的新阶段。

党的第十一届三中全面纠正"文化大革命"和"左"的错误,贯彻执行"以经济建设为中心,坚持四项基本原则,坚持改革开放"的方针,解放思想,大力发

---

① 注:吴兴县,为 1981 年 1 月撤县,并入当时的县级市湖州市,1983 年 10 湖州市升格为地级市,2003 年 1 月,设立湖州市吴兴区。

② 注:1956 年浙江省共有 81 个县。

展经济,中国步入改革开放的新时期。农村率先发起了"家庭联产承包责任制"的改革,态势良好。在这样的形势下,1979 年 11 月 8 日,中共中央宣传部新闻局为推进农村的历史性改革,做出恢复部分县报的决定,发出通知要求一些有条件的县在 1980 年创办县报。中宣部副部长朱穆之还就如何办好县报,提出具体建议:县报要有自己的特色,不能办成布告栏,把领导的讲话稿、会议文件都全文照登。

1980 年 1 月 7 日至 14 日,中共中央宣传部新闻局在北京钓鱼台组织召开了全国县报工作座谈会,中宣部副部长朱穆之在会上传达了当时兼任政治局委员、中宣部部长胡耀邦"为农民群众办一件好事:试办县报"的倡议。并在研讨会上,对"报纸的党性、人民性"等属性问题,进行深入讨论,就"如何办好县报"等实际问题进行研究。会议做出决定,1980 年在全国先试办 68 家县报(新闻战线采集,1980:16)。在这次会议期间,来自各省的十几名新闻处长,受到中宣部领导和同志们的热情接待,晚上和中宣部领导一起看电影,会务组还专门为各省的参会人员留出好位置。中宣部对县报工作非常重视,还在 1 月 16 日安排各地与会人员到人民大会堂,听了邓小平关于《目前的形势和任务》的重要报告。

为了搞好县报的试办工作,中宣部新闻局与有关部门商议,计划为县报专门提供平价新闻纸,对报社来说,新闻纸在当时是一项非常重要而紧缺的物资。会议刚结束,中宣部就发了《中宣部新闻局县报工作座谈会纪要》,有的省很快表态,为支持创办县报,给予每家报社 3 万到 5 万元的开办费,我国的县报开始进入了复刊和创刊的新阶段。

中共浙江省委根据这次中央会议精神,积极推动这项办报工作。在改革开放的新形势和新需求下,浙江的一些县委领导对于创办县报比较支持,一些读者也对县报表示出很大的热情,有的县报开始复刊。1980 年 6 月 3 日,1960 年停刊的《吴兴报》①最先复刊,4 开 4 版,每周出刊 2 次;同年,《江山报》《诸暨报》也复刊了。《诸暨报》复刊后,深受读者喜爱,发行量三年中翻了 8 倍,从复刊时的 2520 份迅猛增加到 20054 份。由于吴兴县 1983 年 10 月并入升格为地区级的湖州市,《吴兴报》也升格成为中共湖州市委党报,并改名《湖

---

① 注:《吴兴报》1980 年 6 月 3 日复刊,1981 年 4 月 3 日更名为《湖州报》,1983 年 10 月,撤嘉兴地区,建湖州、嘉兴两个省辖市,1983 年 12 月 3 日《湖州报》转为省辖中共湖州市委机关报,1985 年 5 月 1 日,《湖州报》更名为《湖州日报》。

州报》(浙江新闻工作者协会,2006:205)。此后几年里,《永康报》《淳安报》《兰溪报》《余姚报》《慈溪报》《萧山报》等县报相继复刊。

这段时期,浙江省各县除了创办县级党报外,一些县根据实际情况,由农业局和科协等部门,负责创办了农科报、科技报等专业报。20 世纪 80 年代初,安徽凤阳县大包干的经验传到浙江,起初浙江省委还没有明确是否宣传推广这个模式,时任金华地委书记的厉德馨,雷厉风行地在全地区推广这个经验。土地承包给农户后,农民迫切需要新时期的农业技术指导。

在这种形势下,1981 年 6 月 15 日金华市①科协、科委创办了《金华科普报》,这是浙江省内第一家县级科技类专业报。随后,浙江省内多个县创办了宣传推广农业技术、宣传农村和农业政策的农技报或科技报,12 月《永康农技》创刊。

1982 年 2 月,嵊县的《嵊县农技报》创办,由嵊县农业委员会主办,办报宗旨是为了落实农业生产责任制,指导广大农村干部和农民学科学、用技术科学种田。1982 年 3 月,《温岭农技报》创刊,4 月《海盐科技报》创刊。此后海宁、萧山、建德、慈溪、武义等县的科技类报纸纷纷创刊,并且先后获得国内统一刊号正式出版。

20 世纪 80 年代中期,一些县的经济得到快速发展,经济中心从农业转到工商业,为适应新的发展形式,提高信息传播效率,有的县把科技类报纸改办为经济类报纸,比如《嵊县农技报》改为《嵊县经济报》,也有一些县的专业类市场在改革开放后快速发展,虽然没办过科技报,却直接办起了经济报,比如纺织业发达的绍兴县,在 1985 年 1 月创办《绍兴经济报》。到 1991 年底,浙江各县有科技报、经济报 30 多家(李骏,2013:109)。

各县办的农科类报纸对指导当地的农业生产发挥了促进作用,经济类报纸提供大量商业信息,推动工商业发展。不管是科技报还是经济报,都属于专业报,主办单位一般是县科技、农业、商业部门所办,这类报纸的出现,为 20 世纪 90 年代浙江县报的蓬勃发展,积累了采编经验,储备了报业经营管理的人才,也为报社发展奠定了良好的物质基础。

1990 年 12 月 25 日,为促进中国报纸事业的繁荣与健康发展,加强报纸的行政管理,《报纸管理暂行条例》由中国新闻出版署颁布。

---

① 注:当时金华市是县级市,属于金华地区。

《报纸管理暂行条例》第十条,明确规定县级单位可以办县报。

创办正式报纸应当具备下列条件:

(一)有符合宪法规定的、为社会主义精神文明和物质文明建设服务的宗旨;

(二)有确定的并与主办单位、主管部门的工作业务一致的专业分工范围和编辑方针;

(三)有确定的、能切实担负领导责任的主办单位和主管部门。主管部门在中央应为部级以上(含副部级)单位;在省为厅(局)级以上(含副厅级)单位;在地(市)、县(市)为县级以上(含县级)单位。

《报纸管理暂行条例》第三条对"正式报纸"做出明确定义。凡经新闻出版行政管理部门审核批准,履行登记注册手续,领取"报刊登记证"(由新闻出版署统一印制),编入"国内统一刊号"(CN××-××××)的报纸、即为"正式报纸"。正式报纸的发行分为"公开"和"内部"两种。公开发行的,可以在全国或以某个地域为主的范围内公开征订、陈列、销售;经新闻出版署批准后可向国外征订、陈列、销售。内部发行的,只能在国内指定范围内征订、陈列、销售,不得在社会上公开发行。

《报纸管理暂行条例》第六条对"非正式报纸"做出明确定义。凡经新闻出版行政管理部门审核批准,履行登记注册手续,领取"内部报刊准印证"(由省级新闻出版行政管理部门统一印制),用于本系统本单位内指导工作、交流经验的报纸(不含文件性材料和简报),称为"非正式报纸"。"非正式报纸"属非卖品,不编入"国内统一刊号",不得公开征订、发行、陈列或销售,不得刊登广告和刊出定价,出版非正式报纸的报社不得进行任何经营活动。

《报纸管理暂行条例》的出台,确认了县级单位办报的合法性,为县报的发展进一步扫清了政策方面的障碍。

进入90年代后,浙江各县的农科报和经济报都转办或并入县报,形成一县一报的格局。

3.4 党的十四大到2003年

1992年初,邓小平发表南方谈话。10月,党的第十四次全国代表大会召开,之后就掀起了经济建设的新高潮。中国从计划经济时代向市场经济时代转型,大众媒体的话语体系和内容呈现也发生渐进演变,角色和功能被重新界定。为了适应市场经济发展的需要,满足读者阅读信息的需要,浙江县报出现复刊、创刊、改刊的高潮,呈现出前所未有的繁荣景象。

由于社会主义市场经济建设的需要,科技类报纸开始改刊为涵盖内容更加全面的县报,《绍兴经济报》主办方由绍兴县政府改为中共绍兴县委,在1992年1月1日更名《绍兴县报》,由周二刊增加为周三刊。《建德科技报》在1993年1月1日改为《建德报》,此后还有武义、海宁、温岭、金华等地的科技、经济类报纸改刊为县级党报。

这个时期,国家新闻出版总署的支持促成了浙江省县报的迅速发展,大量县报创刊和复刊。1998年9月8日,浙江省新闻出版局组织召开全省县报总编辑研讨班,国家新闻出版署副署长梁衡接见了参会的全体县报总编辑,提出县报要按新闻规律和市场经济规律办报,鼓励他们把县报办得生动活泼、富有生命力。

1998年以前,由于浙江省的县报尚处于幼弱状态,还没有引起各界关注。1992年到1998年,短短6年时间里,浙江省县报从9家猛增到58家,从业人员达到1885人,总发行量达到了100万份,广告额达到了9943万元(浙江省记协县市党报工作委员会,1998:4)。此时,上级报社感受到县报迅速发展带来的压力,从那时起,对要不要办县报,已经办的县报要不要"砍掉",县报可不可以改成为市报的"地方版"等等问题的议论逐年增多。应该说,这既对县报产生了很大的冲击,也促使各级管理部门开始思考县报的管理体制问题,县报领导开始更加深入地思考县报的发展问题。

1999年1月1日,在《嘉兴日报》的努力争取下,浙北嘉兴地区的3家县报,与《嘉兴日报》"联办",先后成为《嘉兴日报》的地方版。此举一出,各方关注。比较多的县领导认为:县报的发展有其内在的、历史的、政治的、区域的、经济的规律,并非行政命令可以逆转,在改革开放的大环境下,采取简单的办法取消或兼并县报,是不明智的;即使勉为其难地去做,也有一种吃"硬壳螺蛳"的味道,难以完全"消化"。更何况,县报对上级党报的发展,还有积极的促进作用。

浙江省委宣传部对县报工作比较重视,在报纸主管部门浙江省新闻出版局以及浙江省新闻工作者协会等单位的推动下,从20世纪90年代中期以后,多次举办县报采编人员交流会和培训班,大大激励了浙江县报发展。浙江省县报在各级党委的重视下快速发展起来。

2000 年后,社会主义市场经济的快速发展,信息量爆炸式增长,需要有更多的传播载体来传播信息。浙江一大批县报开始增期和扩版。出版周期从一周一期逐步增加到一周三期,一周四期,直至日报①;扩版不断增加,比如 4 版的报纸增加到 8 版,4 开报改成对开大报。有的加版面、加副刊,有的开办了周末刊。比如《诸暨日报》《绍兴县报》由周三报改为周四报再改为日报。《绍兴县报》不仅每天出报,版面还扩为八版。

2000 年以后,随着印刷技术的发展,彩印技术的普及,浙江一些县报也开始彩印。2000 年 1 月 1 日《永康日报》率先采用彩印技术,实现天天彩印。2002 年 1 月 1 日,《东阳日报》开始天天双面彩印(浙江省记协县市报工委,2004:7-16)。

由于浙江一些县域经济十分发达,在敢为天下先的浙商精神指引下,一些县开始第一个“吃螃蟹”,办起专业市场报。浙江省的县报里面,有两个专业市场发达的经济强县,它们的县报,曾经办过多年的附属子报。一个是绍兴县,拥有亚洲最大的布匹集散中心——中国轻纺城,曾连续多年位列全国县域经济基本竞争力十强,绍兴县报社办的子报《轻纺城报》。一个是拥有亚洲最大的小商品交易市场的国际性商贸城市义乌市,依托当地的市场办起子报《小商品世界报》。

绍兴县报社在 1993 年 3 月 28 日创办《轻纺城报》,这既是我国第一家专业市场报,也是浙江省内第一家县报的子报,以“立足轻纺、放眼经济、服务市场、贴近生活”为办报宗旨,每周的周五出版一期。《轻纺城报》注重传播发表全国轻纺市场的商品信息,报道轻纺企业的信息,介绍最新纺织技术,现代化的管理经验,沟通生产、供应、销售三方,为当地市场发展提供服务②。

1994 年 1 月 1 日,比《轻纺城报》晚了近一年的《小商品世界报》创刊,创刊时由义乌小商品城信息中心主办,2000 年 8 月后,改为义乌日报社主管主办,报纸以“立足市场、服务千家万户”为宗旨,传播发布小商品交易信息咨询的报纸(浙江省新闻工作者协会,2006:213)。

20 世纪 90 年代中期以前,浙江省的县报从总体上来说落后于广东、江苏、山东、湖北等省,到 2001 年底,已经位居全国首位。能与浙江省相提并论

---

①　注:这里所说的日报,包括了周一到周五工作日天天出刊,周末不出刊和只出一天刊的报纸。

②　注:资料来自原《轻纺城报》总编、《绍兴县报》副总编滕福祥提供的数据。

的,仅有江苏、广东两省。广东的情况是,在珠江三角洲的广州、深圳一带的县报,发展势头强劲,如佛山市辖顺德区的《顺德报》,深圳市的《宝安日报》《南山日报》等,但是其与广西、湖南、福建交界的粤西、粤北地区,县报发展十分迟缓。江苏省的苏锡常地区发展较快,苏北发展迟缓。即使是苏锡常地区发展最快的县报,与浙江省发展最快的县报相比,也有差距。从县报数量上看,排第一位的浙江省有57家,第二的江苏省有56家;从广告总额上看,排第一位的浙江省为1.74亿元,广东省以1.6亿元紧随其后(中国县市报研究会,2003:51)。

浙江省县市党报在办报质量方面有了长足发展,在报业经营方面,也有了很大突破,报社有了较强的整体实力。为了促进浙江省县报能够互相交流经验,及时探讨解决发展中遇到的各种问题,1998年7月21日,浙江省新闻工作者协会县市党报工作委员会在萧山成立(浙江省记协县市党报工作委员会,1998),会员单位有浙江省内50多家县报,其中21家有国内统一刊号,30多家是省内刊号。

2000年底,浙江省报业协会县市报委员会也成立了(浙江省记协县市党报工委、浙江省报协县市报委员会,2001年)。省报协县市报委员会成立后,每年的年会与省记协县市党报工作委员会的年会同时同地举行。两个年会的主要任务是交流各报提高办报质量、抓好队伍建设、发展报业经营等方面的经验,每年都举行县市党报各类好新闻的评选活动,卓有成效地推动了浙江省县报的健康发展。

浙江省的县报在实践上走在全国前列,理论探讨也起步较早,注重对县报发展规律的研究,对办报经验的总结,用理论和经验指导报纸发展。复刊初期,县报面临着如何办好报纸两大紧迫的难题:一是报纸如何定位;二是如何办好县报的头版。《萧山日报》根据实际情况,最先提出县报"当地人写,写当地事,写给当地人看"的定位;提出新闻报道不能脱离"三农",要把笔触伸向平凡人;提出办好县报头版的策略,是要抓好头版新闻和言论,提高质量。先行的报社进行的这些有益的探索之后,把经验在浙江省内逐步推广,成为全体县报人的共同办报财富。

1995年6月,绍兴县报总编辑李武军在《传媒观察》上发表题为《党报性质,晚报风格,大报气派,小报特色——试谈县市党报》的论文,提出县报要树立"党报性质,晚报风格,大报气派,小报特色"的办报思路,得到了广大同行的关注和认同。

2003年4月13日,《中国新闻出版报》发表董国栋的文章《浙江县市报,做大又做强》,并加了编者按语:

> 县市报是我国各级党报中最基层的报纸,从创建伊始,在宣传党的方针、政策,服务于本地党委的中心工作,贴近基层群众等方面起到了应有的作用。……浙江省县市报快速发展的经验,或许会给其他地区发展县市报提供有益的启发。(董国栋,2001:4)

到2003年6月,中国的县报有1000多家,有国家刊号的县报有309家(王平,2009:11)。浙江省内57个县有县报,其中办成日报的有45家,有国家刊号的27家。没办县报的只剩下嵊泗、洞头等几个地处海岛的县(浙江省记协县市党报工委、浙江省报协县报委员会,2003:1—2)。浙江省蓬勃发展的县报,在省、地市、县三级报业体系中占有一席之地,具有一定的影响力。

3.5 2003年报刊治理后

2003年7月,中共中央和国务院开展对全国报刊整顿工作,中办发〔2003〕19号文件《中共中央办公厅、国务院办公厅关于进一步治理党政部门报刊散滥和利用职权发行,减轻基层和农民负担的通知》出台,其重点是压缩党政部门报刊总量,调整报刊结构。对县报整改的力度很大,只有符合以下三种情况之一的县报,在评估后被可以保留:一是经济条件较好,同时符合:(1)县域人口数超过50万人;(2)年度社会消费品零售总额超过30亿元;(3)GDP超过100亿元,报社年广告收入超过400万元的县报,经评估后可以保留独立刊号和报名,资产和人员由上级党报有偿收购。二是民族自治县的报纸。三是解放前就由中共地下党组织创办的县报。

中共浙江省委、省委宣传部、省新闻出版局对贯彻执行中办发〔2003〕19号文件非常重视,执行时也十分慎重。按照中央关于的规定,制定了周密的计划,制定以下规定:

> 县(市、区)和城市区不再办报刊,已办的要停办,对个别影响大、有一定规模的县市报,可由省级党报或地市级党报进行有偿兼并,或改办为地市级党报的县市版。(中共浙江省委办公厅,2003)

按此规定,浙江省27家有全国统一刊号的县报中,保留了16家,取消12家;29家具有省内刊号的县报,1家作为少数民族地区报纸,全国唯一的畲族自治县景宁县的《畲乡报》保留,取消28家。浙江县报的从业人员总人数有3000多人,有2/3的人员面临调整工作岗位。浙江省县报的设备等总资产2亿多元,要被重新处置。

中国县报整治的总体情况是:48家有全国统一刊号的县报被保留:其中浙江省16家,江苏省12家(江苏省县市报研究会,2003:26),广东省5家,山东省2家(王平,2009:6)。

根据政策,保留下来的有国内统一刊号的县报,多数都由所属省或地市的上级党报有偿兼并。因此,中国的报业体系的主体框架,由"中央、省、地市、县"四个层级,压缩到"中央、省、地市"三级(李骏,2013:113)。

浙江省的县报在报业整顿后,发展模式大致可以分以下几种。

(1)报纸保留独立刊号,并入省、市报业集团

9家县报并入浙江日报报业集团,包括温州地区的《瑞安日报》《乐清日报》,嘉兴地区的《海宁日报》,绍兴地区的《绍兴县报》《诸暨日报》《上虞日报》,金华地区的《东阳日报》《永康日报》,台州地区的《温岭日报》,这些县报地处经济比较发达的县市,经济基础比较雄厚,被兼并后,在浙江日报报业集团的专业化管理下,依然发展得很好。

被地市级报业集团并购的县报有6家,其中《萧山日报》和《富阳日报》2家被杭州日报报业集团并购;《余姚日报》《鄞州日报》《慈溪日报》和《奉化日报》4家被宁波日报报业集团并购。接收县报的上级报业集团,在管理中针对县报的特点,制定与之相适应的管理政策,浙江省的县报在这次大整顿后,经过一小段时间的调整,很快就适应市场经济的要求,较快地走上了正常发展的轨道,办报质量进一步提升,发展速度进一步加快(浙江日报报业集团传媒研究中心,2009:22—39)。

《萧山日报》《乐清日报》《余姚日报》等掀起新一轮的改革热潮,力求内容更加本土化,阅读更加便利化,服务更加生活化,交流更加日常化。多家县级报社在办好纸媒的同时,大力开展新媒体建设,多家报社建立了网络媒体、移动媒体和户外媒体,进行多媒体融合发展,实现媒介互补和良性互动。

《萧山日报》2011年开始推行全媒体报道模式,进行传统媒体、新媒体和移动采编系统一体化改造,同时,对编辑和记者进行全媒体培训,建立全媒体报道队伍,推动纸媒、手机报、网站、微博、微信的全方位互动协作报道。2014

年 7 月,完成报社机构调整,新建全媒体管理中心、全媒体采集中心、全媒体发布中心等部门,将原来分别属于纸媒、网站、移动端的记者,全部纳入全媒体采集中心统筹调配,信息在各个媒体平台统筹发布,实现纸媒和数字媒体融合采编和报道。

《瑞安日报》建立了纸媒矩阵、网络矩阵和线下服务三位一体的 O to O 模式,内部机构不再根据传统报纸的采编流程来设置,而是根据用户信息需求来设置。推出"无线瑞安"手机客户端,设有智慧交通、瑞安人文、本地服务、生活助手等栏目,为市民提供信息和服务。

《富阳日报》则在全媒体营销上有所斩获,2015 年,利用微信"刮刮卡"抢米游戏、二维码等宣传富阳渔山稻香节,创收 25 万元;之后又为新米售卖会举办微信"一元钱抢新米"等,获利 3 万元;综合运用报纸、网络、移动终端各自优势,在盈利模式上实现新的突破,取得较好的经济效应。

(2)保持独立发展

独立发展的县报主要有《小商品世界报》,是浙江唯一一家未被上级报业集团接管,保留独立国内刊号的报纸,该报地处经济发达的义乌县,有名声远扬的小商品交易市场。2004 年 1 月 1 日,其原来所属母报《义乌日报》的资产和人员全部合并到《小商品世界报》,合并后继续使用原《义乌日报》的国内统一刊号,由中共义乌市委主办,一年后又更名《义乌商报》(浙江省新闻工作者协会,2010:169－170)。发行量从停刊前 4.2 万份,到 2012 年超过 11 万份,广告经营年收入也从 2032 万元上升到 2012 年超过 1 亿元①。

还有一家《畲乡报》,因为地处全国唯一的景宁畲族自治县,虽为省内刊号,出于保护少数民族文化的目的,被保留下来继续由景宁畲族自治县县委主管。

(3)变通获取国家统一刊号

这种模发展的有《城乡导报》和《兰江导报》两家县报。在 2003 年报业整顿中被取消刊号后,通过其他途径获得刊号,建立由上级报社和地方政府共管的县报。

2003 年 12 月 31 日《余杭日报》停刊后,并未关闭报社,也没有遣散人员,而是想方设法,费尽周折,联系到外省一家濒临倒闭的报社,获得国家新闻出

①　注:数据由浙江省新闻工作者协会县市区域报工委提供。

版总署批准后,买下了它的刊号,由杭州日报报业集团与余杭新闻传媒中心合作,利用原有资产和人员,在 2004 年 11 月 15 日创刊《城乡导报》(浙江省报业协会,2005:430—431)。

2004 年 5 月,经金华市委宣传部批准,原《兰溪日报》的人力、财力、物力资源全部并入《浙中科技报》,仿照杭州、宁波地区县报整改模式,由金华日报社和兰溪市委共管,编辑部放在兰溪日报社原址,2006 年 7 月 1 日更名为《兰江导报》(浙江省新闻工作者协会,2010:168—169)。

这两份县报,通过与上级报社的合作,提升了报纸的整体质量,吸引力、影响力、传播力都有所提高,社会效益明显,经济效益不断提升。

(4)改为上级报社的地方版

浙江一些县报在 2000 年以后,就被上级报社兼并,作为上级报的地方版发行,在 2003 年的报刊整顿中,没有受到影响,继续保持原有的模式出版,比如,2000 年 11 月以后,《嘉善报》《平湖报》《桐乡报》3 家陆续并入《嘉兴日报》,改出《嘉兴日报·嘉善版》《嘉兴日报·平湖版》《嘉兴日报·桐乡版》。

2001 年后,由于台州市区从临海迁到海门,黄岩、椒江、路桥并入市区,2001 年《黄岩报》并入台州日报社,改为《台州商报》,12 月开始出《台州商报·黄岩版》。2003 年底,《路桥商报》和《椒江经济报》都根据政策要求停刊,之后也并入《台州商报》,三个区的报纸分别命名《台州商报·今日黄岩》《台州商报·今日路桥》《台州商报·今日椒江》。

(5)建立县级的传媒中心

浙江还有 2/3 的县报被注销,这些县报中,有的保留原班人马,在很短时间里,建立县级新闻传媒中心,建设新闻网站,获得网站批号后,以网站纸质版的形式发行报纸,继续在本县区域内办报,进行新闻报道。到 2016 年,浙江被取消县报的县,都建立了职能和原县报相仿的县级新闻传媒机构,办报纸和建网站,以及涉足多种数字媒体业态,开展新闻业务。

2004 年浙江省内最先成立新闻传媒中心的是建德市,在《建德日报》停办后,向省外宣办申请网站批号,获得网站新闻传播资质,并借用网站批号,出版天天发行的纸媒《今日建德》,在县域里传播新闻,开创县报新模式(建德市志,2011:1584)。2005 年后,这种模式被浙江省大部分未获公开刊号的县所复制,开始建立县级新闻传媒中心,由县级财政补贴和市场经营相结合,编辑网站,并以《今日××》《新××》《××新闻》等名称,在县域范围内出版报纸,多数通过赠送的方式发行,后来也有很多读者是自费订阅。浙江省这样的县级新闻机构大概有 60 多家,多数能够自负盈亏,大部分发展态势很不错,比如,建德市新闻传媒中心的《今日建德》2016 年每期印刷量 2.1 万份,机构总收入达 1417 万元。德清县新闻宣传中心,创办德清新闻网和《今日德清》,2016 年每期印刷量 1.8 万份,总收入达 2206 万元。

浙江省县报的发展方式多样,不管是加入上级报业集团的县报,还是作为事业单位的地方传媒中心办的报纸,所获财政资助都在减少,市场化运作不断加强,原先的单一的党报的角色也发生了变化,增加了一些晚报和都市报的色彩。

媒介融合环境下,浙江县报的又有了新发展。浙江县报在制度与受众需求的合力下,在纸媒之外,进行了传播载体的革新和多方拓展,推进媒介融合应用,应对数字媒体发展和制度变化的双重挑战。

到 2016 年底,浙江省具有国家正式刊号的县市报达 18 家,据不完全统计,2016 年浙江县报业总收入 14.58 亿元,广告收入超过 4.1 亿元。其中仅《萧山日报》一家的总收入就到达 2.9 亿元,收入超过 5000 万元的县报有 8家,呈现出报业发展的蓝海。

3.6 中华人民共和国时期浙江省县报名录

3.6.1 1949—1978 年

◎《临海报》《临海日报》(1954—1961 年)

1954 年 5 月 1 日《临海报》创刊,是中华人民共和国成立后浙江省首份县级党报。1956 年停办。1958 年复刊,出版 4 开 4 版《临海日报》,郭沫若题写了报头。

1961 年停刊。

◎《萧山报》《萧山日报》(1954—1961 年)

中共萧山县委机关报,《萧山报》1954 年 12 月 11 日创刊,是杭州市解放后最先创办的县级报纸,杭州地区第一家党委机关报,也是全省第二家县级党报。在贯彻党的过渡时期总路线的形势下,中国共产党萧山县委员会于 1954年 12 月作出《关于创办〈萧山报〉的决定》,指出该报系中共萧山县委机关报,并对报纸的主要对象和主要任务,以及刊期、版次、报道内容、办报方针,均有具体阐释。创刊时为 8 开 2 版,五日刊;1956 年 1 月 1 日起改为 3 日刊。1958 年元旦,扩版为 4 开 4 版,3 日刊;4 月 11 日改为隔日刊。5 月 2 日至 20 日,因宣传需要,一度出版 8 开 2 版,日刊。《萧山报》出至 5 月 30 日,共 382 期。

1958 年 6 月 1 日起,《萧山报》改名《萧山日报》。改日报的前两个月,单日出 4 开 4 版,双日出 8 开 2 版,从 8 月 1 日起,转入正常出版,日出 4 开 4 版。1959 年 7 月 16 至 30 日,改出 3 日刊;8 月 1 日起,又改为 8 开,每周 6 期。1960 年 3 月 1 日,恢复 4 开 4 版日报(星期一出 8 开 2 版),至 9 月 1 日,又改为 8 开 2 版,日报。

先后担任《萧山报》和《萧山日报》主编职务的为周群、陈时贵。该报先后由浙江日报社、杭州日报社、萧山印刷厂(后该厂划归报社)承印。

版面安排是:第一版为重要新闻,第二版为农业、工业、财贸、文卫、政法的新闻报道,辟有各种专栏,诸如《最近国内外大事》《时事综述》《萧山各地》《党的生活》《农村俱乐部》《农民技术常识》《卫生常识》和《读报人来信》等。1956 年元旦起改为横排,用简化汉字。

创刊时发行量为 1439 份,最高发行量 50000 多份。

1961 年 2 月 2 日停刊。

◎《杭县报》(1955—1958 年)

1955 年 4 月 16 日《杭县报》创刊,初为 8 开 2 版,5 日刊,后改为 4 开 4 版,日刊。1957 年杭县县委设立《杭县报》编辑委员会,县委宣传部部长任主任委员,报纸主编任副主任委员,统一研究报纸和广播的宣传工作。报社负责人曹庆南、许行贯,有采编等工作人员 7 人。在版面编排上,第一版为新闻、社论,刊头右上侧有"黑板报",登载本县简闻;第二版为生产知识性版,有"杭县各地新事多""社会主义新农村要我们亲手建设""天下大事""大众科学""农村俱乐部"以及"读者回答"等专栏,另辟文艺副刊《超山梅》。

1958 年 5 月 16 日,因杭县建制撤销停刊,共出 337 期。1958 年 5 月改刊为《杭州农村》。

◎《慈溪报》《慈溪日报》(1955—1961 年)

1955 年 1 月 1 日《慈溪报》创刊,系宁波地区首份县级党报。主要任务是贯彻上级党委的指示、方针、政策的精神,用通俗的语言和农民群众喜闻乐见的形式,进行党在过渡时期总任务以及工农联盟和党的领导的宣传教育。中共慈溪县委在创办《慈溪报》的决定中确定:《慈溪报》是县委机关报,也是党的生活报。主要读者对象是农村共产党员、共青团员以及广大农民,特别是组织起来的农民。《慈溪报》的主要任务是贯彻上级党委的指示、方针、政策的精神,用通俗的语言和农民群众喜闻乐见的形式,进行党在过渡时期总任务的宣传教育,以及工农联盟和党的领导的宣传教育。1958 年 9 月 1 日更名为《慈溪日报》。

1961 年 2 月 11 日因纸张紧张停刊。

◎ **《富阳报》《富阳日报》**(1955—1960 年)

1955 年 6 月 21 日《富阳报》创刊,8 开 2 版,5 日刊;社址设在富阳城关镇南门。报头由著名书法家郭化若题写。每月 6 期,每期 8 开 2 版。主要内容宣传党的方针政策,报道县委、县政府重大决策,以及各地好人好事等。发行对象为农村基层党组织、共产党员、共青团员、基层干部和农业生产合作社、互助组以及一般农民。1956 年 7 月起改为 3 日刊;1958 年 5 月 1 日起为双日刊,10 月 1 日起,改名为《富阳日报》,内容也不断充实,设有"评论""在富阳各地""时事简讯""党的生活""富春江的歌声""读者来信""照照自己""大家谈"等栏目。报纸紧密围绕党的过渡时期的总路线,大张旗鼓地动员、组织全县人民为逐步实现农业的社会主义改造,实现社会主义工业化而奋斗。《富阳报》《富阳日报》,均下设编委会,在县委宣传部的直接领导下开展工作。报上刊登的重要文章,由县委领导亲自审稿。报纸用新闻纸印刷,经费由县财政列支。

1960 年 8 月 30 日,富阳、桐庐两县合并,《富阳日报》与《桐庐日报》合为《桐庐日报》。8 月 31 日《富阳报》停刊,先后出版 985 期,记载了富阳县人民大干社会主义的豪情壮志和社会发展的轨迹。1961 年底恢复富阳县建制,60 年代未再办报。

◎ **《诸暨报》《诸暨日报》**(1955—1961 年)

1955 年 7 月 1 日《诸暨报》创刊,8 开 2 版,5 日刊。中共诸暨县委机关报。社长由县委副书记宋俊芝兼任,主编曹连生。1956 年 7 月,改 8 开 2 版日报,易名《诸暨日报》。1958 年 8 月,改 4 开 4 版隔日报,并恢复原名《诸暨报》。

1961 年 1 月,改出 4 开 4 版日报,复更名为《诸暨日报》。1961 年 2 月停刊,共出 1051 期。

◎ **《海宁报》《海宁日报》**(1955—1961 年)

1955 年 7 月 1 日《海宁报》创刊,8 开 2 版,5 日刊。发行量 7000 份。

1956年3月1日改为3日刊。1958年4月改日刊,并更名《海宁日报》。11月,因海盐县并入海宁县,《海盐日报》并入,报纸发行量增至20000份。

1961年2月停刊。5年多时间共出刊1345期。

◎ **《吴兴报》(1955—1960年)**

1955年春,中共吴兴县委报经省委批准,筹建创办《吴兴报》。县委确定朱允中同志和钱朴同志负责。当年五月份内部试刊,7月16日正式创刊,初为4开2版,5日刊,不久改4开4版,周3刊。创刊时发行量6500份。1958年5月,更名为《吴兴日报》。

《吴兴报》一版为要闻版,刊登国内和县域的重大要闻,发表社论、评论等;二版为经济新闻版,刊登工农业和商业新闻;三版为政文版,刊登思想文化、教育卫生、法制、党建等新闻,并辟有"辣椒"专栏发表讽刺小品文;四版为时事广告版。当时的报纸宣传较具特色:(1)配合党的中心工作,指导性强;(2)报道面宽,报纸内容丰富;(3)形式生动活泼,采取"小报小办",文章短小,文字通俗易懂。

1956年3月,中共中央宣传部报刊处刘凯同志专程前来湖州,总结办好《吴兴报》的经验。同年3月22日,人民日报第3版"报刊评介"专栏,发表了刘凯《介绍一个县报——吴兴报》的文章。该文概括了当时《吴兴报》的三个显著特点:一是密切结合本县的农业合作化运动和农业增产运动,用具体的事例向农民进行宣传教育,推动和指导运动前进;二是报道面试较宽阔,报道的内容比较丰富;三是形式活动多样,文字短小通俗。在《人民日报》上介绍一份县报,以指导当时兴办的全国县报,这还是第一次。在浙江省的县报中,这是首例获得人民日报表扬的报纸。

创刊时总编辑朱允中;1958年社长王效彧;1960年8月陈文奎任社长兼党支部书记。

1960年12月31日停刊。

◎ **《乐清报》(1955—1961年)**

《乐清报》创刊于1955年9月1日,为乐清县委机关报。1957年1月停刊,1958年5月复刊。

1961年2月停刊。

◎ **《绍兴报》《绍兴日报》(1955—1961年)**

1955年9月《绍兴报》创刊,8开2版五日报,为中共绍兴县委机关报。主编陶成艮。社址绍兴城区西咸欢河沿,后迁和平弄。1956 年 4 月改为 3 日报。1957 年 10 月起扩为 4 开 4 版。1958 年 4 月,绍兴市与绍兴县合并,《绍兴时报》并入《绍兴报》,改出日报,更名《绍兴日报》。中共绍兴县委宣传部部长于一民兼任总编。报纸面向支部,以广大农村基层干部、党团员及普通农民为主要对象,宣传农村工作及农业生产的方针政策。报纸内容除评论外,主要栏目有"农村问事处""民主办社讨论会""社员生活""党的生活""批评与建议""大众科学""农村俱乐部",副刊有《红辣茄》《镜子》《东湖》等。

1961 年 2 月停刊。

◎《泰顺报》《泰顺日报》(1956—1961 年)

1956 年 2 月《泰顺报》创刊,8 开 2 版,日报。1957 年 10 月起停刊 7 个月,1958 年 6 月复刊,日报,更名《泰顺日报》。自办印刷车间,每期印发 6000份。社址县城关县府大院。

1961 年 2 月停刊。

◎《嵊县报》《嵊县日报》(1956—1961 年)

1956 年 3 月《嵊县报》创刊,4 开 2 版,每逢 3、8 日出版,发行 5000 余份。报纸栏目有"嵊县古今""铁面话""要紧话"等。1958 年改名为《嵊县日报》,发行 1.2 万份,改为 8 开 4 版。

1958 年 11 月,新昌县与嵊县合并,《新昌报》与《嵊县日报》合刊,称《嵊县日报》,发行量提高到 2.05 万份。到 1961 年 2 月 11 日停刊,共计出版了 1247期。

◎《丽水报》《丽水日报》(1956—1961 年)

1956 年 4 月 1 日《丽水报》创刊,中共丽水县委的机关报。周二刊,社址在丽水县委大院内。创刊时报社有 4 个人,主编刘乙仁,编辑李致川。姚之政和毛传书。报纸为 8 开,周二刊。报纸刊头由浙江省省长沙文汉题写。

关于这份报纸的报头,还有一段佚事。报社建立不久,有人觉得沙文汉写的报头不很好看,想请中共山东省委书记舒同题写,报社给舒同寄去一份请求报名题字的公函,不久收到了山东省委办公室打印的复函,回答:"舒同同志工作很忙,没有时间给你们写字。"后来报社又给时任浙江省图书馆馆长的著名书法家张宗祥去信,请他题写报头。张宗祥很快就写寄回报社。报社工作人员对书法艺术都不太会欣赏,看看写的又是繁体字,迟迟没有换上这位书法家的字。报社员工还是喜欢"舒同体",舒同的字没有求得,找几个像"舒体"的字代替也可以。一天一名员工偶然发现《缙云报》的报头题字和舒同的字体很像，经联系打听，得知是在《建德日报》工作一位叫刘瑞康同志写的。于是报社立即去函建德日报社，求这位同志写《丽水报》和《丽水日报》两个报头，后者为以后勤部改日报备用。不久就收到了刘瑞康同志写的字。但因为原报头是省长沙文汉写的，当时并未立即就更换。后来沙文汉同志被打成右派后，就换上了新报头。

1957 年 9 月整风反右开始后，报纸改为《丽水日报》，主编易人。

1961 年 2 月报纸停刊。

◎《长兴报》《长兴日报》(1956—1960 年)

1956 年 4 月 8 日，长兴县委决定创办《长兴报》，5 月 1 日正式出版，3 日刊。《长兴报》为县委机关报，由县委副书记高桂香分管，县委宣传部直接领导，并由宣传部、办公室等 15 个单位的负责人组成《长兴报》编辑委员会，协助报社约稿、选稿、审稿和研究报道计划。1957 年改 4 开 4 版，隔日刊。1958 年 5 月改日刊。发行量 16000 份。

1960 年 12 月 31 日停刊。

◎《平阳报》《平阳日报》(1956—1961 年)

1956 年 4 月 10 日《平阳报》创刊，8 开 4 版，3 日刊，主编林华一，报社编辑部设解放路一幢二层楼房，1957 年 3 月 1 日停刊。1958 年 2 月 1 日复刊，改原来的 3 日刊为隔日刊，仍为 8 开 4 版，报社编辑部设县机关大院。5 月，平阳报社与平阳县广播站合并，报纸改为 4 开 4 版，周六刊，更名《平阳日报》。同时建立印刷厂。

1961 年 2 月再次停刊。

◎《金华报》《金华日报》(1956—1960 年)

1956 年 4 月 16 日《金华报》创刊，中共金华县委机关报。4 开 2 版，5 日刊。1957 年 3 月停刊。1958 年 5 月 1 日复刊，同年 11 月更名为《金华日报》。4 开 4 版，周六刊。

1960 年 9 月又因县级建制变动而停刊。

◎《新登报》(1956—1957 年)《新登日报》《桐庐日报》(1958—1961 年)

1956 年 4 月 19 日《新登报》创刊，8 开 2 版，5 日刊。1957 年 2 月 27 日停

刊①。负责人孙志根。社址在新登城关。1958 年 10 月,《新登日报》创刊,为中共桐庐、分水、新登三县县委机关报。1959 年 1 月 1 日,更名为《桐庐日报》。

1961 年 2 月停刊。

◎《武义报》(1956—1958 年)

1956 年 4 月 25 日《武义报》创刊,中共武义县委机关报。4 开 2 版,5 天一期,至 1957 年 5 月停刊。1958 年 5 月 1 日复刊。

1958 年 11 月因县级建制变动并入《永康报》。

◎《新昌报》《新昌日报》(1956—1958 年)

1956 年 4 月 30 日《新昌报》创刊,中共新昌县委主办。主编先后为王伯祥、吕槐林。社址新昌县城关镇横街。8 开 2 版,星期一、六出版。办报宗旨为"以社会主义和爱国主义思想教育农民,为实现党在过渡时期的总任务而斗争"。栏目有"新昌各地""沃洲""广播台""大家谈""谈家常""大众科学""新人新事"等。1957 年 4 月改出 3 日刊;1958 年 7 月 1 日改出 4 开 4 版日报。

1958 年新昌和嵊县两县合并,1958 年 11 月,与《嵊县日报》合刊,在嵊县出版,《新昌报》停刊。

◎《仙居报》(1956—1961 年)

1956 年 4 月,中共仙居县委根据党中央关于"县报是县委的机关报,是向群众宣传社会主义及党和国家的政策,指导工作的有力工具"的指示精神,创办《仙居报》。4 月 17 日出试刊号。

5 月 1 日正式创刊,中共仙居县委机关报。5 日刊,8 开 2 版,有时候为 4 开 4 版,报社设在城关镇市桥里同,顾荣乃任总编。后来又开辟出文艺副刊,定期发表文学作品。报纸由仙居县邮电局发行,每期发行量保持在 3000 份左右。6 月改为 3 日刊,7 月改为 2 日刊,9 月 1 日改为日刊。1957 年 7 月 1 日,改 8 开 4 版。《仙居报》出刊 115 期后,根据上级指示,于 12 月 2 日停刊。

1958 年 6 月,《仙居报》复刊,报社设在县广播台,周士铭兼管报社工作。1959 年 2 月开始,顾荣乃任总编。

1961 年 2 月 14 日再次停刊,先后合计共刊出报纸 947 期。

◎《缙云报》(1956—1961 年)

1956 年 5 月 1 日《缙云报》创刊,中共缙云县委机关报。8 开 2 版,5 日

---

①　注:《浙江新闻志》表格中称"1957 年 5 月"停刊。

刊,铅印,工作人员3人。1958年7月1日改为4开4版,工作人员增至7人。每期发行2700份。王均盛、李芝火先后担任主编。

1958年6月底,《缙云报》刊登了一则记录大跃进时期密植蕃莳(番薯)秧培养蕃莳王试验田的报道:为实现亩产20万斤的目标,缙云县首先成立了以一名副书记和一名副县长为正副组长,机关干部、技术员和老农三结合的领导小组,然后请农技人员在东门畈精心挑选了一块旱涝保收试验田,在田边竖起"20万斤蕃莳王试验田"的大幅标牌。6月23日开始平整土地,先是深翻土层3市尺,再施栏肥400担、堆肥600多担、人粪尿240多担以及部分桐饼,然后回填面泥,整好畦面,等待扦插。第二次整地松土0.8尺,用人粪肥240担,颗粒肥料10担,桐饼1000斤,地脚泥60担与土拌和。第三次开沟作畦又松土1.5尺,用破墙泥1000担,浇水350担。6月25日上午7时,开始抽水润土。接着经过战前紧急动员的50多名工作人员赤脚露臂下田,挑灯夜战,扦插蕃莳秧,采取"密植水平插"技术,株距1~2寸,行距1尺2寸,亩插蕃莳秧约6099株,再浇水500担,割青草覆。直到深夜12时多,蕃莳秧扦插胜利完成。

后来,中耕施焦泥灰20担,茶籽饼100斤,施人粪肥二次,过磷酸钙三次,用竹塔架缠番薯藤,安装电灯加夜间光照。花了大量人力、物力、财力,到了收获的季节,在大家期待的目光下,却只收获了一串串不到拇指大的"蕃莳筋",试验没有成功。尽管试验田失败的消息被政府封锁,仍然不胫而走,成为当地人茶余饭后的热点话题。

7月19日,《缙云报》又在醒目的位置刊登《马加坑创世界奇迹文章,1亩秋粟产13万斤》。这些报道也反映出了大跃进时期的一些社会乱象。

1961年2月停刊。

◎《开化报》(1956—1961年)

1956年5月1日《开化报》创刊,中共开化县委机关报。4开4版,周三报,最高发行量达4万份。1957年3月26日停办,1958年5月20日复刊。

1961年2月25日停刊,共出561期。

◎《青田报》(1956—1961年)

1956年5月1日《青田报》创刊,中共青田县委机关报。中间曾停刊、复刊。

1961年2月13日再次停刊。

◎《嘉兴报》《嘉兴日报》(1956—1961年)

1949年5月7日嘉兴解放,分设嘉兴县、嘉兴市,后撤并频繁。1956年5

月 1 日,嘉兴县委创办县委机关报《嘉兴报》,3 日刊。1958 年 5 月 1 日改为日刊,4 开 4 版,短时间对开 2 版,定名《嘉兴日报》,发行量 7690 份。

1961 年 2 月 16 日停刊。

◎《宁海报》(1956—1958 年)

1956 年 4 月 20 日,《宁海报》试刊号推出。该试刊号只有一、二两版,内容大部分为"香山高级社倡议开展全县性社会主义劳动竞赛"等农业报道。5 月 1 日《宁海报》创刊。头版头条为《中共宁海县委关于创办〈宁海报〉的决议》(摘要),一版为要闻,二版为"宁海各地"及农技知识,三版为"党的生活""文化生活"等,四版为副刊,5 日刊。1956 年 8 月 6 日,《宁海报》头版头条刊发《全县人民积极行动,战胜台风带来的灾害》。该台风为历史上有名的"八一台灾"。

1958 年 10 月,宁海、象山两县合并,《宁海报》并入《象山报》,出版《象山日报》。

◎《象山报》《象山日报》(1956—1961 年)

1956 年 5 月 1 日《象山报》创刊,中共象山县委机关报。1958 年 10 月改《象山日报》。

1961 年停刊。

◎《东阳报》《东阳日报》(1956—1961 年)

《东阳报》创刊于 1956 年 5 月 1 日。初为 4 开 2 版,5 日刊,同年 10 月改 3 日刊。后改《东阳日报》。

1961 年 2 月停刊。

◎《瑞安报》《瑞安日报》(1956—1961 年)

1956 年 5 月 1 日《瑞安报》创刊,中共瑞安市委机关报,总编辑温国慎。报头的"瑞安报"3 个字,由时任县长的上官光钦题写。报社自办印刷车间,铅印,邮发,发行量最大为 12000 份。8 开 2 版,隔日报。社址城关西门街 4 号。1957 年 5 月 1 日改为《瑞安日报》,8 开 4 版。1958 年 10 月,瑞安、文成两县合并,改名《瑞安报》。

1961 年 2 月停刊。

◎《上虞报》《上虞日报》(1956—1961 年)

1956 年 5 月 1 日《上虞报》创刊,初期为 8 开 2 版,5 日刊。中共上虞市委机关报。1958 年出 4 开 4 版,隔日刊,同年 7 月 4 日更名《上虞日报》。

1961 年 2 月 8 日停刊。

◎《余姚报》《余姚日报》(1956—1961 年)

1956 年 5 月 1 日,新中国成立后余姚的第一张党报——中共余姚县委机关报《余姚报》正式创刊。在此之前的 4 月 16 日,《余姚报》试刊号出版。

《余姚报》创刊时,为 4 开 2 版的 5 日刊;1956 年 7 月 1 日改为 3 日刊;1958 年 1 月 1 日,改出隔日刊;1958 年 4 月 1 日,改为日报;1958 年 5 月 1 日,《余姚报》改为《余姚日报》,报头字体如旧。1959 年春节,《余姚日报》改用新报头,由当时县委第一书记肖贻题写。5 月 1 日,《余姚日报》办报 4 周年,县委第一书记肖贻发表了《把〈余姚日报〉办得更好》一文,刊于当日《余姚日报》第 4 版,同版还发表了读者文章 5 篇。7 月 13 日,报社搬迁至逊埭桥 75 号办公。

1961 年,国家处于暂时困难时期,新闻纸紧缺,全国县市级报纸按中央指示一律停办。1961 年 2 月 14 日,《余姚日报》在报眼刊登了停刊启事。

2 月 15 日,《余姚日报》停刊。从创刊至停刊,《余姚日报》(《余姚报》)共出版 1328 期。

◎《永康报》《永康日报》(1956—1960 年)

1956 年 5 月 1 日《永康报》创刊,中共永康市委机关报。8 开 2 版,5 日刊。总编辑应加登(1956 年 4 月—1956 年 11 月为副总编辑,主持工作,1956 年 11 月—1958 年 10 月,1959 年 6 月—1960 年 11 月为总编辑);总编辑吴子荣(1958 年 10 月—1959 年 6 月)。报社人员一般为六至七人,采、编、校合一,国营永康县印刷厂排版印刷。

不久改为 4 开 4 版,隔日刊、周六刊,改名《永康日报》。

1960 年 7 月 29 日停刊,共出版 591 期。

◎《淳安报》《淳安日报》(1956—1961 年)

1956 年 5 月 1 日《淳安报》创刊,中共淳安县委机关报。社址在淳安千岛湖镇炉峰路 5 号,为 8 开 2 版或 4 版,5 日刊。逐步改 3 日刊、隔日刊。1958 年 11 月 1 日与《遂安报》合并,同出《淳安报》,改为双日刊,其间一度出过日刊,1960 年 11 月又改称《淳安报》。

1961 年 2 月 9 日停刊。

◎《黄岩报》《黄岩日报》(1956—1961 年)

1956 年 5 月 1 日《黄岩报》创刊,3 日刊,中共台州市黄岩区委机关报。

1958 年 6 月更名为《黄岩日报》。

1961 年 2 月停刊。

◎《鄞县报》《鄞县日报》（1956—1958 年）

《鄞县报》创刊于 1956 年 5 月 1 日，中共鄞县县委机关报。

1958 年改出《鄞县日报》，年底并入《宁波报》。

◎《兰溪报》（1956—1960 年）

《兰溪报》创刊于 1956 年 5 月 1 日，中共兰溪市委机关报。书法家、南京军区副司令员郭化若题写报头。8 开 2 版 3 日刊。1958 年 7 月 1 日改为 4 开 4 版隔日刊，一版综合新闻，二版报道生产，三版科学技术、文教卫生，四版以国际消息为主。副刊有《百花园》，每周一期，《兰花》每月一期。最高发行量 5600 份。1958 年 7 月改为 4 开 4 版隔日刊。

1960 年 9 月停刊，共刊出 695 期。

◎《江山报》（1956—1961 年）

《江山报》创刊于 1956 年 5 月 1 日，中共江山县委机关报，创办初期为 8 开 4 版 5 日刊，嗣后改 3 日刊，1958 年 7 月 1 日改为 4 开、隔日刊。

1961 年 2 月 11 日停刊。

◎《东阳报》《东阳日报》（1956—1961 年）

1956 年 5 月 1 日《东阳报》创刊，中共东阳市委机关报。初为 4 开 2 版，5 日刊，同年 10 月改 3 日刊。1958 年先后改出隔日刊、日刊，并于当年 10 月改名《东阳日报》。

1961 年 2 月停刊。

◎《温岭报》《温岭日报》（1956—1961 年）

1956 年 5 月 1 日《温岭报》创刊，4 开 4 版隔日刊，职工 7 人，主编薛贤驹。发行量 5000～10000 份。中共温岭市委机关报。1957 年 4 月 1 日休刊。1958 年 7 月 1 日复刊，改《温岭日报》。社址城关镇县前。

1961 年 2 月 13 日又停刊。

◎《临安报》《临安日报》（1956—1961 年）

1956 年 5 月 1 日《临安报》创刊，中共临安市委机关报，创刊时为 8 开 2 版，5 日刊。1958 年 11 月 1 日，与《余杭报》合并后出《临安日报》，4 开 4 版。社址在临安市锦城镇衣锦街市政府大院内。

1961 年 2 月 2 日停刊。

◎《定海报》(1956—1957 年)

1956 年 5 月 1 日《定海报》创刊,中共定海县委机关报。4 开 2 版,始为 5 日刊,不久改 3 日刊。有编辑兼记者 5 人,刊出 102 期。地址总府弄 41 号。

1957 年 3 月 28 日停刊。

◎《嘉善报》《嘉善日报》(1956—1958 年)

1956 年 5 月 1 日《嘉善报》创刊,中共嘉善县委机关报,5 日刊,8 开 2 版,后改日报,定名《嘉善日报》,4 开 4 版。

1958 年 11 月并入《嘉兴日报》。

◎《平湖报》《平湖日报》(1956—1961 年)

1956 年 5 月 1 日《平湖报》创刊,中共平湖县委机关报,8 开 2 版、5 日刊。1958 年元旦改为 3 日刊,5 月 1 日改为日报,定名《平湖日报》,4 开 4 版。开始发行 5000 份,多时达 12000 余份。

中共平湖县委根据省、地委有关会议精神,已于 1956 年 2 月 16 日作出出版平湖县报的决定。4 月 3 日,按照中共嘉兴地委关于"省委批准我区 6 个县,在'五一'创办县报"的通知精神,发出《关于创办〈平湖报〉的决定》,同时建立《平湖报》社。该《决定》对报纸的性质、任务、对象和领导问题,一一作了具体规定:《平湖报》是中共平湖县委的机关报。报纸必须贯彻全党办报、群众办报的方针,报纸要具有鲜明的党性和群众性。它的任务是:以社会主义和爱国主义思想教育农民;动员与组织广大农民,在工人阶级领导下,为逐步实现农业的社会主义改造、发展农业生产和支援社会主义工业化而斗争;为提前完成和超额完成五年计划和实现党在过渡时期的总任务而斗争。此外,还要精练地、通俗地进行形势宣传和科学、卫生知识的宣传。确定由县委常委葛德中分管并进行具体领导。

据到 1956 年 2 月 18 日统计,全县已预先征订县报 5567 份。另一方面,县有关部门,遵照县委《决定》,立即配备办报干部,抽调曾任区委副书记、时为县委秘书处代理秘书的缪超同志及另外 2 名干部,赴杭州参加由省委宣传部主办的新闻专业知识培训班学习。受训 10 天后返县,立即投入紧张的筹建工作。1956 年 5 月 1 日,平湖县解放后第一张报纸——《平湖报》,如期创刊。初创时期的《平湖报》,为 8 开 2 版、5 日刊。3 人中,由缪超任副总编辑,他除了负责报社的行政、业务管理等全面工作外,还要列席县委有关会议,传达执行县委指示;其余 2 位,则编辑、记者一肩挑,采取采编合一,一人负责一个版面。

1961 年 2 月 15 日终刊。

◎《余杭报》(1956—1958 年)

1956 年 5 月 6 日《余杭报》创刊,中共余杭县委机关报,8 开 2 版,5 日刊,后为日报。

1958 年 10 月底,与《临安日报》合并。1958 年 11 月 1 日,两报合并后出《临安日报》,《余杭报》停刊。

◎《奉化报》《奉化日报》(1956—1961 年)

创刊于 1956 年 5 月 16 日《奉化报》创刊,铅字印刷,中共奉化县委机关报。1958 年 8 月 1 日,更名为《奉化日报》。

1961 年 1 月 15 日停刊。

◎《龙游报》《龙游日报》(1956—1959 年)

1956 年 5 月 17 日《龙游报》创刊,中共龙游县委机关报。刊头报名由书法家、南京军区副司令员郭化若题写。5 日刊,4 开 2 版,铅印,每期专程送荷州新华印刷厂排印。《龙游报》初期有主编、编辑、记者、通联 4 人,主编先是熊剑安,后为赵杰。1957 年 4 月 21 日,县广播站并入报社,人员增至 14 人。1957 年 11 月 1 日起改为 3 日刊,1958 年 5 月 1 日改日报,8 月 1 日扩为 4 开 4 版,印数 5000 份。

该报以 2/3 的篇幅报道农村新闻,1/3 报道时事政策和其他工作。主要向全县各区、乡、村、学校、机关、矿厂发行,每期 3000～5000 份,最高发行量为 16000 份。

1958 年大办钢铁时期,10 月 7 日的《龙游报》套红刊登《县委关于大放钢铁卫星的决定》,要求全县"放出日产钢铁 2000 吨的大卫星"。同时,抽调近万人到社阳等地开矿挖煤、烧木炭,放煤炭"卫星",大搞"小土群"(小型、土法上马、群众化),乡乡行动,村村行动办小高炉,炼钢铁,乱砍滥伐林木烧木炭,遍地开挖槽沟找铁矿山林资源、森林植被、自然环境破坏严重。翌年 2 月起,小高炉陆续停火。

1959 年 12 月 25 日,因龙游撤销县制而停刊。该报共刊出 458 期,总发行量为 26.55 万份。

◎《汤溪报》(1956—1958 年)

1956 年 5 月《汤溪报》创刊,中共汤溪县委机关报。负责人何进,社址在汤溪县委内,初为 5 日刊,后改为 3 日刊。

1958 年 8 月停刊。

◎《**永嘉报**》（**1956—1961**）

1956 年 5 月《永嘉报》创刊,中共永嘉县委机关报,报纸委托县邮电部门发行。

1961 年 3 月,《永嘉报》停刊。

◎《**义乌报**》（**1956—1960 年**）

1956 年 5 月《义乌报》创刊,中共义乌县委机关报。

1960 年 9 月停刊。

◎《**龙泉报**》《**龙泉日报**》（**1956—1961 年**）

1956 年 6 月 1 日《龙泉报》创刊,中共龙泉县委机关报。1957 年 4 月停刊,次年 5 月复刊。1959 年改名《龙泉日报》。

1961 年 2 月又停刊。

◎《**寿昌报**》（**1956—1958 年**）

1956 年 6 月 1 日《寿昌报》创刊,中共寿昌县委机关报,负责人王绍文。创刊时 8 开 2 版,5 日刊;1958 年元旦改出 3 日刊,同年 7 月 1 日起为双日刊。社址在寿昌城关。

1958 年 9 月底停刊。

◎《**桐庐报**》《**新登日报**》《**桐庐日报**》（**1956—1961 年**）

1956 年 6 月 1 日《桐庐报》创刊,中共桐庐县委机关报,创刊时为 8 开 2 版,5 日刊;遇有重要消息时亦出四开四版。1958 年 4 月 1 日,改出 3 日刊。同年 10 月 1 日起,由桐庐、分水、新登三县联合办报,定名为《新登日报》。1959 年 1 月 1 日,更名为《桐庐日报》。

1961 年 2 月停刊。

◎《**衢县报**》《**衢县日报**》（**1956—1961 年**）

1956 年 6 月 1 日《衢县报》创刊,中共衢县县委机关报。4 开 2 版,先为 5 日刊,后改 3 日刊。1958 年元旦改为日报。1960 年 10 月 1 日复为 3 日刊。

1961 年 2 月 11 日停刊,共出版 1119 期。

◎《**三门报**》（**1956—1958 年**）

1956 年 7 月 1 日《三门报》创刊,中共三门县委机关报。8 开,5 日刊,铅印,报头由著名书法家舒同题写。1957 年改 3 日刊。

1958 年 10 月临海、三门两县合并后,《三门报》并入《临海日报》。

◎《庆元报》(1956—1958 年)

1956 年 7 月 1 日《庆元报》创刊,中共庆元县委机关报。

1958 年停刊。

◎《浦江报》(1956—1959 年)

1956 年 7 月 1 日《浦江报》创刊,中共浦江县委机关报。4 开 4 版,周三刊。

1959 年浦江县制撤销后停刊。

◎《安吉报》《安吉日报》(1956—1961 年)

1956 年 7 月 1 日《安吉报》创刊,中共安吉县委机关报。8 开 4 版,3 日刊。1958 年 5 月改为《安吉日报》,4 开 4 版,发行 5000 份。

1961 年 1 月停刊。

◎《海盐报》《海盐日报》(1956—1958 年)

1956 年 7 月 1 日《海盐报》创刊,中共海盐县委机关报,5 日刊,8 开 2 版,1957 年改为日刊,定名《海盐日报》,4 开 4 版。发行 3200 份。

1958 年 11 月并入《海宁日报》。

◎《崇德报》《崇德日报》(1956—1958 年)

中共崇德①县委机关报,1956 年 7 月 1 日创刊。初名《崇德报》,5 日刊,8 开 2 版,1958 年 5 月 1 日改日报,定名《崇德日报》,4 开 4 版。发行 3000 份。

1958 年 11 月,因崇德县建制撤销而终刊。

◎《玉环报》(1956—1958 年)

1956 年 7 月 1 日《玉环报》创刊,中共玉环县委机关报。

1958 年停刊。

◎《遂安报》(1956—1958 年)

1956 年 7 月 1 日创刊的中共遂安县委机关报《遂安报》,8 开 2 版,周 5 刊,1958 年 4 月 1 日后改为周 3 刊。

因与《淳安报》合并,1958 年 10 月 25 日停刊。

◎《孝丰报》《孝丰日报》(1956—1958 年)

1956 年 7 月《孝丰报》创刊,中共孝丰县委的机关报。5 日刊,负责人冯进

---

① 位于今桐乡市崇福镇。

发,社址孝丰县城内。1958年3月改名《孝丰日报》,4开4版,8月改出日报。

1958年11月《孝丰日报》因孝丰县撤销后并入安吉县而停刊。

◎《武康报》《武康日报》(1956—1958年)

1956年8月1日《武康报》创刊,中共武康县委的机关报。4开2版,5日刊,铅印,负责人方宝成,编辑7人,社址在武康城区内。

读者主要是农村党员、团员和农民群众。内容为宣传社会主义思想及党和国家的方针政策,号召农民走农业合作化道路,发展农业生产和支援社会主义建设。

1958年4月1日改4开4版,3日刊,5月1日改4开2版,周六刊。

后因为武康县撤销,并入德清县,1958年6月14日《武康日报》停刊。共出181期,发行27.15万余份。

◎《景宁报》(1956—1960年)

1956年8月1日《景宁报》创刊,中共景宁县委机关报。4开4版,5日刊,铅印,发行量2.5万份。1957年2月休刊。1958年6月1日复刊,改8开2版,2日刊。报道农村新闻、国内外时事、政策及工作动态。

1960年2月,撤县停刊。累计发行67.6万份。

◎《德清报》《德清日报》(1956—1961年)

1956年8月1日《德清报》创刊,中共德清县委机关报。4开4版,3日刊,铅印,编辑10人,社址城关镇谈家弄。1958年7月1日改《德清日报》,4开4版,星期日2版。1960年10月1日改2日刊。

1961年2月9日停刊。共出1065期,发行最多时达3760份。

◎《建德报》《建德日报》(1956—1961年)

1956年8月1日《建德报》创刊,中共建德县委机关报。8开2版5日刊,1957年2月8日停刊。1958年10月,与《寿昌报》《跃进快报》合并复刊,改称《建德日报》,成为中共建德县委、寿昌县委和新安江区委的机关报。1959年初,寿昌撤销县建制,并入建德县,该报即为中共建德县委机关报。8开4版。1960年10月1日改为《建德报》,隔日出报。

1961年2月停刊。

◎《桐乡报》《桐乡日报》(1956—1961年)

1956年8月1日《桐乡报》创刊,中共桐乡县委机关报,5日刊,8开2版,1958年7月1日改日报,定名《桐乡日报》,4开4版。初发行3000份,后增至

10000 份。

1961 年 2 月 14 日停刊。

◎《磐安报》(1956—1958 年)

1956 年 8 月 17 日,中共磐安县委开始筹办磐安报社。经中共浙江省委批准,于当年 10 月 1 日出刊第一期《磐安报》,8 开 2 版,5 日刊,每月 6 期,每份售价 0.02 元,发行量 2000 多份。《磐安报》负责人赵昌龄。到 1957 年 3 月底,因发行量少、质量差、纸张供应紧缺而停刊,共办 6 个月,刊出 36 期。停刊后,在群众强烈要求下,于 1958 年 4 月复刊《磐安报》,负责人杜祖兰。5 月 1 日复刊,8 开 2 版,5 日刊。8 月 1 日改为 3 日刊,发行量 3395 份。

1958 年 11 月 1 日因磐安撤县,《磐安报》并入《东阳报》社。

◎《文成报》(1956—1958 年)

1956 年 9 月《文成报》创刊,中共文成县委机关报。

1958 年停刊。

◎《常山报》(1956—1958 年)

1956 年 10 月 1 日《常山报》创刊,中共常山县委机关报。8 开 2 版,5 日刊,印数 2500 份。1958 年 5 月改为 4 开 4 版,3 日刊。

1958 年 10 月因常山县建置撤销而停办,共出 176 期。

◎《遂昌报》《遂昌日报》(1956—1960 年)

1956 年 10 月 1 日《遂昌报》创刊,中共遂昌县委机关报。8 开,5 日刊,铅印。因经费紧缺,1957 年 4 月停刊。1958 年 7 月 1 日复刊,8 开,3 日刊,8 月 1 日改为隔日刊,10 月 1 日改日刊,称《遂昌日报》。编辑部有工作人员 8 人,报社设有印刷厂。

该报旨在宣传党和国家的方针政策,传播党和政府的政令,主要指导农村工作,交流各业生产工作经验。通过邮局发行,以乡村干部、农村党团员为主要阅读对象。发行量 4000 多份,最多时达 10000 份。

1960 年 9 月停刊,共出 679 期。

◎《洞头报》(1956—1960 年)

1956 年 10 月《洞头报》创刊,中共洞头县委的机关报。3 日刊,负责人魏忠鹤,社址洞头县城内。

1960 年 3 月停刊。

◎《宣平报》(1956—1957 年)

1956 年 10 月《宣平报》创刊,中共宣平县委的机关报。5 日刊,社址在宣平县委大院内。

1957 年 3 月停刊。

◎《普陀报》(1956—1957 年)

1956 年 11 月《普陀报》创刊,中共普陀县委的机关报。5 日刊,负责人归兆铭,社址普陀县委大院内。

1957 年 3 月停刊。

◎《松阳报》(1956—1958 年)

中共松阳县委机关报《松阳报》,1956 年创刊。

1957 年 5 月 26 日,《松阳报》刊登过轰动一时的消息《打死形体象人的怪兽》为题,引起社会巨大反响。报道中讲到:5 月 23 日下午,松阳县水南乡砖弦(音塘)村小溪边,突然出现一个遍体黑毛的人样动物,向 13 岁的放牛女孩王聪美扑来。王聪美惊呼"救命!"这时王聪美的母亲徐福娣正在几百步外劳动,闻声狠命赶来。那怪物下受惊,慌不择路,跳下高坎,陷进烂泥田里,被徐福娣一棍打昏,随后村里十多个妇女赶到,用乱棒打死。这怪物直立时约有1.5 米高,人形雄性,但走路时常常前肢落地。头发略长,毛黑而软。当地群众从来没有见到过这种奇怪动物,认为这就是传说中的"人熊",便把手脚斩下,24 日上午将怪兽的四肢送县人委,四方群众拥挤观奇。

1958 年是大跃进的年代,全国砸锅卖铁,土高炉遍地林立。松阳县没有铁矿,每天总有几万人民公社社员在松阴溪中洗铁砂,煞是壮观。《松阳报》曾经刊出一则大跃进时期的报道:1958 年暑假,松阳一中高中部学生在母校操场的土高炉中炼出全县的第一炉"钢铁",可惜这一团由"砸锅卖铁"的铁为原料,用土高炉给烧出的东西是一大团铁渣。

1958 年停刊。

◎《云和报》(1956—?)

1956 年《云和报》创刊,中共云和县机关报。

何时停刊不详。

◎《苍南报》(1956—?)

1956 年《苍南报》创刊,中共苍南县委机关报。

何时停刊不详。

◎《镇海报》(1956—1958 年)

1956 年《镇海报》创刊,为中共镇海县委机关报,1958 年 12 月,宁波地区属县的《镇海报》并入中共宁波市委机关报《宁波报》;《镇海报》停刊。

◎《嵊泗报》(1958—1959 年)

1958 年春,《嵊泗报》创刊,中共嵊泗县委机关报,5 日刊,负责人许示。

1959 年 3 月停刊。

◎《跃进快报》(1958 年)

1958 年 4 月 20 日,中共建德县委办公室主办的《跃进快报》创刊,8 开 2 版,3 日刊,有时不按期出版。

1958 年 9 月底停刊。

◎《定海通讯》(1958—1959 年)

1958 年 7 月 1 日,《定海通讯》创刊,为中共县委机关刊物,公开发行,8 开 2 版(有时增出 4 版),3 日刊,刊出 70 期。

1959 年 1 月 28 日停刊。

◎《新登日报》(1958—?)

1958 年 10 月,《新登日报》创刊,原中共桐庐、分水、新登三县县委机关报,负责人孙志根,社址在新登城关。

何时停刊不详。

◎《昌化报》《昌化日报》(1959—1960 年)

1959 年 1 月 1 日,中共昌化县委机关报《昌化报》创刊,创刊时为 8 开 2 版,双日刊。后改《昌化日报》。

1960 年 9 月 1 日《昌化日报》并入《临安日报》。《昌化日报》停刊。

3.6.2　1979 年至今

◎《吴兴报》《湖州报》①(1980—1983 年)

1980 年 6 月 3 日浙北的《吴兴报》在停刊 20 年后复刊,4 开 4 版,开始为周二刊,后为隔日刊。1981 年,吴兴县更名为湖州市。4 月 3 日,《吴兴报》改称《湖州报》,周三刊,国防部长张爱萍为《湖州报》题写报头。1983 年 10 月,

---

①　该《湖州报》是指县级市的湖州市属报纸。

浙江省委决定撤销嘉兴地区,分设湖州市和嘉兴市。1983 年 12 月 3 日,升格为湖州市委机关报。

复刊《吴兴报》的历程。党的十一届三中全会后,吴兴农村兴起了家庭联产承包制。在改革的热潮中,1979 年冬,中共吴兴县委提出筹备复刊《吴兴报》的想法。分析当时的条件,一是湖州历史上有办报的基础,50 年代就有《吴兴日报》;二是湖州(吴兴)有办报的人才,有一批 50 年代就从事党的新闻工作的老报人;三是办报的印刷条件也基本具备。基于上述条件,中央吴兴县委创办报纸的要求,得到地委、县委领导的支持。1980 年上半年,中共浙江省委宣传部批准了吴兴县委的要求。4 月 4 日,中共吴兴县委发出〔1980〕72 号文件,决定成立吴兴报筹备领导小组,由县委常委、宣传部长杨致远任组长;从机关抽调干部着手筹办。并利用原吴兴县委报道组的两间办公室为编辑部,一间小会议室作为经理部。5 月,先后试刊了两期《吴兴报》,初步取得了办报经验。

1980 年 6 月 3 日,《吴兴报》正式复刊,为中共吴兴县委机关报,也是综合性报纸。4 开 4 版,开始为周二刊,后即为隔日刊。报头为著名的吴兴籍书法家费新我手书。同年 6 月 19 日,中共吴兴县委发出〔1980〕112 号文件,任命张世英为总编辑,钱朴、施振华为副总编辑。钱朴分管政文副刊和经理部工作;施振华分管要闻和经济报道。报社内部机构设要闻、政文、时事副刊组和经理室等。后又调整为经济、政文、副刊科和经理部;实行包版制。

1981 年,吴兴县更名为湖州市(县级市)。同年 4 月 3 日,《吴兴报》改称《湖州报》,周三刊。中共中央委员、国防部长张爱萍为《湖州报》题写了报头字。1981 年 5 月,《吴兴报》(《湖州报》)作为浙江省代表参加全国第二次县报工作会议。

复刊后的《吴兴报》和改刊后的《湖州报》,继承了党报的优良传统,尤其以言论著称,受到读者好评。1981 年 11 月 13 日,《浙江日报》发表文章:《湖州报,有看头》,推荐介绍了这份县级党报。

《吴兴报》初办时由湖州印刷厂编排印刷。1982 年报社租借环城东路湖州军分区招待所为编辑部,同年 10 月成立湖州报社印刷厂。1983 年 7 月 14 日开始,《湖州报》改由湖州印刷厂编排,湖州报印刷厂印刷。到 1984 年 1 月 3 日起,湖州报印刷厂即能承担全部印报任务,报社至此初具规模。

1983 年 10 月,浙江省委省政府决定撤销嘉兴地区,分设湖州市和嘉兴市。1983 年 12 月 3 日,中共湖州市委发出通知,《湖州报》为省辖湖州市委机关报。1985 年 5 月 1 日,《湖州报》改刊为《湖州日报》,4 开 4 版,周六刊。此时,发行量已经从复刊时的 6500 份,上升到最高时的 3 万份。

◎《江山报》《江山日报》(1980—2003 年)

1980 年 6 月 1 日《江山报》复刊,是浙江省首批复刊的县级党报,4 开 4 版,1981 年元旦改周二刊,1983 年改周三刊,1985 年改周四刊。1997 年改周六刊,更名《江山日报》,2000 年改出对开 4 版。刊号 CN33-0015,总编辑祝新风。

该报复刊以来,坚持以"面向全市人民,服务经济建设;面向社会生活,服务城乡读者"为宗旨,并贯彻以正面宣传为主的方针,受到读者的广泛好评。1996 年至 1997 年间,《新闻出版报》两次载文介绍该报《经济观察》《须江论坛》等专栏富有特色。

《江山日报》配合市委、市政府中心工作,多次开展战役性报道,收到了较好的社会效果。1998 年围绕全市"二次创业",先后推出《向新的目标迈进》等系列报道,以及《虎年添虎劲二创看头年》《乡村行》《热点大家谈》等专栏,在社会上引起积极的反响,《中国县市报研究》等杂志对此撰文予以肯定。1999 年 8 月,定村乡中学生吴广萍舍己救人献出年轻的生命,该报即以《吴广萍,你走得太匆匆》为题及时报道其生前事迹;随后报社又派记者跟踪采访,连续发表《吴广萍没有走》《定村乡出现 7 支吴广萍小队》等文,深入报道师生在向小英雄学习中涌现出来的好人好事,从中起到了正确的舆论导向作用。报社在 1997 年被省委宣传部、省计生委评为省"八五"计划生育宣传教育工作先进单位。

2003 年底停刊。

社址:江山市民声路 46 号。

◎《诸暨报》《诸暨日报》(1980—)

1980 年 10 月 1 日绍兴地区的《诸暨报》在停刊 19 年之后复刊,刊号 CN33-0086。对开 4 版,是浙江省首批复刊的县市报之一。周二刊,4 开 4 版,县委宣传部部长陈瑞苗兼任社长,总编辑为寿林奎。发行量 2520 份,随后,发行量逐月上升。1982 年上半年,以每月 1000 份的速度递增,2 月发行量为 8000 份,到 1982 年 7 月,发行量增加到 13233 份,比创刊时增长了 5.3 倍,平均每百人 1.3 份。1983 年 10 月,已经办成周二刊的《诸暨报》,发行量突破 2 万份,达到 20054 份,比三年前复刊时增加 8 倍。

　　复刊后几年内,全国有18个省50家县报的同行到诸暨报社交流办报经验。《诸暨报》的出色业绩,引起了中共中央宣传部的重视。为了指导全国的县报工作,1982年,中宣部新闻局局长王揖委托湖南省委宣传部副部长车文仪到浙江调研。车文仪同志三次专程来诸暨,帮助《诸暨报》总结经验,写出《谈"诸暨报"的编排艺术》一文,发表在《首都新闻学会通讯》1983年第3期。随后,浙江、湖南、广西(省、自治区)宣传部将此文转发给全省新闻单位。此后,全国有18个省50家县报的同志,来到诸暨报社交流办报经验。1984年,报社机构进行改革,由市委组织部发文,任命寿林奎为社长、总编辑。后任社长、总编辑周光荣。

　　1982年至1993年改周二、周三、周四刊。1994年9月改周六刊,更名为《诸暨日报》。2000年1月1日改出对开4版大报。发行量3.5万份。2001年1月1日出彩报。2004年1月1日,成为浙江日报报业集团旗下子报。

　　《诸暨日报》紧密结合诸暨实际,紧贴市委、市政府中心工作,正确宣传党的路线和方针、政策。20世纪80年代复刊后,以经济建设为中心,突出报道改革开放和现代化建设,多方为广大读者提供信息,努力为推进全市社会主义物质文明和精神文明建设服务。第一版为要闻版,报道当地和国内要闻;第二版为综合新闻版,着重报道市内及全省、全国各类经济新闻,介绍典型经验;第三版为专版和文学副刊《浣纱》版;第四版为国内外新闻和广告版。

　　随着改革的逐步深入,新闻运作机制灵活,队伍建设不断加强。报社建立采编队伍岗位考核、目标管理责任制,人员实行招聘制、聘用制。同时,经常举办专题讲座,每月评选好新闻,每周进行评报和编采业务交流活动,通过强化学习培训、业务考评、下基层锻炼等办法,提高了新闻从业人员的思想政治素质和业务素质。

　　经过多年的努力,报社成功地实践了一条以发行工作为基础,以版面广告、印刷业务为备。1996年,占地面积9亩、建筑面积达6000多平方米的综合大楼建成使用,使办报条件和职工生活得到较大的改善。

　　2000年,全社有职工55人,在35名采编人员中具有副高新闻专业职称的2人、中级职称的13人、初级职称的20人,具有大专以上学历的44人。历任总编辑曹连生、寿林奎、斯舜威、周光荣、钱卫星。

　　2000年《诸暨日报》开展"新世纪、新形象"主题教育和"三转一提高"教育活动;推出特色栏目《镇乡新编》,反映全市35个镇乡深厚文化底蕴,经济社会发展成果和丰富的风土人情,这是报社积极服务基层、服务读者的举措之一。

组织开展向"救人英雄骆武才""'三个代表'实践者何伯金"学习教育活动；总编室按照市委全会精神，围绕"块状经济""城市化建设"两大主题，四位报社领导分别带领有关部室联系四大块（珍珠、五金、袜业、衬衫）开展调研活动，撰写相关块状经济调查报告，为市领导研究四大块状经济问题提供参考。同时，开辟了品牌栏目——"说说块状经济"，以生动形式，充满亲和力、亲切感的风格，对块状经济作历史分析和理论思考。

在办好报纸的同时，十分重视报业经营工作，发行和广告经营连续增长。《诸暨日报》为周六对开 8 版彩报。其中，每周二增出对开 4 版《工商导刊》，每周四增出 4 开 8 版《教育专刊》（发行量 8 万多份），每周五增出对开 4 版《文化周刊》，每月增出一期《诸暨小商品市场》。2008 年，报社坚持立足新闻主业，获省级以上新闻奖 11 篇，省县市报新闻奖、浙报集团新闻奖、省县市报论文奖等 9 篇。诸暨网（http://www.zjrb.cn）于 1999 年经中宣部外宣办批准创办，由诸暨日报社组建。2006 年获浙江省县市（区）优秀网站称号，2007 年获中国县市区域报新闻网站建设"十佳网站"称号。近年来，《诸暨日报》创新新闻传播手段，在办好诸暨网的同时，积极拓展新的新闻平台，自主开发创建面向市场发行，集"纸""声""像""网"于一体的多媒体报纸。

在经营方面，诸暨日报锐意改革创新，推出了"诸暨日报消费服务一卡通"项目，还投资近 100 万元在店口镇繁华地段设置 26 只滚动阅报（广告）栏。在自办发行的基础上，2018 年依托发行网络建立读者数据库，实行定向营销。2008 年，报纸常年日发行量达到 3.5 万份，广告营业额近 1600 万元，实现净利润 450 万元。

2005 年 10 月 28 日，时任浙江省委书记习近平为《诸暨日报》创刊 50 周年批示："县市是国家经济发展、社会和谐的基础，是全面建设小康社会的依托。办好县市报，对于弘扬社会主义先进文化、宣传党的路线方针政策、促进县域经济社会发展，具有重要的作用。欣闻《诸暨日报》创刊 50 周年，谨致祝贺。希望《诸暨日报》认真贯彻党的办报方针，按照省委十一届八次全会提出的加快建设文化大省的要求，坚持'三贴近'，弘扬主旋律，不断求实、求新、求精，努力提高服务发展、服务基层、服务群众的能力，为办好全省的县市报发挥示范作用。"

2004 年 1 月 1 日起，《诸暨日报》成为浙江日报报业集团旗下子报，刊号 CN33-0086。《诸暨日报》是中国县市报研究会的会长单位和秘书长单位，是全国县市区域报中唯一的中华全国新闻工作者协会理事单位。2010 年发行量 4.2 万份,营业额 2200 万元。

社址:原在诸暨城关镇人民路 290 号,后移至城关艮塔东路东二路。

◎《永康报》《永康日报》(1984—)

1984 年 1 月 1 日,经浙江省委宣传部批准,《永康报》正式复刊。4 开 4 版,三日刊。国内统一刊号 CN33-0014,复刊初期主编为 50 年代《永康报》主编应加登。复刊后实行编委会集体领导下的总编辑负责制,1984 年 3 月,董岩宽任总编辑。

1984 年,《永康报》复刊后社址设在县委大院内小五间。1986 年 8 月,迁至县委中型会议室楼上办公。《永康报》复刊后,由永康县印刷厂铅排、平版印刷。1984—1992 年,《永康报》由邮局发行。

1984—1987 年,报社未设广告部,由财务人员兼职接纳广告,广告年收入由 6000 元逐步增到 4 万多元。1988 年 3 月开始,实行报社内部广告招标承包责任制,广告经营实现大幅度增长。1988 年广告收入达 20 万元。报社制定了严格的广告管理制度,从 1988 年起,一直实行报纸新闻版面与广告版面严格分开,采编人员与广告人员严格分开,采编人员不准联系广告业务,广告人员不准写新闻稿,从而保证广告经营健康有序、快速发展。

《永康日报》坚持以党性原则和正面宣传为主的方针,当好党、政府和人民的喉舌,努力体现指导性、权威性和服务性,为读者提供健康活泼、积极向上的精神食粮,具有鲜明的地方特色。按照服务当地、融入生活的办报理念,《永康日报》坚持以读者和市场为取向,逐步形成了适合当地市场的准确的报纸定位。具体地说,一是体现区域性,除国内外重大时事外,80％以上新闻内容都是本地新闻,让区域主流新闻占据主要版面,让市委、市政府关注的,读者普遍关心的经济社会发展热点新闻唱主角,不炒作其他媒体炒得很热的社会、娱乐新闻。二是体现差异性,不模仿其他报纸的做法,搞面面俱到,尽可能减少与其他媒体的相同信息,凸现自己的个性和不可替代性,把自己可以做得更好,外地媒体难以做好的新闻,如本地新闻、经济报道、社会热点新闻,作为致力的重点。三是体现适用性,把年龄在 20 至 50 岁的读者群体作为基本读者,根据他们的需求,重点做好五金产业的报道和"三农"报道,提供各方面的信息。

1996 年 1 月 1 日,改为周五刊,更名为《永康日报》。1999 年 1 月 1 日改为周六刊。1999 年 12 月,实现了彩色印刷。2000 年 1 月 1 日,由 4 开 4 版扩为 4 开 8 版。总编辑吕子尚。

1994 年 8 月，报社投资 50 万元购置激光照排设备，建立了照排室，结束了"铅与火"的时代。1995 年 9 月，购置了小高速轮转机，创办了报社印刷厂。1999 年 12 月，投资 260 多万元，购置了彩色激光照排设备和四色轮转机（4 万份/小时），实现了彩色印刷。广告收入 2000 年就突破 1000 万元。根据新闻出版总署公布的资料，《永康日报》广告经营额位居全国县市报第四，经营指数位居第一。《永康日报》在农村的发行密集度大幅度提高，平均自费订户达 80％以上，农村中自费订户达 90％以上。2001 年，《永康日报》报纸发行获浙江省报业创新奖。至 2003 年，发行量达 3.3 万份，自费订户达 80％以上，尤其是农村自费订户达 90％以上。

2004 年 1 月 1 日起，成为浙江日报报业集团旗下子报。《永康日报》着力突出县市报的特异性、个性化和不可替代性，从而使报纸拥有稳固的读者群，为报纸发行量和广告收入的增长打下了坚实的基础。《永康日报》较早树立市场观念，把"自费订阅、进入家庭"作为报纸发行的方向，确立了"面向农村，进入家庭"的发行方针。报社不靠政府硬性摊派，不开任何发行会议，不搞任何发行奖励、回扣，报社不设发行部和发行专职、兼职人员。报社与发行站完全按市场经济规律来协调双方的责任和利益。

2007 年是永康日报加入浙江日报报业集团后，实施转型升级第二年。怎样从党报转到区域性都市报，使报纸风格发生质的飞跃，永康日报站在"大众情怀，百姓视野"的角度，坚持一切从读者的需要出发，用讲故事的手法做新做活做强新闻。报纸转型取得良好社会效果，永康日报成为当地读者最喜爱的一份报纸。发行量和广告营业额都不断增长。2007 年初，永康日报发行量 3.3 万份，到 2008 年底发行量 3.8 万份。2008 年度广告营业额 2280 万元。2009 年 1 月 1 日数字报开通，9 月新闻网开通。

2009 年报纸发行量 37 万份。2010 年经营总收入 3200 万元，报纸期平均发行量 4.15 万份，广告收入 2730 万元，实现利润 1300 万元。

社址：永康市望春东路 88 号。

◎《淳安报》（1988—2003 年）

1988 年 5 月《淳安报》复刊。这是浙江省新闻出版局成立后审批的首家县报，也是杭州地区首份具有国家统一刊号的县报，也是杭州地区首份具有国家统一刊号的县级党报，刊号 CN33-0065，复刊时总编辑王水法，创办初期，期发量为 6000 份左右。

复刊时为 8 开 2 版五日刊,后改为 4 开 4 版,逐步增至三日刊、隔日刊、周五刊。一版为要闻版,并设《淳安各地》《每周论坛》《山城小语》《奉献者之歌》等栏目;二版为综合新闻版,设有《改革之声》《社会之窗》《市场信息》《我们的田野》等栏目;三版为专栏、专刊版,主要专栏有《农村科技》《小康路上》《党的建设》和《教育园地》。到 1999 年,每周刊出 3 个专版,包括《多彩田野》《生活万象》和《政文天地》;四版为文艺副刊《千岛湖》和理论专版。1999 年三版每周刊出 3 个专版,包括《多彩田野》、《生活万象》和《政文天地》。7 月起,增出《千岛湖月末》彩报,期发量开始 6000 份左右。

1992 年 11 月报社建立印刷厂,1994 年胶印综合技术改装项目竣工投产。2002 年底发行量为 1 万余份,广告经营额 135 万元。历任总编辑为王水法、胡鹏程、郑斌、方柳珠、方本昌、汪林星。

2003 年 12 月停刊。

社址:杭州市淳安县千岛湖镇开发路 129 号。

◎《云和报》(1988—2003 年)

《云和报》复刊于 1988 年 7 月,刊号(浙)字第 031 号。4 开 4 版,周二报。总编辑林兴亮。

2003 年底停刊。

◎《兰溪报》《兰溪日报》(1989—2003 年)

1989 年 5 月 1 日《兰溪报》复刊,是中共兰溪市委机关报,新华社原社长穆青题写报头。4 开 4 版,周二报。复刊时总编辑为王亦韩。1992 年 3 月,经国家新闻出版总署批准,获国内统一刊号 CN33-0063,4 开 4 版、周三刊。由中共兰溪市委主管、主办。

1993 年 1 月 1 日,由周二报改出周三报,每逢二、四、六出版。1995 年 1 月 1 日,改为周四报,每周增出一期《星期天》刊。年发行量 2.1 万份,共刊出 909 期,年最高广告额 150 万元。1996 年 1 月 1 日,改报名为《兰溪日报》,出周 6 刊。时任中共中央委员、人民日报社社长邵华泽为《兰溪日报》题写报头。1996 年 5 月,该报被省新闻出版局评为省优秀报纸。

在版面安排上,一版为要闻版,除了编发省内、国内要闻外,主要报道市委、市政府和全市重大活动;二版为综合新闻版,报道全市各行各业动态和新成就、新问题,主要栏目有《经济生活》《市场瞭望》《投资理财》《信息大观》和《市民问政》等;三版为专刊、副刊版,轮换刊出《教卫》《青年》《社会》《文化》和

《东风亭》；四版为时事版，登载国内外新闻。1998年1月9日起，每逢周五增出《兰江周末》4个版、套蓝，固定编发《社会广角》，以及《健康医讯》《百姓生活》《文化娱乐》和《读书时间》等。

2002年5月，《兰溪日报》由4开4版扩为4开8版。2002年7月，《兰溪日报》正式出版4开8版彩报。2003年5月，《兰溪日报》又从4开8版改为对开4版彩报。

1996年，复刊1000期座谈会；联合12个部门在东风广场举办大型读者咨询活动；1996—1997年对兰溪发展诸葛八卦村的旅游业的立体报道；1997—1998年，对兰溪一中迁校追踪报道，引发了全社捐资1400万元；1997年7月，用手柄摇动轮转机齿轮，对兰溪特大洪水的报道；1998—2000年，对兰溪国企改革纵深行的报道；2002年，发起"春风行动援助就业"的主题报道；2003年，成功推出日出彩色对开64个彩版，反映了兰溪日报社事业正走向成熟。2003年发行量2万份，广告额322.37万元。

《兰溪日报》的报业基础建设也经历了从无到有。1993年5月8日，《兰溪报》相继有了自己的新大楼办公，建筑面积950平方米，经营报务用房627平方米，印刷厂房525平方米。1992年3月，全部版面采用电脑激光照排技术；1994年10月，投资40万元，购置一套印前排版系统——北大方正精密激光照排设备，建立了照排室。之后，又投入资金，购进了四开高速轮转机及印刷厂设备，在1995年1月1日，《兰溪报》印刷厂正式投入使用，实现了采编、出版、印刷一体化。

兰溪日报社的组织机构健全。1989年5月复刊后，《兰溪报》组建编委会，实行总编负责制，内设总编办、一科、二科，成立党支部、团支部、工会。1993年11月，内部机构由原来的"一办二科"改为"一室三部"，即办公室、要闻部、经济部和专刊部。1995年12月，又把一室三部改为一室六部一站，即办公室、新闻部、记者部、副刊部、通联部、校对部、广告部和发行站。1998年5—9月，机构改为总编办、要闻部、综合新闻部、广告部、印刷厂、发行站。2002年7月，公开向社会招投标印刷《兰溪日报》，印刷厂停办。2003年4月，兰溪市委撤销兰溪日报社党组，建立兰溪日报社党委。9月，兰溪市委决定成立兰溪日报社纪律检查委员会。

兰溪日报社的广告经营从1994年开始，先后进行招投标承包责任制、全责经营目标责任制，共有九轮。《兰溪日报》的印刷，从最初的委托国有印刷厂印刷，发展到自办印刷厂，实行二轮资产经营责任制印刷。2002年又通过社会招投标印刷。《兰溪日报》的发行,委托邮局或金华日报社发行站发行。

2003年12月31日,《兰溪日报》在出版3377期后,根据中办、国办〔2003〕19号文件,由于地方总体经济实力和报业发展水平不足等因素的制约(四项指标中三项未达标),原兰溪市委机关报《兰溪日报》于2003年12月31日停刊。停刊时有员工60余人,其中在编员工44人,副高职称1人,中级职称的有16人。

历任总编辑:王亦韩、殷群、陈子清、吴少华、张满土、郑亚春。

社址:兰溪市兰荫路21号。

◎《余姚报》《余姚日报》(1989—)

1989年4月8日,浙江省新闻出版局批准、国家新闻出版总署备案(浙新出版刊字第9号文件),同意1989年7月1日《余姚报》复刊,为中共余姚市委机关报,承用1987年7月创刊的《余姚科技报》国内统一刊号CN33-0048,复刊时总编辑为王湘涛;继任总编辑黄一江。4开4版,周一刊。当年10月1日改出周二刊。1989年10月1日起,《余姚报》改为周二报,星期三和星期六出版。

在20世纪90年代,《余姚报》报围绕市委、市政府的中心工作,策划和组织一系列典型报道、战役性报道和深度报道,对全市的改革、发展、稳定产生了积极影响。

1992年8月8日,余姚报社印刷厂的激光照排设备和平板胶印机正式投入运行。《余姚报》的印刷出版从此告别了铅与火,迎来了光与电,报纸的出版印刷速度和质量大大提高,报纸也变得越来越精美。

1993年1月1日,改为周三刊,星期二、四、六出版,并改用简化字体的新报头,新报头为余姚籍的我国著名书画家胡考先生所题。1993年,《余姚报》在全省县市级党报质量抽评中列第四名。1995年1月1日,改为周四刊,星期二、四、六、日出版。1996年1月1日,更名为《余姚日报》,为4开4版周六刊。1997年,被评为浙江省报业经营十强单位。余姚日报社还是中国县市报研究会副会长单位和浙江省报协的常务理事单位。1996年《余姚报》改刊为《余姚日报》,为周6刊。1999年上半年,增为4开8版(周一、周六仍为4开4版),7月起改对开4版。第一版为要闻版,刊发国内及本市重要新闻;二版为综合新闻版,报道经济、文教、科技和社会新闻,并设《农村天地》《读者之声》《体育新闻》等专栏;三版为专刊、副刊版,轮换刊出《党群园地》《理论学习》《法制纵横》《河姆渡》《龙泉山》等专刊或副刊;四版为国内国际新闻和广告版。《余姚日报》复刊后,以"紧紧围绕经济建设这一中心,坚持面向基层、面向农村、面向城乡读者,努力为我市的两个文明建设服务"为办报方针,坚持党性原则和以正面宣传为主,全面、准确、及时地宣传党的路线和方针、政策,在政治上与党中央保持高度一致。

1999年1月1日起改为4开8版,7月1日起改为对开4版。1996年1月1日,经省新闻出版局批准《余姚报》正式改名为《余姚日报》,由周四改出周六刊(周日休刊),报头字选自余姚籍著名书法家虞世南《孔子庙堂碑》。1999年上半年,增为4开8版,7月起改对开4版。1998年5月1日,余姚日报社第一张采用新购置的北大方正彩报照排设备排版的彩报出版(印刷仍委托其他单位)。从1999年1月1日起,经省新闻出版局批准,《余姚日报》正式改版为4开8版(周一、周六仍为4开4版),改版后的《余姚日报》报头为时任人民日报社社长邵华泽所题。

从1999年6月24日起,《余姚日报》进行对开大报试刊,这也是余姚历史上第一张对开大报。第一版为要闻版,二版为综合新闻版,三版为专刊、副刊版,四版为国内国际新闻和广告版。2000年11月15日,余姚日报社投资400万元从上海高斯印刷设备有限公司购置的塔式双面彩色印刷机印出了余姚日报社第一张完全自排自印的双面彩色报纸。社长、党组书记黄一江(—2002年1月),社长、党组书记史久健(2002年1月—),总编辑魏忠坤。

2004年1月1日由宁波日报报业集团兼并。

2007—2008年,《余姚日报》以"三个代表"重要思想和科学发展观为指导,深入学习贯彻党的十七大精神,坚持"新闻立报、质量办报、发展强报"的思路,围绕"市委满意、市民喜爱、市场需要"的目标,务实创新,全力打造好《余姚日报》、余姚新闻网这两大媒体。主要体现在以下几个方面:一是提高办报质量,进一步提升报纸影响力。二是打造品牌栏目,增强报纸可读性。在头版推出了《四明新曲》和《记者博客》这两个长期专栏,还在二版打造《百姓故事》这一品牌栏目。三是做好服务文章,拉近与群众距离。通过《记者调查》《新闻热线》等栏目,直击群众反映的问题。通过《民声实录》及时刊登社情民意。四是做精典型报道,充分发挥新闻媒体在构建和谐社会中的作用。2008年2月16日《余姚日报》首发《为了绵延23年的牵挂》。反映王国军知恩图报的事迹,引起了许多媒体的关注,新华社、人民网、新华网、《浙江日报》《宁波日报》、新浪网、搜狐网等全国50多家媒体先后刊发,王国军事迹得到了中央领导的批示,中宣部根据批示又组织 12 家中央媒体对王国军事迹进行集中宣传,形成王国军事迹宣传强势。社长、总编:杨水昌(—2008 年 8 月);张建乔(2008 年 8 月—)。

社址:余姚镇逊埭路、大黄桥路 16 号、余姚市笋行弄 188 号等地。

◎《慈溪报》《慈溪日报》(1991—)

1991 年 3 月 26 日《慈溪科技报》更名为《慈溪报》,1991 年 6 月 22 日复刊,国内统一刊号 CN33—0046,成为中共慈溪市委机关报,报头字集自鲁迅手迹,复刊时总编辑叶黎明,继任总编辑张伟达,每周一期,4 开 4 版。1992 年改刊为周二刊、周三刊。1994 年 8 月 11 日,国家新闻出版总署新出报字〔1994〕17 号文件批复,同意正式改出日报(周六刊),这是 20 世纪 60 年代之后,浙江省第一张县(市)日报。此前的 1994 年 6 月 22 日,首期《慈溪日报》试刊;1994 年 12 月《慈溪日报》正式出版。1998 年 1 月 15 日,省新闻出版局发出〔1998〕17 号文,同意《慈溪日报》改出周七刊。1998 年 9 月起,每逢周三、五增刊至 4 开 8 版。1999 年 1 月 1 日起,根据浙江省新闻出版局文件批复同意,《慈溪日报》正式改出对开大报,出周末增刊。在版面安排上,第一版要闻,以报道本市要闻和各方面典型为主,同时摘发国内重大时政新闻,并辟有《三北新语》《三北大地》等栏目;第二版综合新闻、文体新闻,以报道社会热点和服务类为主,设置《社会新闻》《读者来信》《您关心的事》等栏目,并开通读者免费电话;第三版副刊、专刊,轮流刊出文艺、生活副刊和《新农村》《科教之窗》等;第四版时事、广告。周末增刊头版为社会版,主要登载大特写、新闻故事、人物通讯;第二至第四版,分别为缤纷生活、影视歌坛、旅游天地版,开设的专栏有《焦点快车》《居家装饰》《热片追踪》《湖上风光》《假日推荐》等。

2001 年年初,报社领导提出三年发展目标。广告收入翻一番,职工收入翻一番,报业发展上新台阶。为保证目标的如期完成,从不同层面开展扎实的工作。一是更新观念。二是鼓励经营部门大胆工作。三是激励各部门、全体员工都为报业经营出力。禁止新闻采编人员搞有偿新闻,该做广告的就做广告,阻止广告源的流失。加大新闻改革力度,鼓励采编人员写好每一篇稿件,编好每一个版面,努力增强报纸的服务性、可读性和亲和力,提高报纸的影响力,从而吸引广告客户。从 2001 年 3 月 12 日起,报社经费预算形式由差额拨款改为自收自支(按全额拨款单位管理),从此真正结束"吃皇粮"时代,进入产业时代。报社采用业绩考核制,建立并完善了以"工作实绩的好坏、承担责任的大小、专业水平的高低"为主体的岗位目标考核体系,考核激励重点进一步倾斜到重大报道和新闻精品上,并根据考核结果分配奖金,逐年拉开收入差距,对业绩突出者实行重奖。

2002年1月1日起,每日出彩色报。办报性质:《慈溪报》的决定中确定《慈溪报》是县委机关报,也是党的生活报。主要读者对象是农村共产党员、共青团员以及广大农民,特别是组织起来的农民。《慈溪报》的主要任务是贯彻上级党委的指示、方针、政策的精神,用通俗的语言和农民群众喜闻乐见的形式,进行党在过渡时期总任务的宣传教育,以及工农联盟和党的领导的宣传教育。1991年复刊时,确定《慈溪日报》的办报宗旨是努力办成坚持党报性质,坚持"两为"方针,吸取晚报长处,具有慈溪地方特色的综合性报纸。

2004年1月1日起,《慈溪日报》改由宁波日报报业集团主管,慈溪日报社主办,其性质由机关报改为区域性的综合报。2005年10月,改为对开8版彩印。2008年1月起,每周二出对开12版,增出"民营经济"周刊。2010年8月1日,周二、周四、周五出对开12版,每周共60版。2010年期发行量3.5万份,总收入4000万元。《慈溪日报》坚持党性原则,吸收晚报长处,力求贴近读者,办出地方特色,围绕市委、市政府中心工作开展宣传报道,为经济建设和改革开放营造良好舆论氛围。同时坚持地方新闻唱主角,以多种报道方式讴歌慈溪人民敢为人先,勇于开拓的创业精神,不少典型报道在全省乃至全国引起较大反响。其中,2008年度有40件作品获中国地市报新闻奖,其中一等奖3件,创历史之最。2008年5月22日,慈溪日报社、慈溪新闻网在城区上林坊步行街举行抗震救灾义卖募捐活动,报社、新闻网全体工作人员参加义卖募捐活动,以实际行动支援灾区重建家园,充分展示媒体形象,增强媒体服务中心、服务大局的能力。活动共获义卖募捐金额57.18万元,物资价值15万元,合计72.18万元,所有款项和物资全部通过民政部门捐送到四川灾区。

历任领导:叶黎明、张伟达、岑国柱、许钰染、房长川。

社址:慈溪市三北大街443号。

◎《萧山报》《萧山日报》(1991—)

1991年8月,中共萧山市委决定,利用《萧山经济报》国内统一刊号的资源让《萧山日报》复刊,因考虑到只有4开4版,每周一期,故更名为《萧山报》,于1991年9月29日《萧山报》复刊,由中共萧山市委主管主办,承用《萧山经济报》国内统一刊号CN33-0043(注:《萧山经济报》前身为《萧山农科报》,1983

年6月1日创刊,由萧山县人民政府主办,萧山县科学技术委员会主管。1988年7月1日更名改刊为《萧山经济报》,每周一期,四开四版)。总编辑洪佳士。4开4版,周一刊,发行量1.2万份,广告营业额10万元。

1992年改为周二刊。1993年改为周三刊。1993年10月,经浙江省新闻出版局审定,《萧山报》等三家县市报代表浙江省县市报参加在北京举行的首届报刊博览会。1995年元旦更名为《萧山日报》,4开4版,周六刊。1996年改为日刊。1998年,出版4开4版彩色《湘湖周末》。1999年元旦扩为对开4版大报;同年7月,《萧山日报》在全省县级党报中最早出版对开8版彩印报纸(双休日4版)。9月29日,《萧山日报》电子版开通,成为全省地、县两级新闻媒体中首家拥有每日更新电子版的报纸。

复刊后的《萧山报》,以"党报性质,晚报风格,宣传政策,贴近群众"为其办报宗旨,以"萧山人写,写萧山事,写给萧山人看"为基本方针,以"面向农村、面向基层、面向初中文化程度的读者"为其受众定位。1997年《萧山日报》被省新闻出版局评为浙江省十家优秀报纸之一。1999年3月,报社推出了《'99百村行》大型采访活动,带着萧山市委的19个课题深入农村深入基层,在全市每个乡镇中选择3个村,共计100个村作为报道对象,反映改革开放以来萧山农村的巨变。在副刊改版中开设《调查》专版,每周一期,每期一个主题,关注百姓的生活中遇到的困惑、难点,在形式上采用文字、数据、图表等多种形式。

2000年7月1日,《萧山日报》成为全省县(市)党报中首家对开8版、天天彩印的日报。由萧山日报领导提出的《地方报与县报共同发展的"养鱼理论"》,被新华社新闻研究所编入全国《2000年新闻观点辑揽》中,被列为"地方报道"栏目头条。

2001年8月,积极配合区委提出的2002年工业"冲千亿"的目标,进行宣传报道,受到区主要领导的肯定。同年,"在全省县级和地市级报纸中首家建立新闻网站"项目,被评为全省1979年至2000年报业改革十九项成就之一。

2004年1月1日起,《萧山日报》加盟杭州日报报业集团。

报纸重新定位,提出办一张全国领先的区域性服务类报纸的发展目标。通过持续开展质量主题活动,办报质量逐步提高,报业经营质量逐年提升,人才队伍的建设与管理不断加强,品牌影响力逐步扩大。萧山日报作为浙江省记协县市报工作委员会和浙江省报协县市(区域)报委员会主任单位的作用得到发挥。版式设计,力求与杭城各报拉大差异性,突出萧山本土特色;转换采编思路,做大新闻,突出服务;由每周48个版扩为56个版。当年《萧山日报区域报定位》入选《浙江报业改革六十例》。发行 3.3 万份,广告营业额突破 2000 万元。

2005 年,以"质量年"活动为载体,一版推出的"今日视点"栏目,以贴得紧、抓得快、挖得深,关注民情、民生、民意,成为强势栏目。当年发行 4.2 万份,广告营业额达到 2840 万元,总资产达 6043 万元,利润 306 万元。2006 年 3 月 1 日,萧山日报在全省县市报中率先实现双面彩印。

2007 年版量达每周 72 版,周一至周五每天推出一个民生新闻版,"关注民生、躬身民情"的理念和报纸品牌的意识开始形成。2007 年 6 月,萧山日报社控股的杭州风和会展有限公司成立,随后参与竞拍取得萧山剧院五年零四个月的经营权。7 月,萧山日报与北大方正合作推出萧山日报多媒体数字报纸,实现了报纸的无界线发行和无障碍阅读。

2008 年萧山日报社以科学发展观为统领,以"质量创优年"为主线,不断提升报业发展质量和管理水平,不断增强新闻舆论引导能力和报纸的品牌竞争力,全面推进报社又好又快新一轮发展,实现了社会效益和报业发展的双丰收。通过努力,实现了"新闻创新、报业创强、管理创精"的"三创"目标。当年改版,在版量不变的情况下增加 4 个本地新闻版,头版首开"城河街 88 号"新闻时评专栏。这几年,萧山日报发行量稳步上升,2008 年发行量达到 45000 份,处于萧山市场份额的绝对优势地位。

2010 年广告营业额 5206 万元,发行量 4.37 万份。1991 年复刊后至 2003 年 3 月,由洪佳士任社长、总编辑,2003 年 3 月,孙焕林任《萧山日报》社长,缪锦渭任总编,2004 年 1 月由孙焕林任社长、总编。

社址:杭州市萧山区城河街 88 号。

◎《义乌报》《义乌日报》(1992—2003 年)

1992 年 1 月 1 日《义乌报》复刊。刊号 CN33-0053,社长金震云,总编辑张年忠。后改刊《义乌日报》。2001—2002 年,《义乌日报》坚持党的新闻宣传方针,围绕中心,服务大局,弘扬主旋律,打好主动仗,做到既努力遵循办报的一般规律和内在规律,又紧密结合本地本报实际情况,办出风格办出特色。

义乌日报的子报《小商品世界报》的办报水平也得以迅速提高。义乌日报社坚持社会效益和经济效益两手抓,两手硬。在社会效益方面:

一是精心策划,科学办报、不断提高新闻宣传报道的品位和格调,既在提高党报的指导性、权威性上下功夫,又在增强报纸的可读性、可信性、服务性上创新,从而使报纸质量不断提高。

二是积极引导社会热点问题。报社本着为义乌市委、市政府帮忙分忧,为百姓解难排忧的原则,找准化解矛盾的切入点。市民援助中心在接受市民投诉、调查、处理的同时,通过《内参信息》和"民情热线"栏目,忠实地履行"为有关部门提个醒,给人民群众捎个信"的职责。

三是免费向在外地工作的义乌籍知名人士、曾在义乌工作过的老领导等赠送《义乌日报》。四是积极参加与全市性的公益活动。通过以上几方面的努力,报纸的社会效益得以体现,报社在社会各界中的形象明显好转。

2002年,成立了《义乌日报》新闻策划中心,增强了采编的主动性、有效性、指导性。在经济效益方面,开源节流,成效明显。2001—2002年,《义乌日报》发行量分别为4万份和4.2万份,广告经营收入分别为1514万元和2032万元。到2002年底,报社已拥有固定资产4500万元。

义乌日报社拥有《义乌日报》和子报《小商品世界报》。2003年年底,因全国报刊治理整顿,《义乌日报》停刊,共出版2825期。停刊后,《义乌日报》人员并入《小商品世界报》。

社址:义乌市江东中路369号。

◎《绍兴县报》(1992—)

其前身是经中共浙江省委宣传部批准,中共绍兴县委主办的《绍兴经济报》,国内统一刊号为CN33-0054,创刊于1985年1月1日,4开4版周刊。1992年1月1日《绍兴经济报》更名为《绍兴县报》,该报为中共绍兴县委机关报。初为周三刊,4开4版。

1993年,《绍兴县报》在浙江省首届县(市)级党报编校质量抽评中名列第二,在全省公开发行报纸年度考评中曾两次被评为"优秀报纸"。1994年,在华东地区六省一市首届报纸"全国地方报社管理先进单位"称号。

1995年1月1日,根据浙江省新闻出版局浙新出报刊〔1994〕207号文件,《绍兴县报》扩为扩为周六刊。逢周一、二、三、四、五、日出报。

1997年1月1日起为日刊。1998年1月1日起,每周扩版三期,逢周三、周五扩为8版,1998年7月,绍兴县委决定《轻纺城报》划归绍兴县报社领导和管理(2000年8月1日划入绍兴日报社管理)。

1999年1月1日起,为4开8版。并在省内县(市)报中最早开办《绍兴县报·电子版》。2000年逢周五扩为16版,周六、周日则为4版,同年3月起每日出彩报。报纸平均期发行量,2000 年为 2.8 万份。2000 年,报社工作人员共 57 人,其中在岗采编人员 34 人。具有副高职称的 2 人,中级职称的 12 人,初级职称的 15 人。2001 年 3 月 1 日起,天天出彩报。2002 年,绍兴县报为 4 开 8 版周七报。历任总编辑为蔡刚(兼)、李武军(兼)、严国庆。

第一版为要闻版,除刊发国内外重大新闻外,主要报道全县中心工作和重大活动;第二版为综合新闻版,以经济、科技新闻为主,兼载社会新闻;其他各版分别为国内、国际新闻和专刊、副刊。专刊主要栏目有《轻纺·科技》《法制·道德》《民情·民意》,《蓝色鉴湖》副刊辟有《社会·人生》《旅游休闲》《书画苑》等栏目。

《绍兴县报》坚持"宣传中国特色,弘扬时代特征,体现绍兴特点"的办报方针,积极探索"党报性质,晚报风格,大报气派,小报特色"的发展路子,突出宣传党的政策和国家大政方针,并围绕县委、县政府工作部署组织系列报道,力求增强党报的指导性、权威性和可读性。

1999 年关于"从量的扩张向质的提高转变""效益农业纵深行"等系列深度报道,较好地促进了当地工农业生产的发展。为搞好庆祝新中国成立 50 周年宣传,10 月 1 日这天,出版 50 个版的国庆特刊,分《人民站起来》《我们富起来》《走向新时代》三个部分,受到当地各界的关注和好评,不少读者为之珍藏。报社还注重通过《内部参阅》和接待、处理读者来信来访为民排忧解难办实事,在社会上有较好的口碑。

创刊以来,报社就报道的事实、版面编排,特别是头版,以及校对工作,严格实行全程把关,以确保报纸编校质量。同时,相应制定了党务、社务、编务三大类共 30 项加强内部管理的规章制度。绍兴县报的办报宗旨是:发挥喉舌作用,突出经济宣传,弘扬先进文化,体现地方特色。其特色为:在实践中完善,在适应变化中逐渐成熟。即扎根经济强县以贴近实际,优化版面结构以贴近生活,实践编读互动以贴近群众,尊重新闻尊重人,办区域性的主流报纸。

绍兴县报社先后获得首届(1996—1997 年度)和第二届(1998—1999 年度)"全国地方报社管理先进单位"荣誉称号,成为浙江省县(市)级报社中唯一获此殊荣的单位。2001 年、2002 年报社先后开展"业务建设年"和"创新创优年"活动,以此来推进报社各项事业的综合发展,成效明显。总编辑严国庆应国家新闻出版总署教育培训中心邀请,先后三次在全国县市级党报报社社长(总编辑)岗位培训班上为接受培训的社长、总编们讲课,介绍开展"业务建设年"等活动促进编务、经营等工作提高的经验。

2004 年 1 月 1 日起,成为浙江日报报业集团旗下子报。2005 年 1 月 18 日,由浙江日报报业集团有限公司和绍兴县国有资产投资经营有限公司组建绍兴县报有限公司。

2006 年 9 月 5 日创办《绍兴县报数字报》,2007 年 9 月 5 日创办绍兴县综合新闻门户网站"中国柯桥网"。在 1993 年 12 月 4 日创办《绍兴县报·蓝色鉴湖》专刊的基础上,2006 年 6 月创办《绍兴县报·健康时刊》专刊,同年 2 月 15 日创办《绍兴县报·轻纺周刊》专刊。

2008 年 9 月 8 日,创办以晚报、都市报定位的《柯桥新闻》专刊。《绍兴县报》按"县市报的权威性、都市报的亲民性、社区报的服务性、区域报的地方性"的基本定位,以"贴近决定影响力"为办报理念,以"提高整体素质、提高办报质量"为目标,坚持"为当地党委政府中心工作和'三个文明'建设服务,为读者服务"的办报宗旨,努力实践"三贴近",提升报道的品牌价值。

2004 年后共有 94 件作品获奖,其中 1 件作品获中国新闻奖二等奖,3 件作品获浙江新闻奖三等奖,7 件作品获中国县市报新闻奖一等奖,3 件作品获浙江省县市区域报新闻奖一等奖,6 件作品获浙报集团县市报新闻奖一等奖。

2004 年后,通过广告经营机制的不断改革完善,广告经营收入从 2003 年的 868 万元的基础上,2007 年突破 1500 万元,2008 年达到 1816 万元。2007 年通过"县报村""县报一条街"建设和轻纺城市场全覆盖之策,发行量从 2003 年的 2.6 万份跨升到 2008 年的 4.6 万份。2008 年广告经营收入 1816 万元,2010 年发行量 5 万份,经营总收入 4200 万元。

社址:原在绍兴市越城区延安路 200 号县政府综合办公楼,后迁到小禅法弄 5 号,绍兴市柯桥区群贤路 1001 号。

◎《镇海报》(1992—2003 年)

《镇海报》复刊于 1992 年 3 月 9 日,刊号浙(内)第 98273 号。总编辑徐志明。

2003 年底停刊。

◎《天台山报》《天台报》《天台日报》(1992—2003 年)

《天台山报》创刊于 1992 年 5 月 23 日,后改为《天台报》,2002 年更名《天台日报》。刊号(浙)字第 01-05 号。4 开 8 版,周五报,总编辑王道林。

2003 年底停刊。

◎《黄岩报》(1992—2001 年)

1992 年 7 月 17 日《黄岩报》复刊,4 开 4 版,周刊。1999 年改出周五刊。

2000年起为对开4版,逢周五出8版,其中4版为周末版《三江周末》。2001年3月8日,《黄岩报》停刊。刊号CN33-0081,总编辑王军。5月18日,《台州商报》创刊,沿用CN33-0081的刊号,隶属于《台州日报》,总编辑郑九蝉。

《黄岩报》复刊后,紧紧围绕黄岩市委、市政府的中心工作开展新闻报道。黄岩撤市设区后,按照区委提出的"再创黄岩辉煌"的要求,在头版显著位置开辟《思索篇》《振兴篇》专栏,下大力气组织了《黄岩溪,你何时沸腾》《"巨轮",快拉响远航的汽笛》《艰难奋进的国有企业》等10余篇重头报道,在全区引起较大反响。省委宣传部报纸审读意见认为,这些报道紧密联系黄岩实际,大胆探索,激励斗志,对调动全区干部群众积极性,再造黄岩辉煌,产生深远影响。版面安排突出当地新闻,兼发国内外消息。第一版为要闻,除刊登本地重要新闻外,设置《新华快讯》。第二版为橘乡新闻,并辟有《农事参谋》《读者之音》《括苍南北》《连心桥》等专栏或专版。第三版为专刊,滚动刊出《文化广场》《生活时空》《教育天地》《理论与实践》和《龙珠湖》(文学副刊)等。第四版为《华夏内外》和广告。周末的《三江周末》,内容以市区热点、焦点为主,形式多为通讯、特写,风格上注重可读性和晚报风味。

社址:台州市黄岩区黄椒路259号。

2001年停刊。

◎ 《奉化报》《奉化日报》(1992—)

1992年10月1日,经国家新闻出版总署批准《奉化报》复刊,刊号为CN33-0051,对开4版,周一刊。历经周一、周二、周三、周四刊,1997年1月1日,更名《奉化日报》,改出周五刊。1998年1月1日起改出周六刊。2001年1月1日,改为对开报。2001年10月,推出《周末》,2002年4月8日起,改出彩报。2002年6月,改传统版面形式,采用现代模块编排方式,调整报头版式,启用报徽,强化服务识别标志,使报纸充满现代气息,有较强的视觉冲击力。至2003年底,奉化日报社有员工63人,其中采编人员40人,高级职称1人,中级职称11人,初级职称31人。

《奉化日报》办报宗旨是为党和政府的中心工作服务,为奉化市三个文明建设服务,为读者服务。《奉化日报》在积极主动配合当地中心工作的同时,致力于抓好新闻"三贴近",不断进行报道内容和形式的改革创新。2000年和2002年报社记者采写的《热血铸就生命丰碑》和《滕头重奖进村工作大学生》分别获得浙江省新闻奖一等奖和全国副省级城市党报短消息竞赛一等奖。总编辑夏幼卿(1992 年 10 月—2001 年 6 月),党组书记、总编辑沈国民(2001 年 7 月)。

2004 年 1 月 1 日,主管单位由中共奉化市委改为宁波日报报业集团。2004 年 10 月每周五增出社会周刊。

《奉化日报》以"服务于当地党委政府中心工作、服务于当地三个文明建设、服务于广大读者"为办报宗旨,在贯彻中央精神与当地实际相结合上发挥了积极舆论引导作用,推动本市经济、政治、文化、社会发展。

2008 年是我国改革开放 30 周年和奉化市撤县设市 20 周年,意义重大。《奉化日报》精心策划、周密部署,于 2008 年 9 月在要闻版推出由"共同的记忆""时代人物""百姓话变化"3 个专栏,并在 11 月 27 日刊出 24 版的《世纪跨越/纪念改革开放 30 周年暨撤县设市 20 周特刊》。共发稿 31 篇,以奉化 30 年发展中影响深远的重大事件("共同的记忆"15 篇),改革开放涌现出来的时代人物("时代人物"10 篇)和普通群众的亲身感受("百姓话变化"6 篇)构成报道三部曲,通过普通百姓的视角,真实形象地再现奉化改革开放 30 年和撤县设市 20 年来的不凡历程。文章现场感、时代感强烈,有点有面,文笔生动活泼。奉化市委指定该组系列报道中的 20 篇文章编印成《回眸奉化 20 年·撤县设市 20 周年 10 件重大事件 10 大时代人物记略》一书,并在宁波日报报业集团"纪念改革开放 30 周年好新闻"评选中获好栏目一等奖。

2011 年 1 月起,每周三增出生活周刊。2012 年 7 月起,增出文化周刊、消费周刊,每周共 40 版。2013 年,推出"城镇导刊"。2005 年 11 月 8 日,奉化新闻网开通,和之后相继开通的奉化日报官方微博、奉化新闻网官方微博及由奉化日报社管理的市政府官方微博"奉化发布",组成的新媒体方阵,与《奉化日报》一起构建了奉化新闻宣传的新格局、新高地。

社址:奉化市大成东路 1278 号,奉化市大桥镇东门路 112 号。

◎《开化报》(1992—2003 年)

《开化报》复刊于 1992 年 11 月 2 日,刊号(浙)字第 018 号。4 开 4 版,周三报。总编辑叶卫民、方金全。

2003 年底停刊。

◎《建德报》《建德日报》(1993—2003 年)

1992 年建德撤县设市,1993 年元旦,《建德报》在原《建德科技报》的基础上创刊,4 开 4 版,周二刊。1995 年改周三刊。年底购进印刷设备,建起报社印刷厂。1998年出周五刊,更名《建德日报》。1999年7月起,每逢月末增出《新闻周刊》(彩色),4开8版,随报附送。同年期发量在1万份以上,广告营业收入190余万元。版面安排上,一版要闻,二版综合新闻,三版文艺副刊和各类专刊,四版为电讯版和广告。辟有《农业科技》《农村经济》《理论园地》《参政议政》以及《周末》《大特写》等专栏和专版。1999年7月起,每逢月末增出《新闻周刊》(彩色),4开8版,随报附送。

2002年改为周六刊。发行量13000份,广告收入350万元。版面安排:一版要闻,二版综合新闻,三版文艺副刊和各类专刊,四版为电讯版和广告。辟有"农业科技""农村经济""理论园地""参政议政"等专栏和《周末》《大特写》等专版。报社历任总编辑为:方怄民、王绍文、程达、范保林、陈利群。

社址:建德市新安江街道菜市路34号。

2003年12月停刊。

◎ 《桐庐报》《桐庐日报》(1993—2003年)

1993年1月1日,《桐庐报》复刊。由中共桐庐县委主办。省批刊号:(浙)字第03-0018。先为周刊,后增为周2刊,4开4版。总编辑:李改进。

地址:桐庐镇圆通路5号机关大院内。

2003年停刊。

◎ 《武义报》《武义日报》(1993—2003年)

1993年元旦《武义科技报》改刊《武义报》,4开4版,周二刊,刊号CN3-0045。1997年1月改为周三刊。1998年9月更名为《武义日报》,1999年改出周5刊。

版面安排:第一版为要闻版,除摘发全省和国内要闻外,主要报道全县的重大活动,并设《今日视点》《武川论坛》等专栏;第二版为综合新闻版,以经济新闻和为"三农"(农业、农村、农民)服务为主,辟有《经济观察》《三言两语》《致富经》《新闻快餐》等专栏;第三版为专版,轮换刊出《教卫体》《社会》《文化》《生活》《理论与实践》《青青芳草地》等;第四版为时事、广告版。同时,每周一的第二、三版通版开设《武川特刊》。

1993年度《武义报》,在全省首届县(市)级党报质量抽查中获第一名。历任总编辑胡岩贤、吴子荣、张育林、陈志和、全显周、汤登春。

社址:武义县武阳西路4号。

2003年停刊。

◎《菇城报》(1993—2003 年)

《菇城报》1993 年 1 月创刊,由庆元县委主管主办,刊号(浙)字第 01-34 号。4 开 4 版,周二报。总编辑杨志豪。

2003 年底停刊。

◎《东阳报》《东阳日报》(1993—)

1992 年 11 月,中共东阳市委发文决定恢复《东阳报》,成立了《东阳报》复刊筹备领导小组,时任东阳市委常委、宣传部长的赵和平任组长,领导小组下设办公室,由包中庆兼任办公室主任。1993 年 3 月 1 日,经省新闻出版局批准《东阳报》复刊,准印证为(浙)内 03-0010,《东阳报》试刊第一期发行,印数为 2 万份,通过邮局赠送。1 月 15 日,出版试刊第二期。

复刊后的《东阳报》为中共东阳市委机关报,由东阳市委主管、主办,4 开 4 版,逢星期三、六出报。东阳报社设在市政府机关大院(东街 1 号)门楼西侧二楼。1993 年 8 月,报社实行总编负责制,东阳市委任命包中庆为报社总编辑,免去赵和平兼任的东阳报社社长、总编辑职务。1998 年 5 月,赵志强任总编辑。

复刊之初,2000 年 8 月,东阳日报社响应市委、市政府"创建经济强市,快建现代化中等城市"的号召,自我加压,征用土地 15 亩,建设现代化新闻中心大楼。2000 年 12 月,获得全国公开发行刊号,刊号 CN33-0104。2001 年元旦改称《东阳日报》,对开 4 版。2001 年 12 月,报社投资 300 多万元,购买了一套先进的进口彩印设备,2002 年,双面彩印,成为全省首家天天双面彩的县市报。2002 年广告收入超 800 万元,实现利税 300 多万元,人均创利近 10 万元。

《东阳日报》提高办报质量、办好报纸,不断壮大报业的创业过程,有四条经验和体会:

(1)坚持正确舆论导向,把握大局,强化政治意识。

(2)坚持围绕中心工作,打好主动仗,强化责任意识。

(3)坚持开放办报,抓好队伍,强化人本意识。《东阳日报》在贴近读者、贴近基层、贴近生活上力创新意,在开放办报方面作了一些尝试。2001 年 3 月,与《金华晚报》联合开展了"西部世纪行"采访活动,历时三个月,先后派出十多位记者涉足四川、新疆等 9 个省区市,采写了 50 多篇文章,盘活了新闻资源,锻炼了队伍。

(4)坚持抓好报纸主业,注重经营,强化发展意识。

2004 年 1 月 1 日起,《东阳日报》成为浙江日报报业集团旗下子报。2007 年改对开 8 版,每周一至周五为 8 版,周六为 4 版。《东阳日报》复刊后,建立了一套完善的工作管理机制和运行机制,培养了一支有较高素质的采编队伍,培育了一支固定的通讯员队伍和一个固定的读者群体,是浙江省、金华市和东阳市三级文明单位。

《东阳日报》一直以"传播党和人民的声音"为己任,按照"三贴近"要求,根据"报读者关心的新闻,办市民喜欢的报纸"的办报理念,突出地方性、提升服务性、优化新闻性,以更快的反应、更新的形式、更好的服务,得到了社会的广泛认可。

《东阳日报》有要闻、新闻社区、天下视窗等新闻版,可览天下大事小事;有艺海园、三乡看台等特色版面,东阳地域色彩浓郁;有民生在线、健康资讯、投资理财等服务版面,服务百姓不遗余力,是一张面向广大市民、新闻权威、内容鲜活、版面清新、读者喜欢的综合性报纸。

《东阳日报》复刊以借钱办报租房办公起始,到 2000 年 8 月,自筹资金兴建建筑面积 11000 平方米的新闻中心大楼,2001 年投资 300 多万元购买了进口印刷机,使《东阳日报》成为浙江省首家天天双面彩色的县市报。2004 年加入浙报集团时东阳日报社净资产为 1985 万元,至 2008 年底,净资产为 3093 万元。

《东阳日报》以邮发为主,发行量稳定在 3.5 万份以上。2008 年广告收入 1850 多万元,上缴税收 150 万元,创利润 580 万元,荣获浙报集团经营管理突出贡献奖。

社址:东阳市人民路 222 号。

◎《富阳报》《富阳日报》(1993—)

1993 年 3 月 20 日《富阳报》复刊,初为周刊,每周六出报。富阳镇上订户由《杭州日报》发行站代为发行,农村订户由县邮电局发行。6 月 1 日改为周二刊,开展了"塑造富春新形象"大宣传、大讨论,历时半年。发行量 1.1 万份,广告 76 万元。

1994 年月 7 月 1 日,《富阳报》由周二报改出周三报。1995 年 8 月 1 日,每周五增加一期"周末版",即从周三报改为周四报。配合富阳"撤县设市"这一历史性变化,开辟了"我看富阳新变化"、"我为设市献一计"栏目,共发表文章 30 多篇,从不同角度反映了富阳改革开放以来的巨大变化,并开展把富阳建设得更好的寻访。1996 年 11 月 25 日,由周四报改为周五报。

版面分工更加明确。第一版:为"要闻版",主要栏目有"富春风范""现场新闻""鹳山人语""富春儿女"等。第二版为"综合新闻"版,主要栏目有"凡人风采""并非闲话""读者来信""新闻简报""社会新闻"等。第三版为专刊版,主要专刊内容有"经济广角""读者""旅游""春江副刊"等。第四版主要刊登大特写,新华社电讯稿和各类广告。

1997 年与市电视台、电台一起,联合发起了"向灾区人民献爱心"活动。9 月 21 日,《富阳报》更名《富阳日报》,仍为周五报。同年,《富阳日报》被评为省级优秀报纸。

1999 年 5 月,从上海高斯印刷设备有限公司购置 TJSC787 型卷筒纸高速轮转机。8 月,建立印刷部。10 月 1 日,正式投入印刷,结束报纸由外代印的历史。2000 年 3 月,推出生活热线,成为沟通市民和政府部门的一扇窗口。2001 年 7 月,《富阳日报》由周五报改为周七报,4 开 4 版扩为 4 开 8 版。并购置由上海华阳印刷机械有限公司生产的 YPS678B 型对开六色胶印轮转机,实现报纸彩印。

2003 年,在全国县(市)党报和专业报整顿的大背景下,富阳日报社全体报人保持良好的职业精神和职业道德,坚持正确的舆论导向,不但在总体上实现了"安全办报",而且报纸质量进一步提高。

2003 年 9 月 12 日,报社迁址花坞南路 4 号原广电局办公楼办公。12 月 30 日加盟杭州日报报业集团。2004 年 3 月 1 日,报纸改版扩版,每周从原来的 52 版扩大到 64 版。2004 年也是《富阳日报》的调整年,注重稳定报纸,稳定队伍,理清思路,调整关系。

2003 年,有 9 篇作品获杭州市级以上奖励。其中,《"永泰"外来民工享受"村民待遇"》获杭州市新闻奖一等奖;《目睹一个生命的消逝》获杭州市报纸副刊专刊类作品一等奖。2005 年 10 月 18 日,报纸从每周 64 版扩为每周 80 版,《富阳日报电子版》也同时运行。全年广告营业额 752 万元,日发行量达 18000 份。

至 2005 年底,郎瑞隆任党组书记、社长,何亚达任总编辑。自 1992 年 12 月 15 日富阳报社成立以后,先后担任主要领导的有朱金中、姚太谟、史庭荣。

社址:富阳市花坞南路 4 号。

◎ 《安吉报》(1993—2003 年)

《安吉报》1993 年 3 月复刊,省内刊号(浙)字第 01-19 号。4 开 8 版,周六报。自办发行,党组书记、总编辑姚兴标。

报社地址:安吉县递铺镇。

2003 年底停刊。

◎ 《上虞报》《上虞日报》(1993—)

1993 年 4 月 11 日,《上虞报》出版复刊试刊第一期,总号为 1232 期,与 32 年前停刊的最后一期——1231 期相衔接。1993 年 8 月 8 日,《上虞报》正式复刊。8 月 11 日,浙江省新闻出版局发文,根据国家新闻出版总署新出版〔1993〕991 号文件精神,同意从 1994 年 1 月 1 日起,出版《上虞报》,编入国内统一刊号 CN33-0080。上虞日报社社长由上虞市委宣传部长赵畅兼任。

1997 年 7 月 8 日,国家新闻出版总署批准《上虞报》更名为《上虞日报》。此后四年时间里完成了从周一刊、周二刊、周三刊到周五刊的转变。历任总编辑(主编)为吴宗金、车广荫、陈荣力。2000 年 10 月 1 日,《上虞日报》对开大报正式发行。2002 年 10 月 1 日,试刊出彩报。

《上虞日报》坚持以邓小平理论和“三个代表”重要思想为指导,坚定不移地宣传执行党的基本路线和方针政策,坚持以“宣传基本路线、传递市委声音,服务上虞读者、促进三个文明”为办报宗旨,坚持“以正面宣传为主,以经济宣传为主,以地域新闻为主”的编辑方针。坚持新闻立报。立足大局,坚持在大局下思考问题,在服务中心上做强“主题新闻”。坚持质量强报。出精品、上台阶,兴报业、创一流。坚持特色兴报。

地域经济、地方文化、地理优势三者构成了地方特色的深厚底蕴,《上虞日报》以特色为生命力,以特色为竞争力,努力在报道中廓清特色思路,强化特色定位,形成自身鲜明的特色。如:开启乡贤文化大门;构建地域经济平台;打造魅力上虞名片;等等。按照“政治强、业务精、纪律严、作风正”的要求,上虞日报社加强培训,夯实根基,把思想政治教育放在队伍建设的首位,努力提升队伍素质。

2004 年 1 月 1 日起,《上虞日报》成为浙江日报报业集团旗下子报。

《上虞日报》充分运用县(市)报地域新闻资源丰富的优势,开创了主题新闻“三个第一”的报道新思路,即在“第一时间”传达市委、市政府的党务、政务信息,以最快速度满足全市人民的信息需求;在“第一现场”报道全市各地发生的新情况、新经验和涌现的新事物、新创举,以最新事实满足广大读者阅读兴趣;在"第一媒体"报道独家新闻,以最大容量满足人民群众的知情期望。通过实现"三个第一",做强做大"主题新闻",使报社拥有的新闻资源真正转化为新闻资本,为县(市)报以本土新闻扎根本地读者打下坚实的基础。

《上虞日报》从复刊初期的年广告经营收入三四十万元,发展到 2008 年广告经营创收达 1300 万元;发行量从复刊初期的年发行 12000 份,发展到 2008 年的 23000 份以上。社长、党组书记:陈同昌,总编辑:陈鑫钊。

社址先设上虞百官镇人民路 159 号,后先后迁丁界寺弄 16 号,上虞市百官街道恒利东四区 26 幢。

◎《嘉善报》(1993—1999 年)

1993 年 6 月 5 日用《嘉善经济报》的资源《嘉善报》复刊。1998 年 11 月,中共嘉兴市委下发文件,明确规定嘉善、桐乡、平湖 3 家县(市)报纸,从 1999 年 1 月起与嘉兴日报社联办,成为《嘉兴日报》的一个版面。1999 年 1 月 4 日,由嘉兴日报社与中共嘉善县委联办的《嘉兴日报·嘉善版》出刊,为对开 4 版,周三报。

2000 年 11 月,嘉善报社更名为嘉兴日报社嘉善分社,实行嘉兴日报社和中共嘉善县委双重管理。嘉兴日报社嘉善分社系嘉善县委管理的正科级准公益类事业单位。根据嘉兴市委常委会会议纪要(〔2005〕14 号)精神,报社自体制调整下放后在"联办"框架下实行独立运作。

作为一份具有鲜明地方特色的县级区域性报纸,经历了《嘉善经济报》《嘉善报》和《嘉兴日报·嘉善版》三个发展阶段,《嘉兴日报·嘉善版》已成为县内主流媒体之一,是县委、县政府在舆论宣传方面的一个重要阵地。

2005 年 10 月 17 日,《嘉兴日报》全新改版,《嘉善版》同步"瘦身"改版,报头重新设计;版面由原来计入《嘉兴日报》版次,改为《嘉兴日报》B 叠,另行单独计算版次。《嘉善版》2006 年元旦,由周三刊改为周五刊。

2008 年 9 月,分社投入 50 万元成立嘉盛文化传媒广告有限公司,当年投入近 100 万元,在嘉善县城和原洪溪镇安装户外党报(滚动式)阅报栏 45 只。2008 年报业经营收入 525 万元,其中广告收入 474 万元、发行收入 51 万元。2007 年,全年出刊 247 期。2008 年报纸共出版 253 期,年发行量超过 7000 份。截至 2008 年 12 月 31 日,《嘉善版》总期数为 1644 期。2008 年分社社长、党组书记:许建嘉。

社址:嘉善县魏塘镇嘉善大道 126 号。

◎《瑞安报》《瑞安日报》(1993—)

1993 年 7 月 1 日《瑞安报》复刊,周一刊,4 开 4 版,系温州地区最早复刊的县市党报。1994 年 1 月 1 日,《瑞安报》由周一刊改为周二刊。1995 年 1 月 1 日,改为周三刊,并自行印刷。1996 年 7 月 1 日,改为周四刊。1999 年 7 月 1 日,改为周五刊。2000 年 12 月国家新闻出版总署批准公开发行,刊号 CN33-0102。2001 年 1 月 1 日,更名为《瑞安日报》。2002 年 1 月 1 日,改出对开 4 版。2004 年 1 月加盟浙江日报报业集团。2008 年 7 月,瑞安报网开通。2010 年,《瑞安日报》为周六刊,发行量 4.02 万份;广告额 1861 万元。历任总编辑:蔡声遂、陈思义、陈显蓬、徐德友。

《瑞安日报》作为瑞安市的主流媒体,始终坚持"引导舆论、服务经济、贴近生活、传播知识"的办报宗旨,不断强化质量意识、精品意识、开放意识,报道迅速翔实、内容丰富多彩、形式生动活泼,采编质量和经营水平不断提高,为瑞安市改革开放和"三个文明"建设创造良好的舆论环境。创刊以来,报社采编人员在全国、省级以上报刊发表作品 2000 多篇,有 100 多篇获奖。采编力求突出新闻性,增强可读性,加大信息量,贴近读者群,明晰报道面,实践"三贴近"。

坚持办报经营并重,做大广告发行,加快报业发展。广告实现了由"上门广告"转变为"寻找广告";发行实现了由"行政手段"转变为"市场手段"。广告营业额 2002 年达到 580 万元。

2004 年 1 月 1 日起,《瑞安日报》成为浙江日报报业集团旗下子报。2008 年底,《瑞安日报》为周六刊,4 开 16 版加长彩报。报社有在职员工 77 人,其中在编 45 人,聘用 32 人;内设机构:办公室、财经室、新闻研究室、要闻经济部、民生热线部、时事文化部、资讯专刊部、网络出版部、广告中心、发行中心,下设新华印务有限公司;领导班子 5 人,一正两副两编委,副调研员 1 人;副高职称 2 人,中级职称 16 人,初级职称 33 人。

《瑞安日报》按照"主流、民生、贴近、服务"的办报宗旨,把握时代脉搏,站在时代前列,忠实记录瑞安人民奋进的足迹和瑞安的发展变迁,涌现出一大批反映时代变革、反映文明建设成果的佳作华章,其中获省级及以上新闻类奖项和论文奖 41 篇。《瑞安日报》坚持完善广告和发行经营目标责任制,"三位一体"做广告,深入市场搞发行,逐步走上新闻、发行和广告"三轮"驱动和谐发展的良性轨道。广告额呈现逐年增长的良性发展态势,特别是在金融危机冲击和报业竞争加剧的不利形势下,2008 年广告额、发行量和净利润均创历史新高,分别同比增长 16%、23%和 30%。

社址:瑞安市安福路 30 号。

◎《鄞县报》《鄞县日报》《鄞州日报》(1993—)

1993 年 3 月,成立《鄞县报》社(筹),实行总编辑负责制,在宁波江东区潜龙路 82 号办公;经国家新闻出版署批准,3 月 8 日,第一期《鄞县报》试刊出版,报头选取沙孟海手迹组合而成;1993 年 7 月 1 日《鄞县报》复刊。每周刊出一期,并于 7 月 2 日举行复刊招待会,时为全国县(市)级报纸中第一家对开报。国内统一刊号为 CN33-0078。由宁波市鄞州区委主管,鄞州日报社主办。鄞州日报社实行党组领导下的总编辑负责制,总编辑张祥仙、任志甫。

1994 年下半年,报社开始尝试自行投递,1997 年,报社正式自办发行。在广告经营上,采用"公开招标、集体承包"的机制,并建立起了乡镇一级的广告信息员队伍。

复刊初期为周一刊,采编人员分成两部,政治经济部负责一、二版,社会文化部负责三、四版。一版为要闻,二版综合新闻,三版社会广角,四版副刊。1997 年 7 月 25 日改《鄞县日报》。1999 年 10 月《鄞县日报》改为周 6 报,星期天不出报,周三为《新闻周刊》。2000 年因发展《新闻周刊》等特色专刊需要,再次向社会公开招考采编人员 10 余名。同年 10 月 1 日创办《星期天特刊》,由此,《鄞县日报》扩为对开 8 版周 7 报,版面由原来的黑白改为彩色。

2002 年 4 月 20 日,因撤县建区,更名为《鄞州日报》。2002 年 10 月 28 日推出了定位于宁波市区读者的对开 4 版彩色《都市金刊》,逢周一、周二、周四、周五随《鄞州日报》一同刊出。2003 年 10 月起,《新闻周刊》《星期天特刊》《都市金刊》合并改刊为《宁波新闻周刊》,逢周二、周五出版,共 16 版;《鄞州日报》改出 4 版,星期天不出报。

《鄞州日报》的办报宗旨是:贴近鄞州实际,当好党的喉舌,反映群众心声。该报于 1999 年取消了财政拨款,实行自收自支,结束"吃皇粮"时代,进入产业时代。在办报初期,报纸的征订由邮局办理,委托宁波日报社投递。

1999 年初,报社决定成立"输出中心",积极开拓菲林制片业务,全面参与市场竞争。整个输出中心从筹建到投产只用了短短几个月的时间,当年 3 月就开始对外营业,全年净盈利 22 万元。2002 年 1 月,筹办了宁波宝善印务有限公司,主要经营印刷物资和办公用品,以减少上述物资的中转环节。2003

年 10 月起,出版《宁波新闻周刊》,逢周二、周五出版,共 16 版。

2005 年 1 月,宁波市机构编制委员会发文,鄞州日报社主管部门变更为宁波日报报业集团,但仍为独立法人单位,人员管理划归集团,单位性质、机构规格、人员编制、经费管理形式、单位领导职数等均维持不变。同年 3 月,完成了报社资产清理工作,正式加入宁波日报报业集团,由宁波日报报业集团控股51%,鄞州区国资委参股 49%,成立了宁波市鄞州日报报业有限公司,实行一套班子、两块牌子。5 月起,报社设社长,实行社长负责制。8 月,宁波市政府新闻办公室发文批复同意在中国宁波网建立鄞州新闻网页,11 月 8 日鄞州新闻网正式开通。

2005 年 6 月 20 日起,《鄞州日报》改为周一至周五出 8 版,周六周日出 4 版。《宁波新闻周刊》逢周二、周五出版,每期出 12 版,其中周二为时政新闻版,周五为绝对生活。《宁波新闻周刊》2006 年 9 月起改为每期 12 版,逢周三出版,2009 年 1 月起改为每期 8 版,2010 年 1 月起改为每期 4 版,至 2011年 4 月不单独出刊。

2007 年和 2008 年是鄞州日报社稳步发展之年。《鄞州日报》版面设置为周一、二、四、五出 8 版,双休日出 4 版,周三出 12～16 版。两年中,共有 85 篇(件)新闻作品在市级以上各类新闻奖评比中获奖,其中消息《近 6 万老人喜领生活补助金》获浙江新闻奖三等奖、系列报道《坚持自主创新推进科技进步——鄞州日报自主创新系列报道》获省科技好新闻三等奖;报业经营稳中有升,发行量达 3.2 万余份。

2008 年上半年策划实施了鄞报复刊 15 周年"读者看成就""读者维权行""读者奥运情"三大主题活动,组织 200 名读者分四路参观了鄞州区各项建设成就,并以特刊的形式,用 4 个版面对几项活动进行了特别报道。6 月 17 日、6 月 27 日和 7 月 1 日,又以读者篇、鄞报篇、见证篇三个篇章,接连推出三期共 48 版《鄞州日报复刊 15 周年特刊》,不仅使鄞报在这 15 年里的发展历程得到生动呈现,更让读者触摸到鄞州在这 15 年里经济社会发展的轨迹,彰显了鄞报的存史功能。

2008 年 7 月 10 日,总投资 1400 万元的鄞报印务中心于在鄞州投资创业中心竣工落成。鄞报印务中心占地面积 7547 平方米,总建筑面积 5662 平方米,配有一流的轮转印刷设备,拥有两条新闻纸印刷生产线,可一次成型印刷 3 张对开彩报或四开彩报,并拥有一条海德堡商务印刷生产线,每小时能印刷 1.2 万份对开四色纸质品,可承接海报、样本、杂志等商务印刷品。社长:任志甫,总编:郭靖。至 2013 年,报社内设新闻中心、编辑中心、全媒体中心,拥有采编人员 68 名。

社址:港北路 63 号,宁波市鄞州新区鄞县大道中段 1357 号广博国贸中心22-23 楼办公。

◎《小商品世界报》(1993—2003 年)

《小商品世界报》创刊于 1993 年 7 月 1 日,为全国发行的经济信息类报纸,原为《义乌日报》的子报。刊号 CN33-0079,总编辑应良俊、盛煜光。

2000 年 8 月,根据省委宣传部、省新闻出版局有关文件精神,《小商品世界报》划归义乌日报社主管主办。2002 年 1 月,实行全新改版,由对开大报改为 4 开 8 版彩色印刷。

《小商品世界报》依托义乌这个全国最大的小商品流通中心和信息中心,作为一份主要在小商品研发、生产、流通、消费领域发行的专业报,自创办以来,始终坚持"立足义乌,服务全国,面向世界"的办报宗旨,为全国小商品市场和小商品生产者、经营者、消费者搭起了信息服务的平台。

《小商品世界报》充分挖掘各类小商品信息,开辟了"义乌市场""商贸资讯"等专版和"市场动态""行情分析""外贸经营""中国小商品城每月行情综述"等多个栏目,重点报道市场内各类商品信息。

《小商品世界报》面向全国发行,面对的是以自费订阅为主体的读者群,为此,一方面加强宣传力度,进行目标市场推销;另一方面完善内部机制,成立相应机构,明确职责分工,合理确定报纸价格,科学细分目标市场,同时加强对全国重点市场的发行力度。在投递方式上,实行邮发与自发相结合。义乌市内和义乌市外零订户委托邮局投递,义乌市外集订部分主要是各地市场,由报社将报纸托运到各地市场所在地,由市场管理部门组织专人自行投递。

2001 年和 2002 年《小商品世界报》发行量分别为 4.05 万份和 4.2 万份,广告经营收入分别为 242 万元和 314 万元。

2003 年底与《义乌日报》合并。

地址:在《义乌日报》社内。

◎《上虞报》《上虞日报》(1993—)

1993 年 8 月 8 日《上虞报》复刊。对开 4 版,周七刊。复刊第二年、第三年改出周二刊和周三刊、周四刊。1997 年 7 月 8 日,更名《上虞日报》。1999年 7 月起为周六刊。2000 年 10 月改出对开报。2000 年 10 月 1 日,改出对开大报。2001年3月1日,电子版上网。2002年10月1日,试刊出彩报。

在版面安排上,第一版为要闻版,除摘发省内、国内要闻外,围绕市委、市政府工作部署报道全市重大活动;第二版为综合新闻版,以经济新闻为主,兼载文教、科技及社会新闻;第三版为专版,轮换刊出"农村天地""社会""白马湖""虞舜文化""理论与实践""教育园地"等专刊或副刊;四版为国际国内新闻、证券及广告,其间周六出"星期六专刊"。

从复刊《上虞报》到出版《上虞日报》以来,以"宣传基本路线,传达党的声音,服务上虞读者,促进两个文明"为办报宗旨,坚持配合中心,服务大局,把握正确的舆论导向。在推进农村现代化建设、推广星火计划、培育"小型巨人"企业等宣传中,善于抓住焦点、热点和各类典型,组织战役性报道和系列报道。由于突出宣传地方经济和现代化建设,社会效益明显,受到市委、市政府嘉奖,1998年被评为上虞市红旗单位。1999年,每周重点报道当地一位优秀人物,引起读者关注,产生较大反响。特别是"星期六专刊"和"白马湖"副刊,在省内县(市)报中较有影响。

报社建有配备激光照排系统和高速轮转机的印刷厂,还先后开办舜美广告公司、闻达印刷公司、报业旅游公司和报联装潢公司。2003年,报纸期发量为2.5万份,年收入达700万元,其中广告收入400万元。现有工作人员48名。其中32名采编人员,均具有大专以上学历。有新闻专业副高级职称的2名、中级职称7名、初级职称12名。报社建立和健全《绩勤考核》《操作流程》《职业道德》等多项规章制度,实施规范化运作。同时加强思想政治工作,抓学习,树正气,鼓励业务冒尖。复刊以来,有4件作品获全国县市报好新闻一等奖,5名编辑(记者)被评为绍兴市和上虞市优秀新闻工作者。至2000年,历任总编辑(主编)为吴宗金、车广荫、陈荣力。

2004年1月1日起,成为浙江日报报业集团旗下子报。2008年8月数字报开通,当年广告经营1300万元。2009年8月28日,上虞新闻网开通,2010年发行量2.8万份。

社址先设上虞百官镇人民路159号,后迁丁界寺弄16号。

◎《莫干山报》(1993—2003年)

《莫干山报》创刊于1993年10月1日,省内刊号(浙)字第01-20号。中共德清县委主办,总编辑陈妙秀。4开8版,周六报,自办发行。

报社地址:德清县武康中兴堂路247号。

2003 年 12 月停办。

◎《新昌报》(1993—2003 年)

1993 年 12 月 8 日经省新闻出版局批准《新昌报》复刊，为内部报刊，刊号（浙）字 009 号。4 开 4 版周一刊。2002 年为 4 开 8 版，周五报。党组书记、总编辑徐跃龙。

2003 年底停刊。

◎《平阳报》(1994—2003 年)

1994 年 1 月 1 日出刊，刊号（浙）字第 005 号。四开 8 版，周五报。党组书记林小同，总编辑苏维植。

2003 年 12 月停刊。

◎《余杭报》《余杭日报》(1994—2003 年)《城乡导报》(2003—)

1994 年 1 月 1 日《余杭报》复刊，中共余杭区委机关报。4 开 4 版，周报，发行量 6000 多份。7 月，改为周二报。1995 年，发行量上升至 8000 多份。1996 年 1 月 1 日，《余杭报》改为周三报。同年增添、改进排版和扫描制版设备、购置 2400 线扫描机和激光照排机，提高了文字和图像的清晰度。1997 年，发行量突破 10000 份。1997 年期发行量突破 1 万份。1999 年 1 月 1 日《余杭报》改为周五报。2 月 17 日，改为周五刊对开报。2000 年 12 月 8 日，经国家新闻出版署批准，《余杭报》编入国内统一刊号，2000 年 12 月 17 日更名《余杭日报》。余杭是全国县、市"三讲"①教育的试点之一，中共中央政治局常委、全国政协主席李瑞环来余杭市作"三讲"动员。2001 年，《余杭报》把"三讲"教育报道作为重大的政治性宣传活动，完成《拂面春风暖人心——李瑞环同志在余杭》长篇通讯。《余杭日报》增设月末版。6 月 1 日，余杭日报社迁入临平街道星火南路 42 号新址办公，内部建立局域网。2002 年《余杭日报》增为周七刊，发行量 1.65 万份。2002 年 12 月 21 日，余杭日报社自己设备印刷的第一张彩报与读者见面。在全国报刊整顿中，于 2003 年 12 月停刊。历届领导为：卓介庚、沈妙忠、宓水根、李国平。

2003 年 12 月 31 日《余杭日报》停刊。2004 年 11 月 15 日，《城乡导报》创刊，周七刊，4 开 16 版。国内统一刊号：CN33-0109。办报宗旨和业务范围为：

---

① 三讲：1995 年 11 月 8 日，江泽民在北京视察工作时指出："在对干部进行教育当中，要强调讲学习，讲政治，讲正气。"

立足城乡,贴近基层,贴近百姓,为城乡经济、县域经济发展、城乡居民生活提供资讯服务,是面向杭州及周边地区的区域性经济服务类报纸。

2007年8月22日,由杭州日报报业集团和余杭新闻传媒中心共同注资组建的杭州城乡导报传媒有限公司揭牌成立。9月7日,城乡导报社和余杭区风景旅游局联合主办的《城乡导报·旅游周刊》与读者见面。9月19日,《城乡导报》对版面试行调整,增加名为"新闻·服务"的本地新闻版面,在每周二至周五的第六版刊出。2008年7月,城乡导报与区政协联合推出每周一期的"议政与建言"栏目。7月23日,杭报集团党委书记、社长、杭州城乡导报传媒有限公司董事长李建国与杭州假日旅行社签订合资协议,城乡导报出资200万元,收购旅行社34%的股份,假日旅行社变更为自然人和法人共同投资企业,并组建新的董事会。8月,浙江省新闻出版局批准,城乡导报印刷厂取得了书报刊印刷资格。"城乡导报"栏目"走进校园"荣获2007年度杭报集团读者最喜爱的"十佳"栏目,"旅游周刊"荣获2008年度杭报集团读者最喜爱的"十佳"栏目。

2005年《城乡导报》征订数为1.78万份,2008年征订数超过2.8万份。

社址:杭州市余杭区临平朝阳东路185号。

◎《海宁报》《海宁日报》(1994—)

创刊于1983年4月的《海宁农技》半月刊,不久改为《海宁农技报》,于1988年4月更名为《海宁科技报》,取得国家新闻出版总署批准的国内统一刊号CN33-0047,4开4版,旬刊,并正式建立报社,由市科协主办,市委宣传部主管。1994年1月1日,《海宁科技报》改刊为中共海宁市委机关报《海宁报》,发行量1.4万份。当年为4开4版周报,自办发行。报社为县市属正科(局)级全民事业单位。1995年为周二刊,自办发行。1996年为周三刊,由邮局发行,直至1998年底。

经国家新闻出版总署批准,1999年1月1日《海宁报》改刊为《海宁日报》,由此跨入了具有国内统一刊号的县市党报日报行列。2000年,开始出周6刊。2001年1月1日起,报经省新闻出版局批准,《海宁日报》由4开4版扩展为每周一、三、五4开8版。从7月1日起,周末出彩报。2002年11月1日,增为4开8版,每周一、三、五为彩报。

复刊后,《海宁日报》以邓小平理论和"三个代表"重要思想为指导,围绕经济建设中心和全市工作大局,坚持正确舆论导向、坚持团结稳定鼓劲和正面宣传为主的方针,坚持报纸党性原则、晚报风格,立足海宁、办强特色,贴近基层、服务群众,当好党和人民的喉舌。

复刊后,坚持以质量立报、以质量兴报,报纸期发量在1.7万份以上,广告收入也在逐年上升。报社鼓励编辑记者多出精品佳作,先后已有18件新闻作品获中国县市报好新闻奖。多年来,报社发扬"牢记使命、把握导向、求真务实、敬业奉献"的社风,坚持发展是硬道理,坚持办报质量和报社建设,新闻报道和广告经营两手抓,两手都要硬,取得了较好成效。

多年来,报社没有发生政治差错、导向差错和重大事实差错,也没有违纪违法问题发生,报社党支部连续获得"规范化建设达标党支部"称号,报社保持了"市级文明单位"称号。从《海宁报》到《海宁日报》,历任社长徐志远,总编辑赵青山、汪文奎、张建仑。

2004年1月1日起,《海宁日报》成为浙江日报报业集团旗下子报。2007年,广告经营突破1000万元。2008年《海宁日报》4开加长版周六刊,每周一、三、五为12版,二、四、六为8版,天天彩报,报纸为自办发行。报社共有员工61人,其中采编人员30人,行政管理人员14人,报业经营人员17人;本科学历25人,大专学历14人,拥有副高职称2人,中级职称12人。

《海宁日报》围绕经济建设中心和全市工作大局,坚持正确舆论导向,坚持团结稳定鼓劲和正面宣传为主的方针,立足海宁,增强特色,贴近基层,服务群众,当好党和人民的喉舌。坚持一手抓办报,一手抓经营,《海宁日报》广告经营额每年以15%以上的速度增长。1994年报纸广告经营额为56万元,2003年达到500多万元,至2008年达到1296万元。报纸实行自办发行,提高了投递到位率和读者满意率,同时扩大了发行量,2009年报纸发行量为24000多份。

2010年发行量2.8万份,广告经营2079万元,经营总收入2518万元。

社址:海宁市南苑路388号。

◎《海盐报》《海盐日报》(1994—2003年)

1994年2月1日在原《海盐科技报》的基础上,恢复出刊《海盐报》,开始为半月刊、周刊,1995年的发行量超过4万份。1998年改周二刊,1999年改周四刊,2000年出周五刊,更名《海盐日报》。每周2期。职工17人,其中采编人员11人。一版为要闻版,刊登县内外重要新闻;二版为经济版,传播本地农、工、贸等经济信息并介绍典型经验;三版为综合版,报道科、教、文、卫活动和社会新闻;四版为副刊、广告版,副刊名"南北湖"。1997 年 11 月起,对版面设置作了较大调整,除一版仍为要闻版外,二版为综合新闻版,三版为专刊、副刊版,四版为时事、广告版。新增的"法制经纬""经济广角""盐邑风情""新农村"等专刊在三版上滚动刊出,同时保留文学副刊"南北湖"。复刊后社长兼总编辑先后为张超群、王亦军。

社址原设武原镇海滨西路 105 号,新址在枣园中路 139 号。

根据国家新闻出版总署的有关规定,2003 年 11 月停办。

◎《缙云报》(1994—2003 年)

《缙云报》1994 年 4 月 5 日出刊,刊号(浙)字第 030 号。4 开 4 版,周六报。总编辑卢理洪。

2003 年底停刊。

◎《临安报》《临安日报》(1994—2003 年)

1994 年 5 月 1 日《临安报》复刊,4 开 4 版,周一刊,并创办电脑照排中心,7 月 1 日起为周二刊。1995 年临安报刊出的散文《放电影的日子》,经《杭州日报》转载,由浙江电视台专门来横畈镇雅观村拍摄成 12 分钟电视片——《露天电影》,并在浙江卫视周末版《轻松驿站》的《似水流年》栏目中播出。1996 年 1 月增为周三刊。1998 年底创办报社印刷厂。1999 年 1 月起增出月末版,同年 10 月起增出周刊。2000 年 1 月起为周五刊。2 月获国内统一刊号,3 月 1 日起更名《临安日报》。2001 年底又投入资金 100 多万元,增加彩印设备。顾兆明摄影作品多次获奖,作品《全家福》荣获中国摄影家协会主办的全国影赛一等奖,《老伴》入选全国第 19 届影展,被新华社收入《摄影世界》光盘和画册。2002 年 1 月起为周六刊,发行量 1.2 万份,广告收入 240 万元。总编辑杨菊三。

社址:临安市锦城镇 398 号。

2003 年 12 月停刊。

◎《临海报》《临海日报》(1994—2003 年)

1994 年 7 月 1 日复刊(内刊),《临海报》2000 年 12 月经国家新闻出版总署批准公开发行并更名为《临海日报》,刊号 CN33-0105。对开 4 版,周五报。总编辑杨益。

2003 年 12 月停刊。

社址:临海市崇和路东湖小商品城楼上。

◎《苍南报》(1994—2003年)

《苍南报》创刊于1994年7月7日,刊号(浙)字第006号。4开4版,周五报。总编辑李孔宗。

2003年12月停刊。

◎《象山报》(1994—2003年)

《象山报》出刊于1994年7月8日,刊号(浙)字第003号。4开8版,周五报。总编辑张启章。

2003年停刊。

◎《磐安报》(1994—2003年)

1994年7月创刊,4开4版,周五报,刊号(浙)字第015号。总编陈明良。

2003年底停刊。

◎《乐清报》《乐清日报》(1994—)

1994年10月1日《乐清报》复刊,4开4版,周二刊。系中共乐清市委机关报,由中共乐清市委主管和主办。1995年元旦改周三刊。1997年元旦改周四刊,开通新华社电讯专线。1997年9月11日,作为报社下属单位的乐清报社发行站成立,《乐清报》在温州各县市报中第一个实施自办发行,大大提升了发行速度,提高了投递质量。1999年元旦起改周五刊。同年10月1日,改4开8版。2000年10月1日,出对开4版,周五刊,出彩报,开通新闻热线,12月,经国家新闻出版总署批准公开发行,刊号CN33-0103。12月29日,更名《乐清日报》。2000年,投资162万元购进高速轮转彩印机,《乐清日报》进入彩报时代。2002年4月,报社斥资引进先进的"文韬"编辑流程管理系统,并将采编电脑操作流程作了彻底的整合,并实行电脑操作投影谈版制度。

《乐清日报》以"立足乐清,面向全国,体现特色,争创一流"为目标,坚持"以正确的舆论引导人、以活跃的版面吸引人"的办报宗旨。乐清是"温州模式"的发祥地,被国内经济界人士称为"东方启动点"。《乐清日报》根据本地社会经济特点,及时传播党和政府的大政方针,浓墨重彩地报道乐清改革开放和现代化建设的新举措、新经验,全面反映乐清"三个代表"重要思想的行动实践和三个文明建设的动态、成就,热情讴歌乐清人敢为天下先的精神风貌。

报社从成立起就建立起面向全社会、唯才是用的用人制度。后来,这项用人制度发展完善为"进人过五关、在职淘汰制"。"进人过五关"中的"五关"即个人成果关、专业考试关、政治测试关、电脑操作关、见习试用关。比较完善的激励机制,逐步成熟的采编队伍,符合新闻规律的选稿用稿方式,促使《乐清日报》报道质量稳步提高,好新闻好论文不断涌现。

乐清日报社为加速优良装备和现代化技能的掌握,稳定优秀人才和提高工作效率,创新尝试"技能投入"和"贡献投入"激励机制,有效地推进了报社新闻、发行和广告这"三轮"的驱动。这些经验和做法先后被国家新闻出版总署和浙江省新闻出版局指定在县市报总编会议上作典型发言。

2004年1月1日起,成为浙江日报报业集团旗下子报。2006年6月6日,数字报开通,2008年2月,投资3800多万元,占地1.3万平方米的报业大楼落成。2008年《乐清日报》为周七报,对开4版彩报,共有员工80人,其中采编人员43人,行政管理人员13人,报业经营人员10人;本科学历16人,大专学历47人,拥有中级职称14人。

报纸实行市场化征订,个人自费订报率达70%以上,2009年纸质报订数为3.13万份,数字报为3.56万份,年广告额1625万元。2010年发行量4万份。社长、总编辑陈华荣。

社址:乐清市乐成镇伯乐东路557号。

◎《宁海报》(1994—2003年)

1994年《宁海报》复刊。刊号(浙)字第002号。4开8版,周六报。总编辑舒会河。

2003年底停刊。

◎《永嘉报》(1995—2003年)

1995年1月1日《永嘉报》复刊,刊号(浙)字第004号。4开4版,周五报,党组书记、总编辑陈光銮。

2003年底停刊。

◎《温岭报》《温岭日报》(1995—)

1994年9月,经浙江省新闻出版局批准,创办于1982年3月20日的《温岭农技报》改刊为《温岭报》,为中共温岭市委机关报。刊号:(浙)字第01-01号。1995年2月13日试刊第一期,先后共试三期。1995年3月9日,正式出版第一期,4开4版,周二刊,刊号CN33-0106。以后逐年增期,发行量为1.4万份,由市邮政局征订发行。广告经营额60万元。2000年12月8日,更名为《温岭日报》。2001年7月1日,改为对开大报。2001年10月,成为台州市县市党报研究会会长单位。2002年1月1日起,期期彩印。

《温岭日报》自复刊以来,始终把"坚持政治家办报,坚持正确的舆论导向"置于首位;"以科学的理论武装人,以正确的舆论引导人,以高尚的精神塑造人,以优秀的作品鼓舞人"是办报的指南;"贴近实际、贴近生活、贴近群众"是全体同仁的愿望所在;《温岭日报》的目标是:"建一流队伍,办一流报纸,创一流效益"。坚持以人为本,引入市场经济竞争机制,报社事业取得了长足的发展,报纸的质量不断提高,可读性、时效性明显增强。

《温岭日报》建立和健全了良好的竞争机制。这主要包括以下几个方面,一是用人上的竞争机制,即建立公平竞争的用人机制;二是分配上的竞争机制,即建立多劳多得的经济分配机制;三是经营上的竞争机制,即建立公开竞投的广告经营目标责任机制。2002 年 1 月 15 日,总编辑郑永方应新闻出版总署之邀,专程赴北京为"全国第二期县市党报社长(总编辑)岗位培训班"学员作了长达 3 个小时的新闻宣传、内部管理及广告运作等状况的专题报告。

2004 年 1 月,成为浙江日报报业集团子报。周六报,对开 4 版彩印。在报纸版面设置上,除了要闻、综合新闻(时政、民生)版外,还有生活周刊、财富周刊、夫人峰周末、副刊、法苑、台州纵横、读图时代、光影世界、特别报道、理论·计生、时事等专刊专版。2007 年 1 月,温岭日报电子版及温岭日报数字报开通,2007 年 10 月与温岭市委宣传部合作开通了中国温岭新闻网。《温岭日报》始终把"坚持政治家办报,坚持正确的舆论导向"置于首位,"贴近实际、贴近生活、贴近群众"是《温岭日报》全体同仁的愿望所在。近年来,《温岭日报》有 200 多件(次)新闻作品获地市级、省级乃至全国县市报年度新闻奖(论文奖)。

《温岭日报》以"建一流队伍,办一流报纸,创一流效益"为目标,坚持以人为本,引入市场经济竞争机制,报社事业取得了长足的发展。报纸年发行量从复刊时的 1.4 万份发展到 2008 年的 3 万份。广告收入逐年递增,从复刊时的年广告 60 万元增至 2008 年的 1151 万元。2010 年发行量 3.2 万份,广告经营额 1400 万元。总编辑:郑永方。

社址:温岭市太平街道方城路 91 号。

◎《金华县报》(1995—2001 年)

1995 年 3 月 11 日《金华县报》复刊,4 开 4 版,周三刊。前身是 1981 年 6 月 15 日创刊的《金华科普报》。1997 年 7 月改周五刊。1999 年改为 4 开 8 版,彩印,增出《月末特刊》。在 4 个版的版面设置上,一版为要闻版,报道当前国内外重要新闻,并滚动开辟"南山走笔""记者述评""读者来信"等专栏;二版为经济版,主要传播国内及当地经济新闻和市场信息,开设的栏目有"记者观察""开发指南""政策吹风""实用农技""希望的田野"等;三版为专刊版,刊登文艺作品、社会特写及文化教育、理论探讨文章,主要栏目有"社会广角""生活透视""读书阁""夫妻之间"等;四版为时事、广告版,设有《国内新闻》《曝光台》等栏目。每周五,第二、三版连版刊出《周末广场》,主要内容是文化娱乐、社会传真及民间传奇文学、大特写等。

1999 年,《实干创业,实业兴县》《五十年巨变》《强国之路五十年》以及中国第二届佛手节、揭批法轮功等报道,在社会上引起了较大反响,受到领导多次表扬和嘉奖。历任总编辑为金希奎、陈土兴、何惠文、沈才启、胡则鸣。

社址在金华市通园路 163 号。

2001 年 2 月划转金华日报社主管,更名《浙中科技报》。

◎《龙泉报》《龙泉日报》(1995—2003 年)

1995 年 5 月 4 日《龙泉报》复刊,4 开,周刊,中共龙泉市委主办,第 1 期刊出 8 版,印数 8000 份,2000 年更名《龙泉日报》,获国家统一刊号。

社址:龙泉市清风路 2 号。

2003 年 12 月 31 日出版第 1006 期后停刊。

◎《玉环报》《玉环日报》(1995—2003 年)

《玉环报》1995 年 6 月 15 日复刊,中共玉环县委主办,刊号(浙)字第 01-02 号。后改为《玉环日报》。4 开 8 版,彩印,周五报。总编辑苏耕云。

2003 年底停刊。

◎《畲乡报》(1995—)

《畲乡报》1995 年 2 月创刊,由中共景宁畲族自治县县委主办,刊号(浙)字第 029 号。4 开 4 版,周二报。

《畲乡报》在在 2003 年下半年的报刊整顿中得以保留,是丽水市唯一保留的县报。《畲乡报》紧紧围绕县委、县政府的中心工作,组织策划了一系列战役性态势的宣传报道活动。加大经济工作宣传力度,为致富奔小康营造浓厚的舆论氛围。把经济建设宣传列为宣传报道的重点,特别是把实施致富奔小康战略的宣传摆在突出的位置。对效益农业、小康村建设、小集镇建设、下山脱贫、企业改制、个体私营经济、重点工程建设、旅游开发、特色产品开发等作了重点宣传报道,形成了舆论声势。加强社会主义精神文明建设的宣传,推进文明创建工作。

坚持"团结稳定鼓劲、正面宣传为主、服务大局"的指导思想,把加强精神文明建设的宣传作为重要任务来抓。开设了"畲乡文明风"专栏,报道了一批先进集体和先进个人的事迹。加大对社会稳定的引导力度,弘扬正气,积极开展舆论监督。开设"法制天地""畲乡警界"栏目,以案例说法,传播法治理念,展示公安干警风采,震慑犯罪分子的嚣张气焰。对推进党风和社会风气的好转起了一定作用。

总编辑:李兴金、施顺民

地址:景宁县鹤溪镇人民中路 98 号。

◎《衢江报》(1995—2003 年)

《衢江报》创刊于 1995 年 12 月 4 日,刊号(浙)字第 017 号。4 开 4 版,周三报。总编辑谢根兴。

2003 年底停刊。

◎《嵊州报》《嵊州日报》(1995—2003 年)

1995 年 12 月 6 日《嵊州报》创刊,4 开 4 版。刊号 CN33-0049。其前身为 1993 年 2 月出刊《嵊县经济报》。1998 年 7 月 1 日更名《嵊州日报》,并由 4 开 4 版周 4 刊改为周五刊。1999 年 5 月起,增出双休日刊。社长、总编辑陶瑞兴。

社址:嵊州市官河路 528 号。

2003 年停刊。

◎《仙居报》(1996—2003 年)

《仙居报》出刊于 1996 年 1 月 1 日,刊号(浙)字第 01-45 号。4 开 4 版,周四版。总编辑杨国华。

2003 年底停刊。

◎《平湖报》(1996—1998 年)

1996 年 2 月 16 日,《平湖报》由 1994 年 8 月 1 日创刊的《平湖经济报》更名而来。1998 年年底,《平湖报》被嘉兴日报社收编,更名《嘉兴日报·平湖版》,对开 4 版,周三报。嘉兴日报平湖分社社长肖成华。

社址:平湖市虹桥路 1 号,平湖市当湖街道虹桥路 7 号。

◎《长兴报》(1996—2003 年)

《长兴报》复刊于 1996 年 10 月 1 日,主办单位中共长兴县委,4 开 8 版,周六报,自办发行。省内刊号(浙)字第01-18号。总编辑施法根。

报社地址:长兴雉城镇人民北路3号。

2003年底停刊。

◎《三门报》(1996—2003年)

《三门报》复刊于1996年11月1日,刊号(浙)字第01-44号。4开4版,周六报。总编辑卢洪波。

2003年底停刊。

◎《桐乡报》(1998—2000年)

1998年5月4日《桐乡报》复刊,周二刊,对开4版。编辑、记者5名。

社址:桐乡市振兴西路7号。

2000年12月1日,成立嘉兴日报社桐乡分社,《桐乡报》终刊。更名为《嘉兴日报·桐乡版》。对开4版,周三报。嘉兴日报社桐乡分社社长:彭桂林、王利浩。

◎《泰顺报》(1998—2003年)

《泰顺报》复刊于1998年10月1日,刊号(浙)字第008号。4开4版,周三报。党组书记、总编辑胡以诺;尤联辉。

2003年底停刊。

◎《遂昌报》(1998—2003年)

《遂昌报》1998年10月复刊,刊号(浙)字第034号。4开4版,周二报。社长由县委常委、宣传部长王凤琴兼,总编辑张丽敏。

2003年底停刊。

◎《常山报》(2000—2003年)

《常山报》复刊于2000年1月1日,刊号(浙)字第01-48号。4开4版,周三报。总编辑鲁周清。

2003年底停刊。

◎《龙游报》(2000—2003年)

《龙游报》复刊于2000年1月,刊号(浙)字第019号。4开4版,周三报。总编辑余怀根。

2003年底停刊。

◎《松阳报》(2000—2003年)。

《松阳报》2000年10月27日复刊,刊号(浙)字第027号。4开4版,周三报。总编辑陈宝清。

2003年底停刊。

◎《文成报》（2001—2003年）

《文成报》2001年1月1日复刊，刊号（浙）字第007号。4开4版，周二报。总编辑林加会。

2003年12月停刊。

3.6.3 县级传媒中心的《今日》系列报纸

2003年全国报刊整顿之后，为了解决群众需求和满足行政工作的要求，许多被撤停的县报，在县委支持下组建新闻中心，在班子不动、人员不动的情况下，通过县财政经费支持，将原来报社的设备投入到县域新闻中心的组建中。2004年《建德日报》停刊后，成立建德新闻传媒中心，经省政府新闻办公室批准建立新闻网站，并以新闻网站的名义，出刊《今日建德》。这一运作模式很快在全省各地推广开来，这些报纸，大多数是把原来的《某某报》《某某日报》改成《今日某某》；少数在县、市名前面加一个"新"字，变成了《新某某》，如《新三门》《新平阳》《新遂昌》《新松阳》，还有一个叫《天天天台》。其单位名称，则由某某报社改成为某某新闻中心、某某传媒中心、某某信息中心等。

浙江省的《今日某某》大致可以分为四类情况，一是本地原有国内统一刊号报纸，在刊号注销后，新成立了传媒中心，共9家；二是把地方报纸作为市级报纸的县级版，共3家；三是本地原省内发行刊号的报纸，在刊号注销后，成立传媒中心，共28家；四是原先并没有办报，在新形势下，也成立了传媒中心，出刊《今日某某》，共10家。到2010年，浙江有《今日某某》类传媒50家，之后又有10多家县级传媒中心成立。

原国内统一刊号报纸转为今日系列报纸有：

杭州的《今日建德》《今日临安》《今日千岛湖》；

嘉兴的《今日海盐》；

绍兴的《今日嵊州》；

金华的《今日武义》；

衢州的《今日江山》；

台州的《今日临海》和丽水的《今日龙泉》。

把地方报纸作为市级报纸的县级版有：台州的《台州商报·今日椒江》《台

州商报·今日黄岩》《台州商报·今日路桥》。

　　原省内刊号报纸转为今日系列报纸有：

　　宁波的《今日象山》《今日镇海》《今日宁海》；

　　温州的《今日苍南》《今日永嘉》《新平阳》《今日文成》《今日泰顺》；

　　湖州的《今日德清》《安吉新闻》《长兴之窗》；

　　绍兴的《今日新昌》；

　　金华的《今日浦江》《今日磐安》；

　　衢州的《今日常山》《今日龙游》《今日开化》；

　　台州的《今日玉环》《天天天台》《仙居新闻》《新三门》；

　　丽水的《青田侨报》《今日缙云》《新松阳》《今日云和》《钱瓯遂昌》《菇乡庆元》。

　　新成立的今日系列报纸有：

　　宁波的《北仑新区时刊》；

　　温州的《今日瓯海》《今日龙湾》《今日洞头》《今日鹿城》；

　　金华的《今日婺城》；

　　衢州的《今日衢江》《今日柯城》；

　　舟山的《今日普陀》《今日岱山》。

第四章　浙江县报与基层党委工作

　　从党报视角来考察县报的角色与功能。报纸经常被比喻为政府与公众沟通的桥梁，调和社会矛盾的纽带，在现代社会中承担着重要的社会角色和功能。

　　在党报理论看来，报纸的喉舌功能非常重要。在我国县报体系中，中国共产党、政府和社会对媒介都具有控制作用，党通过设立宣传部门，政府通过新闻出版局等机构，制定政策来管理媒体，社会利用道德来约束媒体，还有一些经济实体希望利用经济手段来影响媒体，而公众希望报纸能够担当社会责任，成为一种建立在公共利益之上的社会机构，能在这个平台上进行充分、自由的意见表达。

　　县报在党报体系中，有多重社会角色，功能复杂多样，并随着社会发展，政治、经济、文化的变化而有所改变。县报角色的内涵和作用，在各个时期也有所不同。

　　中华人民共和国成立以后，很长时间内，浙江县报都是由当地党委、政府创办的，在创立之初，报社是一个机关单位，是党的喉舌，党报属性显而易见，在运作管理上也不可避免依赖财政拨款，工作作风上存在着一些"机关作风"，宣传作用重于信息传播。改革开放之初，县报被定位为公益性文化事业单位，党的十四大后，又增加了文化产业的经营性质，是两种体制的混合体。随着社会主义市场经济体制的建立和发展，特别是 2003 年报业整顿以后，一些县报被上级报业集团兼并，市场化属性不断增加，开始迈向产业化发展的道路。

　　党报是忠于党的思想，执行党的纲领，在党的旗帜下为党代言的报纸。在中国，党报是指中国共产党各级党委机关报，由各级党委领导，有鲜明的党性和政治性。毛泽东在对《晋绥日报》编辑人员的谈话中提出，党报工作是党的一项有重大意义的宣传工作,党报要宣传党的方针政策,加强党和群众的紧密联系,及时地把党的纲领路线、方针政策、工作任务和工作方法,传达给广大群众(毛泽东,1948)。

党报是党的一个政治阵地,笔杆子和枪杆子一样,是一种思想武器。中国实行共产党领导下的多党合作制度,作为执政党直接领导下的报纸,具有很大的权威性。县报在 2003 年的转型变革前,是县委机关报,作为地方党委和政府的喉舌,传播速度快,信息准确,内容详实,在县域里有很强的影响力,拥有较高的品牌价值。党报的功能定位是工作报,主要解决执政党和政府的工作问题;受众定位是面向干部的报纸;风格定位是严肃的。

县报在 2003 年转型后,一方面从指导思想上看,继续配合党委、政府的中心工作,坚守一些党报特色与属性;另一方面,从报道内容和报道形式上,原来倾向于工作报、干部报的定位,并不符合大众读者的多方面需求,从县报读者构成来看,普通大众已经成为主体,为满足读者多方面的需求,县报开始进行都市报性质的改造。

尽管从性质上讲,这个时期县报已经不是传统意义上的党报,主管单位由当地党委或政府变更为上级报业集团,或者两者共管,但不管采用哪种方式,都与当地党委政府有着千丝万缕的联系,在工作上与地方政府和部门相互配合、相互支持,承担各部门大量的宣传任务,最先发布地方政府的一手信息。县报继续站在舆论的前沿,发挥党和政府的喉舌功能,宣传党的方针,引导地方舆论。同时注重提升报纸的格调和品位,强调对人民群众世界观、人生观和价值观的正确引导,沿着时代潮流发展。所以,县报既有党报带来的权威性,也由于信息源可靠、信息准确树立了一定的权威性,在当地读者中形成较大的影响力,读者需要了解地方政策和地方信息,获悉本地重大新闻时,就会主动到本地的县报上寻找。

4.1 浙江县报的党报功能和使命

县报的政治使命是快速、准确地把中国共产党中央制定的方针、政策传到基层,把县委和县政府的重点工作和发展意图贯彻到广大基层。在 20 世纪五六十年代,浙江省内,县领导在宣传上主要依靠广播,强调的是"喇叭里有声",也非常倚重县报,执行全民办报政策,基本实现县县有县报;80 年代后县领导开始重视电视,凡有重大活动,都希望能够上电视新闻,强调"电视有影";90年代以后,随着浙江各地县报的全面复刊,县领导在宣传上最倚重的还是县级党报,不仅要"电视有影",还有"报上有图"。

4.1.1　社会主义改造

20世纪50年代,县报都是在县级党委领导下创办,根据中央、省委和县委的决议和指示,紧密结合中心任务,宣传贯彻党的方针政策,总结交流工作经验,普及科学文化知识,对广大读者和群众进行社会主义思想教育。报纸作为一种教育工具,对于加强中国共产党在农村的政治思想工作,提高干部和群众的政治觉悟,推动农村社会主义建设和改造事业,发挥了重要作用。报纸成为农村党团员、广大农民的"老师"。

当时,浙江省各地县委,为了贯彻党在过渡时期总路线,纷纷创办县报,把它作为指导工作的一个有力的工具。县报性质是中共县委机关报,同时又是通俗的、群众的报纸,报纸的主要阅读对象包括各级党委、政府、群众团体的干部,农村经济工作者、文教工作者,党的基层组织,工人、农民以及城市工商业从业人员。报纸具有鲜明的党性和群众性。

主要任务是通俗地、系统地、连续性地宣传党在过渡时期的总路线,以及基层党委政府的各项政策,通过宣传,对党员、干部,广大工人、农民群众进行政治思想教育,动员全县人民积极投入国家社会主义建设。通过县报及时反映群众的生产生活情况,总结和交流各项工作经验,指导党的基层组织和人民群众的生产与生活,通过县报传播文化、科学知识,特别是普及农业科学技术、文教卫生知识。

报纸内容以反映本县人民群众的政治、经济、文化生活的新闻报道为主,国内外及本省的新闻报道为辅;编排方面力求通俗,要让文化程度不高的,甚至初识字的人都能够看得懂,要通过读报活动,让不识字的人也能学习报纸的内容。大力开展工农通讯工作,组织工人、农民建立通讯员队伍,贯彻"全党办报"的方针,鼓励群众办报,群众写稿。使报纸与群众密切联系,充满群众的声音。

比如,《萧山报》的读者就在给报社的信中写道:"有了《萧山报》,眼睛亮了,工作有办法了,生产有劲头了。"(《萧山报》社论,1955)报纸还建立广大通讯员队伍,及时反映农村基层情况。信中提到的《萧山报》,是1954年12月

图 1 1954 年 12 月 11 日《萧山报》创刊号

数据源：萧山日报社藏品

11 日创刊的，这份报纸在当时具有一定的典型性。

在《萧山报》创刊号上发表的《见面的话》，提到："《萧山报》是中国共产党萧山县委员会的机关报，也就是全县人民自己的报纸。""为了办好《萧山报》，就一定要全党动手、大家动手"（《萧山报》社论，1954）。

毛泽东 1955 年 10 月发表《关于农业合作化问题》，提出要走社会主义道路，与传统小农经济思想作斗争。此后，农业合作化迅猛发展。为了反映农业合作化运动和农业生产的新面貌，加强党对农业合作化的具体指导，及时宣传报道县域各个时期的中心工作，增强党同群众的密切联系，满足广大农民提高政治水平的愿望，学习文化知识的迫切要求，中共浙江省委宣传部向中宣部递交《关于县报工作问题的报告》，要求浙江各县办县报，1956 年 1 月获得中宣部批准。

由于这个时期的县报是计划经济体制下的产物，浙江省委对办县报提出了一些具体的要求，县报有行政级别，一般是正科级，指定一名书记或副书记直接领导县报工作，主编由县委委员一级的干部来担任，可以列席县委常委会；版面一般为 8 开 2 版，出版周期为 5 日一期或 3 日一期；机构编制在 4 人以下，办报经费由行政全额拨款。

"大跃进"时期，县报作为基层党委最有力的宣传武器，用于动员与组织人民，指导工农业生产的新高潮，迅速、及时地反映人民的生产动态，为正确贯彻和彻底实现社会主义路线保驾护航。1958 年，浙江省县报自身的发展也出现了大跃进，数十家县报将出版周期从周 2 报、周 3 报改为日报。

改为日报后，县委要求党报及党报的工作人员，要忠实于党的总路线，坚决服从党的领导，保持与党的意志息息相通。各地县委宣传部门要求扩大发行份数，建立健全的读报组织，实施读报计划。各级党组织，必须动员教育群众，积极支持与协助邮电局，做好报纸的发行工作，要求巩固老订户，发展新订户，做到农业社各生产小队，工厂各车间、生产小组，各机关科室、学校、商店都订阅县报；机关干部、工厂干部、农村基层干部、下放干部，人人都订县报。在订报后，必须加强读报，使之推动工农业生产。这个时期，县报服务党的中心工作，在推动工农业发展等方面，都起了一定作用。一些基层组织也养成了订报读报的习惯，报纸的发行量增加很快，一些读者把报纸看成是政治指导员和技术指导员。

一些地方对订报和读报提出具体要求：没有建立读报组的社、队，应迅速建立读报组，并应建立经常的读报制度，由专人负责读报，每天读报时间不得少于一小时。报纸必须要有专人保管，装订成册，以便今后查阅。党的地方各级领导对于党报普遍更加重视，进一步贯彻了"全党办报"和"群众办报"的方针，使党报成为集体的宣传者和组织者。多地的县委对群众写稿也提出具体要求：县、区、乡、社的各级党组织，各部门的领导、干部，通讯员、读者应经常的向报社写信写稿，要努力提高自己的写作能力，区、乡领导干部每月至少写一到两篇，经常给报社编辑部提供反映各种生产和生活情况的数据和报道，支持在县报上开展对不良现象的批评，使报纸办得更具有党性和战斗性。

例如：1958 年 6 月 26 日，萧山县委批转萧山日报社《关于报刊发行、读报工作的报告》。在批语中指出：

　　萧山日报是县委的机关报,是加强群众政治思想工作的有力武器,因而必须迅速扩大发行面,推行户户订报,再来一个发行高潮。要求发行至二万份,力争二万五千份。(萧山县委,1958)

　　同期,《平湖日报》的发行量,也从 1957 年底的 2626 份,快速增加到 1958 年四季度的 12822 份。

　　宣传报道总路线、人民公社和工农业生产大跃进是这一时期报纸工作的重中之重。1959 年 12 月 11 日,《萧山日报》发表县委第一书记牛树桢《更好地发挥党报的作用》一文,提出"紧紧依靠党依靠群众,当好大跃进的促进派"。为了更切合时代的特征和社会氛围,版面经常使用套红印刷,标题字号加大,并在头版安置通栏的口号式的大标语,诸如:"快马加鞭,跑步向社会主义前进""解决农村人民内部矛盾,争取大丰收""反对瞒产,反对浪费,反对偷窃""全民动员,抗台抗涝,人定胜天,誓保丰收""为粮食钢铁而战""大力支援钢帅,拼命大干半月""人有更大的胆,地有更高的产"等等,不一而足。为增加宣传效果,配合政治工作中心,头版有时编排诗歌、顺口溜或漫画等形式的作品,这样的版面安排是为了制造舆论氛围,鼓动广大人民群众投身到火热的大跃进运动中去。

　　这个时期,县报主要任务就是宣传党的基本路线,引导人民参加社会主义建设。从内容采编上看,具有三大特点:政治性、群众性、通俗化。这个时期,办报思想是紧紧依靠党的领导,与党委息息相关,脉脉相通,把编辑工作看作是党工作的一部分,严格地执行党的方针、政策;同时也非常强调群众办报,提出要时时刻刻密切地联系群众,及时反映群众的先进思想,介绍群众创造的先进经验。

　　新闻报道为体现群众办报的特色,语句尽量平实,写得通俗易懂,一些通讯员稿件行文粗糙,消息、通讯都很简短,编辑收到稿件后,经过一番修改后予以刊发,根据党的方针、政策和指示,激励群众奋勇跟党走,以增强报纸的战斗力。注重通讯员队伍的培养,在各条战线上建立通讯员队伍,把通讯员作为党报的耳目,成为党和群众沟通的桥梁。组织通讯员培训班,让通讯员学会新闻稿的基本写法,及时提炼、总结身边的先进经验,写出一些反映基层情况的文章。

　　毋庸讳言,由于当时客观形势的影响与制约,县报在宣传上不可避免地存在"左"倾思想的错误,浮夸报道泛滥,这也成为时代的烙印。生产大跃进和宣传大跃进造成严重后果,20 世纪 60 年代初,国民经济遭到严重困难,报纸用纸也难以正常供应,浙江县报的生存受到极大威胁,1961 年中央发文停办县报,到 1962 年浙江县报全部停办。

4.1.2 宣传解放思想

媒体通过传播能够产生和分享新的思想和意义,具有文化与意识形态的力量(Robin Gable,1981:22)。大众媒体能够在群众中制造和传递意识形态(Stuart Hall, 1980:117)。新中国成立以来,县报通过宣传社会主义思想和价值观,推动社会发展。

20 世纪 50 年代,在人民公社运动中,一些农民采用出工不出力,表里不一等方式,消极怠工,抵制"左"倾错误,表面上看不出明显的不服,实际上从人民公社长期较低的劳动生产率就可以看出农民的这种抵制情绪。这种抵制方式也是最难以驯服的反抗,春江水暖鸭先知,越是身处底层,越能较早地发现问题。县报虽然是党报,被看成是党的传声筒,但"桥梁"总是能够起到沟通的作用,基层报纸或多或少,能够发出一些基层的呼声。

1956 年 4 月,永嘉县委宣传部部长李云河率县委工作组在该县燎原农业合作社进行"包产到户"试点工作,广受农民欢迎。永嘉县委积极推广了这一经验。1956 年 5 月《永嘉报》创刊后,马上配合县委宣传这项工作,6 月 19 日刊登《梧埏宪三社"工分到丘、责任到户"的经验》、9 月 16 日发表《燎原社包产到户总结》等文章,分析农民提出的"干活工分好赚,评分熬夜难当"等问题;以及由于计分不合理,常常出现"轻活争着做,重活没人要;生产没计划,副业不能搞"等问题的根本原因,提出要切实解决干部"怕被他人讲单干"的思想,反复讲解"工分到丘、责任到户"的好处:出勤率高,男女老少都可下田生产;工分合理,社员生产积极性会空前提高,加上行动方便,不会浪费工夫;工作质量会提高;工分不用天天记,减少熬夜折磨精神。责任人人负,增产有保证;便于社员与社员之间开展竞赛;社内生产统一性与社员个人独立性问题以及家庭搞副业等矛盾能解决……。在全县 200 多个农业社推行包产到户的责任制,邻县乐清、瑞安、平阳也有很多农业社陆续试行。

这一尝试很快引起上级党委的重视。1956 年 11 月 19 日,《浙南大众》发表《包产到户做法究竟好不好?》表示质疑,并于同日发表评论批判永嘉的"包产到户"是"打退堂鼓",是"小农经济"。这时,已经升任县委副书记的李云河,针对这些批评意见,写了5500多字的《"专管制"和"包产到户"是解决社内主要矛盾的好办法》报告,论述"包产到户"如何有利于生产力发展,以及可以巩固农业社和改善社内经营管理的优点。

该报告同时也投送《浙江日报》,在浙江省委分管农业的副书记林乎加的支持下,该文1957年1月27日加上编者按语发表,随即设置专栏展开讨论。但在当时的政治大气候下,怀疑和反对"包产到户"成了主流意见,赞成支持的来稿只发表绍兴县1篇,到了3月份,这场讨论已无法进行下去。

1957年7月,"包产到户"被明文禁止。《浙南大众》刊登了大量批判否定"包产到户"的文章。1957年10月13日,《浙江日报》和《人民日报》也转发新华社关于温州专区纠正"包产到户"错误的报道。此后,林乎加、李云河等支持过包产到户政策的人屡遭批判。

1981年6月,中国社会科学院《农业经济丛刊》登载的《关于包产到户资料》一文,认为李云河是包产到户政策的首创者,永嘉县是最早试行包产到户政策的县(桂忱,1981)。《永嘉报》创刊初期的一些文章和李云河那篇阐述"包产到户"优越性的文章,成为研究我国农村改革的一份珍贵史料。

这样一个浙江省很少见到的"全国首创",最先也是在县报《永嘉报》开始讨论的。尽管这个时期,县报还是被看成党的宣传武器,但是,一些勇敢的尝试就是在金字塔底层最早出现,正可谓是"光脚的不怕穿鞋的",底层群众敢想敢干,虽然一些载满希望的星星之火,经常很快就会被现实扑灭,但也足以反映出基层报纸区别于上级报纸的一些独特作用。

党的第十一届三中全会以后,全国开始贯彻实施"以经济建设为中心,坚持四项基本原则,坚持改革开放"的基本路线,百业待兴,全国范围内推进开展思想大解放,大力发展经济。

改革开放以后,浙江县报的中心任务是宣传党的方针政策。改革开放中由于经济关系有了很大的调整,物质和利益的分配方式有了改变,干部和群众对于这些变化有各种各样的看法和反应。浙江县报针对各个时期社会上出现的不同倾向性的问题,及时进行引导。

为使党的精神能及时在群众中得到正确贯彻执行,这个时期浙江县报刊登了不少介绍农村产业结构调整,改革农村经济管理体系,改革农产品统派购制度,逐步把价格放开,按价值规律办事,让农民根据市场需求调整产业结构,近一步把经济搞活,阐明农村经济体制改革的内容、政策和深远意义等方面的报道。

在产业结构调整过程中,新情况、新问题不断出现。有的地方盲目办厂,以致血本无归;有的安于自给自足的小农经济田园生活,对农副产品收购仍希望国家统购包销。浙江县报大量刊登了因地制宜调整农村产业结构、树立市场观念,面向需求生产等方面的报道,提出调整农村产业结构,要因地制宜,不能一哄而上,或者搞一刀切。改革农村经济管理体制,大规模发展商品生产,势在必行。引导农民群众树立市场观念、信息观念、价值规律观念,学会面向需求组织生产,在市场中学会"游泳",既要大胆地进行产业结构调整,又要稳妥可靠尽量避免吃亏。及时发现问题,总结经验教训,逐步把产业结构理顺。把获胜的诀窍、失策的教训、发展乡镇企业要调整产业政策等言论,及时向全县人民报道,使人民群众坚定信心,解放思想,走改革开放之路。

1988 年 1 月起,《绍兴经济报》开辟专版,开展了为期 10 个月的"绍兴精神"大讨论,引起社会各界广泛注目和热烈响应,共收到来稿 500 多篇。经过深入的讨论,总结出绍兴县从一个小小的水乡村落,发展成为一方万商云集的经济重镇,迈入中国改革开放领头羊阵营的主要质量,即绍兴的"四千"精神:"想尽千方百计、说尽千言万语、走尽千山万水、历尽千辛万苦"求发展,这是推动区域经济跨越式发展的精神动力。讨论结束后,《绍兴经济报》与县委宣传部联合出版了《绍兴精神讨论集》一书,弘扬这个奋斗精神,至今仍然被浙商广泛推崇。

1989 年 10 月 2 日,《绍兴经济报》在头版显著位置以"我县乡镇企业十年带来十大变化"为题,报道了绍兴县乡镇企业发展的历程和取得的成果,此报道对当时绍兴县营造"无工不富"的经济环境,起到了较好的引导作用。

4.1.3　舆论引导

格伯纳提出传播媒介的"培养效果"理论(Gerbner,1969),认为大众媒体以一定的社会观念为基础,通过大众传播的方式,能够对受众产生潜移默化的影响,"培养"了人们对社会的共同印象,从而塑造出相对稳定的社会主流价值观。可以认为,社会中的"主流价值观"是传播媒介的"培养效果"。由于传播媒介自身所具有一些倾向性,现代传播媒介描绘出的"象征性现实",并不能完整、全面地反映客观事实,所以在人们心目中形成的这个"主观现实",与客观现实间会存在一些差异。在很大程度上影响人们对现实世界的认识,这种影响是长期的,是一个潜移默化的过程。大众媒介与社会实践存在密切的联系,

被视为社会正义的推动者。(Vasquez Candelario，2009:172—174)

县报创立以后，长期注重宣传功能，舆论引导功能。20世纪50年代浙江县报的工作人员，政治热情和政治责任感高，发扬吃苦耐劳的工作作风，想方设法地去完成县委和上级党报交办的任务，在舆论引导上发挥很大的作用，对于宣传党的方针政策，贯彻县委工作意图，起到很好的效果，在动员群众投身工农业生产，支持国家经济建设上发挥重要作用。通过褒扬先进和推广先进经验中，鼓舞、激励先进，批判落后，起到正面导向的作用。

1956年9月16日，《平湖报》刊载《中共平湖县委关于对高级社政策处理的意见(草案)》。在此前后，《平湖报》组织人员，创作以甲乙轮唱形式的《歌唱高级社示范章程》，从一唱《总则》、二唱《社员》、三唱《土地和其他主要生产数据》到十唱《管理机构》，对《高级社示范章程》，进行了生动形象的系列宣传。

改革开放后率先复刊的《诸暨报》在各版开设了多个言论专栏。一版有"社论""评论""本报评论员""本报特约评论员"，还专设了"一事一议"；二版有"大家谈""经济论坛""农村工作杂谈""市场小议"；三版有"暨阳论坛""灯下随笔"；四版有"纵横谈"等。1985年《诸暨报》共出报129期，发言论193篇，平均每期1.5篇，其中一版发言论72篇。这些言论，有以下几个特点：(1)言论和新闻报道相配合，以实论虚、虚实结合，紧密联系实际，针对性强；(2)篇幅短小，开门见山，这些言论长的七八百字，短的三五百字，言简意赅，增强了报纸对群众的吸引力；(3)面向干部群众，做到细水长流。每篇言论所谈的问题，都针对农村的实际状况和干部群众的思想，一次谈一个问题，重在疏导。

改革开放后，县报的思想宣传和舆论引导功能依旧处于非常重要的地位。

1998年12月1日，《萧山日报》刊登题为《"免费赠送"想说爱你不容易》的文章，揭露：法轮功弟子在各地传功都称不收钱，但加入之后，就必须买李洪志《转法轮》等书籍，以及一些与法轮功内容相关录音带、录像带。据称法轮功在全国有学员过百万，以"新佛祖"自称的李洪志早已是千万富翁了。而广大学员陷身邪功而不自知，其后果便不仅仅是"破财"了。4日至14日，40多名"法轮功学员"有的聚集在报社门口和门厅，有的窜入报社办公室，要求报社"道歉"。12月14日，报社领导和公安局保卫科负责人一起，严肃要求这些人员立即停止错误行为，否则事件的性质将会起变化。由于萧山日报社旗帜鲜明、态度坚决，并注意了斗争的策略，在有关部门的支持和配合下，这场由"法轮功"学员掀起的风波，被平息下去了。1999年7月22日下午，中央电视台播发了民政部《关于取缔法轮大法研究会的决定》和《中共中央关于共产党员不准修炼"法轮大法"的通知》。这表明《萧山日报》当初对这场风波的处理是正确的,在舆论引导上发挥了积极作用。

在 2003 年的抗击"非典"宣传中,《富阳日报》刊登抗击"非典"新闻报道 200 多篇,"非典"防治科普文章 88 篇,专版 16 个,编发"非典"防治工作内参 7 期,评论员文章 13 篇。评论员文章旗帜鲜明地指出要大力抓好农村"非典"防治工作,对重点疫区返回人员的防治工作要严之又严,阐明了"非典"防治与园区建设、招商引资的关系,澄清了"非典"防治工作中的一些模糊认识,营造了浓厚的抗"非典"氛围,推动抗击"非典"工作向纵深开展。

不仅是对开八版天天出彩报的县报在积极宣传抗击"非典",就是浙江省出版量最少的丽水地区的县市报,也在大量宣传抗击"非典"。如 2003 年时,每周仅出二刊,每刊 4 开 4 版的《云和报》,从 4 月 20 日到 5 月 30 日期间,发稿 60 余篇,刊出抗击"非典"知识竞赛专刊一个,关于防治"非典"的若干法律问题的思考等专版两个半版;在防"非典"知识专栏上,刊登了 10 期防"非典"知识,在论坛上刊登了《抗"非典"引发的哲学思考》《万众一心抗"非典",遇难而上求发展》等文章;以通讯的形式在一版刊登了《战斗在抗"非典"第一线》的文章,等等。及时反映云和县委、县政府在防治非典型肺炎方面的一系列政策措施,全方位报道了全县各地众志成城抗"非典"的情景,及时表彰了涌现出来的先进人物、先进集体和战斗在抗"非典"第一线的医务人员和工作人员的事迹,充分发挥了当地县委和政府的喉舌作用。

浙江省是一个民工输入的大省,又有众多人员活跃在全国各地,产生"非典"疫情是可能性极大的。正因为有了县报和各级报纸的共同努力、并肩作战,才使得抗击"非典"战役在浙江全面告捷,除 4 例输入性"非典"病人外,无一例新患者,在这一场战斗中,浙江的县报功不可没。

2004 年 1 月后,县报被上级报业集团收并,依然要遵循"党管新闻"原则,接受地方政府监督和管理,和当地政府紧密联系。有的地方政府每年给县报拨款高达几百万元,因此县报在宣传报道中旗帜鲜明地为地方党委政府的中心工作呐喊鼓劲,深入挖掘先进典型,积极开展正面宣传报道。县报的定位是站在政府全局高度,以明确的政治立场,媒体的职业情怀,接地气的话语形式,凝心聚力,促进社会矛盾的解决。通过对经济社会、民生大计、生态文化等重大问题的深入报道,体现见事敏感、谋事深刻之优势,发挥媒体的智囊作用。

随着网络时代的到来,信息传播速度越来越快。随着改革开放不断深入,我国在政治、经济、社会、文化等方面,处于急剧转型的过程。县市区域报依然是地方主流媒体,始终处于新闻宣传主阵地,舆论引导需求更加凸显出来,导向正确,则其功卓;引导力强,则其效彰;引导有效,则其利多。很多县市报以提高办报质量为目标,以满足读者需求为导向,坚持"三贴近"的工作作风,打造区域主流媒体。

然而,虽然经济实力增强了,社会发展依旧不平衡,广大城乡百姓的得益受惠情况不均衡,一些新问题自然而然会产生,比如农民增收难度大,失业人群再就业难、生态环境破坏等。葛兰西认为,社会危机也为某些问题的解决提供了契机,有利于新思想、新观念的传播(Gramsci, 1979:111)。

县报的定位:既是当地党委政府的"喉舌",又是区域百姓的"传声器",具有双重互向的媒介职责,及时反映党委政府和人民群众两方面的声音。县报在新闻舆论引导力方面,也有很多优势。首先县报有当地党委政府的关心支持。其次,被上级报业集团兼并的县报,人员结构相对较好,已经招聘到一些名校毕业的大学生、研究生到这些报社工作,组建了一支素质较高、勤奋务实的采编队伍,而这些工作人员的媒体身份认同感较强,具备较强的新闻专业素养,有力地提升了报纸的质量。再次,他们以居民的身份生活在读者中间,自然而然地与群众产生了某种亲情纽带。在获取新闻素材方面,有"近水楼台先得月"的便利,他们会用媒体所赋予的权利,对本地区的发展和社情民意给予深切的关注,对一些违背居民利益的事进行直接的干预。

县报上还刊登很多新鲜生动、催人进取的邻家事,鲜明的地方特色,用的是亲亲热执、实实在在的自家话,地地道道的方言,及时记录本地经济社会发展的动态,报道城乡各地的新闻事件,努力促进社会和谐发展,了解当前城乡群众的困惑和诉求,通过解释、疏导工作,得到广大受众的认同和信任,有较强的舆论引导力。县市报推动和引领区域的精神文化生活,使之日益丰富多彩;进行一定程度的舆论监督,推进发展、扶持正气。在解放思想的号召下,为实习民主自由、美好和谐的社会发展目标尽一份力。

从新闻属性看,当今媒介生态结构更加复杂,县报被上级报业集团兼并以后,办报机制比以前更加灵活,市场化更加明显,借鉴了都市类报纸、休闲类晚报的一些选题方式和报道方式,行文更加轻松、趣味,可读增强。

当然,在舆论引导上,县报也存在一些不足。党报功能一直以来都是县报的重要功能,县报编辑为了突出这个功能,往往会不自觉地强化报纸的宣传功能,把会议、领导活动安排在重要版面。县报版面有限,一旦被会议、领导活动占据大量版面后,其他信息版面就会被压缩,一些群众需求就得不到满足。

一些县报还是缺少及时对本区域的重大事件发声,发表独立思考的评论,缺少为读者拨云见日,提供真相的紧迫感和责任感,引导舆论的能力还不够强。"千人之诺诺,不如一士之谔谔",县报也需要有铁肩担道义的气魄和精神,才能成为一个有价值的媒体。

4.1.4 监督

一般而言,同级媒体不监督同级党委,县报对县委及县政府部门的舆论监督也是心有余而力不足,而地方政府也会自觉不自觉地进行地方保护,地方利益和小圈子形成的利益共同体,是对抗县报舆论监督的主要力量。地方上一些领导干部有抵触舆论监督和社会监督的心理,有的会直接对新闻单位的舆论监督进行干扰甚至对抗,有的则通过各种关系向报社说情。

20世纪50年代,时值朝鲜半岛停战,志愿军部队把从美军那里缴获的东西发给战士做遣散费。有一名萧山籍战士带回一块瑞士手表。当时别说农民,就是县里的干部也很少有人戴手表的。这位战士想把手表卖掉,换钱安家。潘副县长花了200元人民币买下了,周围的人便有些非议。《萧山报》一位记者听到了这些反映,认为这位副县长忘了艰苦朴素忘了本,于是,立即采访了一篇批评稿,批评潘副县长贪图享受,资产阶级思想严重,登在《萧山报》上。而潘副县长看到报纸后,遵从中共中央《关于在报纸刊物上展开批评和自我批评的决定》,从严要求自己,竟然认认真真地写了一篇检讨,在《萧山报》上公开检讨自己的"错误"。

潘副县长公开的自我批评,对全县干部群众,是一个很好的教育。这是新中国成立之初县报监督的一个优秀案例。

改革开放以后,浙江县报依然会做一些舆论监督报道,注重提升媒体公信力。县报不管是作为县市党委的机关报,还是走向市场化的区域报,都在进行舆论监督。由于本地媒体监督本地一些机关和领导存在一些现实困难,一些县报秉承"帮忙不添乱"的原则,对一些不良现象不敢及时"亮剑",使舆论监督力度受到一定影响。但很多县报的监督报道已在步步深入,对监督报道的模式进行过多种探索,比如开设百姓热线这类的专栏,随时接受百姓对各类社会问题的爆料,充分反映社情民意,并尽可能发挥媒体影响力,帮助市民解决难题。

例如,《义乌日报》的市民援助中心2001年一年间接待群众来访2800多批、近 6000 人次,收到群众来信、来电 4300 余件,受理各类问题 7100 多个,由中心直接解决的有近 5000 件,转有关部门解决的有 1800 多件。

2003 年 7 月 29 日,《绍兴县报》一版刊登了《有毒咸鲞惊现绍兴》,向市民披露了不法商贩腌制毒鲞牟利的消息。随着有关部门调查的进展,毒鲞事件渐渐浮出水面,报纸将毒鲞的来龙去脉、造成的危害、当事人受罚等等,一一披露,前后共刊登各类报道、评论 10 多篇,向公众全面地提供了有关这次事件的全部重要信息,满足了群众的知情权。类似的报道在县报上数不胜数。

《鄞州日报》2004 年 7 月 27 日刊登的《竟有浴室用洗过的水给人洗澡》一文,对唯利是图的业主,进行了有力的鞭挞,引起社会各界的反响。

《温岭日报》2006 年 9 月 12 日刊登的《十四年村账未公开,百万元欠款难收回》一文,抓住了农民关注的敏感问题.揭露了东浦镇泥城村多年来村账混乱,导致百万元欠款难以收回的事实,并通过这一典型事例,推动了全市大规模的村级民主政治建设。

《海宁日报》2008 年的"民情民声"专栏刊出 100 多期 400 多条民生报道,把贴近群众、为读者服务作为办报的一项重要内容,对来报社投诉的群众,安排专人接待、专人负责、专人记录,并力求做到件件有着落,对群众反映的一些重大问题,安排记者专门进行调查采访,或给予刊出或提供市领导决策解决。

浙江一些县报还办有《内部参考》之类的刊物。报纸内参是我国新闻单位专为一定级别的领导或领导部门创办的报纸或刊物,只刊登那些不宜或暂时不宜公开发表,而又有一定参考价值的消息或文章。对涉及群众利益的热点难点问题,和政府部门工作中存在的问题,报社通过内参及时反映给上级部门,供有关部门和领导解决问题,或在决策时参考。

县报的内参有规定编发流程:记者得到有关问题的新闻线索,进行采访;完稿后交总编或值班总编,由其研究决定是否编发内参。对决定编发的内参,大部分报社都由总编办公室负责编发,并呈送同级党委常委,视情况可适当扩大范围;根据内参所涉及的内容,个别情况下,抄送有关主管单位的主要领导。

县报内参履行县委、县政府领导的"参谋"和"耳目"职责,向副县级以上领导及时、准确、全面地反映不宜公开报道的重要新闻和信息,包括新事物、新经验、新情况和社会上的热点、难点、敏感性问题,以及工作中的困难、缺点和弊端,为领导决策提供参考。

浙江各地的县报,通过内参,解决不少基层群体反映强烈的环境污染、食品安全、干部作风、防灾救灾、民生保障、地质灾害、经济发展和"三农"方面的问题和困难,内参提出的意见和建议,有的已成为县委、县政府决策的一部分。

　　例如:1992 年 6 月 30 日,《萧山报》总编室创办了《萧山报内参》,用十六开纸印刷,每期页数不等,视内容多少而定,刊期也不固定,一般来说每月不少于 1 期,每期出版后都报送给萧山市委和市政府,并根据具体内容报送相关政府部门。1995 年元旦起《萧山报》改刊为《萧山日报》后,内参随之改为《萧山日报内参》。

　　内参实现新闻报道的内外有别,利用内部渠道,下情上传,既反映了问题,使上级领导了解实情,把握局势,当好领导的参谋,又帮助领导及时妥善地处理好问题,维护党和政府的良好形象。在促进解决一些群众反应强烈、久拖不决的问题上,起到了很大的作用。

4.2　浙江县报的机构建制沿革

　　报纸的分类从不同的角度有不同的分类方法。

　　以报纸出报发行周期为标准可分为周 1 报即周报,周 2 报、周 3 报、周 4 报,日报,这里所讲的日报,不仅指天天都出版报纸的周 7 报,也包括 5 个工作日都出版的周 5 报,以及工作日每天都出报,双休日只出一天的周 6 报。

　　以报纸出版机构行政级别为标准可分为:全国性报纸,由中央媒体办报;省级报纸,由省委、省政府主管或主办的报纸;以及地市报和县报,还有少数地方出现过内部发行的,或者子报性质的镇报以及小区报。

　　著名传播学者李良荣教授把中国传媒分为三大类:企业性媒体、事业性媒体、政治性媒体,使不同类型的媒体社会角色定位多元化(李良荣,2005:5)。

　　以报纸刊载的主要内容为标准,可分为综合性报纸、专业性报纸,如晚报、都市报,文化、体育、科技类等专业性报纸,企业报、高校报等。县报多数是综合性报纸,但在 20 世纪 80 年代和 90 年代,还出现过一些农科报、经济报等专业性报纸。

　　以报纸在一天中出版发行时间为标准可分为:晨报、下午报、晚报,下午报很少,有的晚报也是下午开始发售,县报基本上是晨报。

4.2.1　县报机构设置

　　县报的机构设置经历过一系列的变化。

中华人民共和国成立后,浙江省内县报机构设置,经历了一个变迁的过程。在报纸分类中,习惯上以主管单位行政级别进行划分,20世纪50年代到60年代初,以及80年代到21世纪初期,是"中央、省级、地市、县"四级办报。2003年我国报刊业整顿后,报业形成了相对应的"中央、省、地市"三级办报格局。浙江9家县报归属省级的浙江日报报业集团,6家县报分属杭州日报报业集团和宁波日报报业集团。多家县报不符合上级报业集团兼并条件而停刊,在2004年后,重新创立了县属事业单位:新闻传媒中心,办了县域内发行的县级报纸,继续在本地从事新闻传播工作。这些传媒中心的报纸,一般都是由县、市委领导,由各宣传部主管,由财政全额拨款,是各县级党委的"耳目喉舌"、重要的宣传舆论阵地,在传达贯彻党的路线方针政策、促进地方发展、维护社会稳定等方面发挥了积极重要的作用。

县报的内容信息,基本可以涵盖所属行政区域内的各个行业和领域,对党委负责,面向部门和群众发行,是宣传的载体,注重时政新闻,向百姓传达党和政府的政策动态;是收集社会底层信息的平台,关注民生新闻,为群众提供实用具体的信息和服务,满足居民的一些信息需求,在一定程度上起到连接政府和群众的纽带作用。

在20世纪50年代,县报一般由当地县委创办,县报领导由县委领导或县委宣传部领导兼任。也有一些是由县委直接任命,一般属于县委直属的正科级单位。到了20世纪80年代,县报复刊的时候,浙江只有8家县报复刊成为县委所属党报,都是科级单位,有的是正科,有的是副科,浙江还有20多个县办了《农科报》《科技报》《经济报》,这些报社都是由县属的部门管理,比如挂靠在农业局、科技局或科委下面,是股级单位。到了1992年党的十四大以后,这些专业报纷纷改刊为县级党报,和新复刊的县级党报一样,级别都定为科级单位。1994年2月25日,杭州地区和宁波地区经中共中央、国务院同意,根据中央机构编制委员会发布的中编〔1994〕1号档文件精神,被列入16个"副省级城市",杭州地区和宁波地区所属的各县市级别也随之升格为副厅级,此后,这两地所属县市报社就逐步提升为县市直管的副处级单位。2001年后,杭州和宁波所属的县市政府,根据政治、经济和管理等情况综合考虑,统一把县直属的各部门,都提升为县属正处级单位①,县级报社级别也就随之确定为县属

---

① 相关级别的人员在本地区范围内享受正处级工资等相关待遇,调离本地区,还是按照副处级待遇落实。

正处级。而浙江省其他 9 个地区的县报，到 2000 年后，也全部确定为正科级单位。

以机构变革比较有典型性的《萧山日报》为例：1983 年 5 月到 1988 年 1 月，是萧山县科委主办的《萧山农科报》，股级；1988 年 7 月到 1991 年 9 月，改为萧山市政府主办的《萧山经济报》，还是股级；1991 年 9 月到 1994 年 12 月，改为萧山市委主办《萧山报》，升为副科级；1995 年 1 月到 2001 年 3 月升为正科级；2001 年 3 月，萧山撤市设区，变为萧山区（副厅级）政府所属，提升为正处级①。

在改革开放时期，中国一些传媒学者提出，要建立多元传媒体系，能够发出多种不同声音，为人民提供更多选择的机会，满足人民的不同需求。浙江县报在这个大背景下，进行体制改革，推行从事业编制到国有性质企业化管理的制度改造，推进市场化的改革和尝试，并取得较大的发展。

2003 年，中央治理党政部门报刊散滥，决定县级党委不办报，极少办报基础较好的县报，可以经过所属省新闻出版局组织对县报的论证和评估，符合条件的可由上级（省、地市级）党报有偿兼并。浙江 9 家在 2004 年 1 月并入浙江日报报业集团的县报，最后被确定为副处级单位。并入杭州日报报业集团的 2 家县报和并入宁波日报报业集团的 4 家县报，依然保留正处级。

根据中央有偿收购的原则，在收并的过程，浙江日报报业集团（简称为浙报集团）与当地县市党委和政府以共同出资的形式合作，9 家县报所属的地方政府，均受让了各自所管理县报股份的 49%，浙江日报报业集团以资本为纽带，共出资 8000 多万元，收购 9 家县报的这部分资产，实行浙报与地方政府共管县报。

2003 年后，在市场层面上，随着报业市场竞争和变迁，影响了县报的社会角色定位。县报遭遇了报业市场变革和党报属性减弱带来的挑战，为了适应新的媒介环境，县报角色定位有所改变，重新确定以"区域主流媒体"为目标的多元化的角色定位。县报船小好调头，经常会在一些体制改革上走在前头，在采编模式、经营模式、新技术应用等方面都进行新尝试，取得经验。市场成为推动县报社会角色定位发生变化的一个重要因素。

9 家县报加入浙报集团后，环境和管理模式上发生很大的转变。在采编

---

① 注：萧山区为副厅级，所属科局照理应为副处级，但副省级市杭州市出台相关规定，对所属各县下属的科局一级单位，都由正科级提为正处级。

业务上,县报走更加专业化的道路,浙报集团每季度都要对县报进行新闻专业指导,通过评阅县报新闻,发现问题,帮助县报采编人员提高业务水平。在经营业务上,县报走市场化道路,地方政府预算经费大幅减少,有的县市停止对县报的财政预算,当地党委政府对县报发行的支持力度也减少。浙报集团每年都考核县报经营和利润指标,使县报逐渐成为现代化传媒公司,成为市场竞争的主体。

根据 2003 年中央报业整顿文件精神停办的县报,2004 年以后,不少县又先后成立县级传媒中心的,机构级别与停刊前一样。

以《松阳报》为例。2003 年 12 月停刊。2004 年 5 月,县委宣传部副部长杨卫中向县委副书记林康建议,恢复县报,以免费赠阅的形式,办一份简报形式的报纸,党报性质不变。2004 年 10 月 4 日,县委书记林健东同意恢复县报,同月 22 日,县委常委会通过创办方案。2005 年 1 月 1 日《新松阳》创刊,每周二、周五出报,4 开 4 版。借鉴其他县市报机构设置方案,10 月 28 日,县编委发文成立新松阳采编中心,设正科级总编 1 名,副科级副总编 1 名,事业编制采编人员 10 名。2006 年 1 月 1 日,新松阳采编中心正式挂牌,《新松阳》刊发第 100 期,启用全国记协主席邵华泽题写的新刊头。2007 年 3 月,《新松阳》由周 2 报改为周 3 报,印数为 5000 份。

4.2.2　被上级报业集团收并的县报

在经济比较发达的县域,县报都比较注重自身的发展,2004 年被上级机构兼并后,其传媒产业性质更加突出。加入浙江日报报业集团的 9 家县报,如《绍兴县报》《温岭日报》等,成立了以浙报集团控股的股份制公司。公司成立后,县报公司转变为市场竞争的主体,进行多种经营,以净资产收益率作为县报经营考核的重要依据,根据业绩严格执行奖罚制度。

县报被浙报集团收购后,依然需要扎根于当地,取得地方党委政府的支持,才有竞争力,否则,地方政府可以通过大力扶植广电系统,或者另起炉灶大力发展政府网站,通过市场手段边缘化县报。因此,浙江日报报业集团和当地政府在对县报的管理上,既有分工又有合作,保障县报的有序发展,理顺上级报业集团和当地党委政府双重管理的关系。县报以建立现代企业制度为目标,成立董事会作为最高管理层,由浙报集团和本地党委共同派人组成,负责县报的重大事项决策;成立监事会,对县报经营和采编业务进行监管,总编辑由董事会任命,负责管理报社日常工作。

人事管理上,县报的领导班子由浙报集团党委管理为主,在任免县报领导时,集团党委还需征求地方党委意见,并取得地方党委同意。

业务管理上,处理好新闻报道与媒介经营业务的关系,浙报集团对县市报的政治导向、办报业务能力给予指导和帮助,地方党委宣传部对报纸办报方针进行指导和监管。

县报被浙报集团收并后,少了一些行政上的制约,多了一些按市场规律办报的主动权和发展空间。浙报集团通过对这9家县报的改造,通过制度创新,摆脱了传统的以计划经济方式办报的模式,开始面向基层、面向读者、面向市场,尊重新闻规律开展采编业务,按照市场规律发展经营业务。

县报角色转变后,一些县报不断推进采编业务和经营业务改革,接受市场的考验。在新闻报道上,政府信息、工作简讯方面的报道逐渐减少,社会信息更加丰富,一步步拉近与读者的距离,培养了很多城乡的新读者,逐步确立"区域主流媒体"的地位。报纸立足地方,服务地方,注重新闻的本土化,传播有效信息,广告业务围绕当地居民生活需求和消费开展,注重发挥报社的服务性,成为县域中最具影响力的报纸。

加入杭州日报报业集团的《萧山日报》,明确媒体所属的文化产业性质,进一步推动媒体与市场接轨,不断强化文化产业化功能,建立以市场导向的经营管理体制。县报被上级报业集团收购后,报社高度重视出现一些新的问题,为适应新的发展环境,及时做出一些调整。

(1)县报的定位。县报原来是县级党报,由地方党委和政府主管,被上级报业集团收并后,进行一些市场化改革。县报发挥地域优势,扬长避短,找准定位,寻找党报性质和都市报性质的平衡点,做好地方党委和主管报业集团之间的协调工作。地方党委希望县报依然能够多多支持地方中心工作,多一些党报色彩。而报业集团更多考虑市场化改造,强调县报要增加"都市报"和"晚报"色彩。对县报来说,既要依靠地方党委,又要进行市场化改造,吸引更多读者,因此在定位上,既不能和原来单一党报性质一样,也不能过于强化都市报色彩,要继续通过"三贴近",把有独特地域优势新闻作为核心竞争力,把县报办成区域性的综合性报纸,既保持党报的权威性,也要学习都市报的可读性和趣味性,使地方领导离不开,当地读者更爱看。

(2)调和双重领导的矛盾。有的县报由于地方政府的支持减弱,遇到一些现实问题,比如失去了发行和广告业务的"保护伞",报纸发行困难明显增加,有几家报社在 2006 年的报纸发行中,受挫明显。而县报与县属部、委、办、局之间的沟通协调,也出现了一些新困难,还需要上级报业集团与地方政府进一步磨合。有的县报对双重管理体制也感觉不适应,认为"多了一个婆婆,多了很多事情",做的事情经常是两边不讨好。报业集团与县委的管理形式间也有差距,需要权衡比较后拿出一个合理方案。比如在人事管理上,报业集团的工资体系和县报原来体系不同,县报兼并到集团后,管理层要求参照报业集团的工资标准,增加工作人员工资,提高奖励,来调动报社员工积极性;而当地政府由于要考虑县里各部门之间的平衡,不支持县报员工大幅度提高待遇,县报管理层不能完全依靠现代公司体制建立薪酬制,只能在有限的空间里进行改革。

(3)有的县报过度扩张,业务范围过大。一些县报被上级报社兼并后,地方政府对其控制力减弱,而上级报业集团又是天高皇帝远,在很多事务管理上鞭长莫及,以至于一些报社领导自信心膨胀,涉足开拓了诸多非报业的核心业务,影响其主流业务的健康发展。

现代战略竞争思想认为企业应该对其核心业务进行拓展,最大程度发挥运营系统能量,提供优质的独一无二的特色服务。报业集团在涉足非主营业务时,由于对市场缺乏有效了解,缺少经营经验和专业人才,投资风险远高于对主业的投资。一些县报在市场化发展中,肆意扩张,舍本逐末,热衷于搞边缘效应,投资热门项目,不仅跻身电子商务领域,也涉足房地产投资等,过度扩展也带来很多隐患。

4.2.3 新成立的县域新闻机构

一些停刊的县报,在停刊前人为将报业发展与市场割裂,用计划经济模式办县报,一些县域新闻机构在成立后,并没有真正同地方党委和政府分离,存在诸多问题,如:市场主体不明确,报社事企不分,经营上权责不明。有的地方政府对县报实行全额拨款,基本上没有利润要求,组织上机关化,管理上行政化,经营上松散化,依靠财政吃饭,体制惰性明显,运营上往往不求有功、但求无过,新闻专业性不强、独立性不够。

长期以来,主管部门对县级传媒主要强调其宣传功能,要发挥舆论引导功能。在经济不发达的时期,这一特性很明显。而在改革开放以后,在浙江省内欠发达地区的县报,对政府的依赖性更强,专业性和产业性就比较弱,有的县报还停留在过去作为党的宣传工具而存在的历史阶段,有的县报虽然行政拨款减少,要求在一定程度上自负盈亏,开始尝试经营,但经营报业理念相对缺乏,经营管理体制、机制无法跟上市场化的步伐,所谓经营却只是简单地将广告经营权向社会发包,依靠县委发文推动报纸订阅,缺少对报业经营的整体策划。

不管怎么说,需求决定命运。在 2003 年整顿中,虽然还有很多县报由于没有达到当时被上级报业集团兼购的标准而被停办,但基于区域经济和社会文化水平的发展,还有县委政府工作的实际需求,仍然给县报提供了生存的空间。县报依然有政府机关报的性质,地方政府继续用它来刊登一些工作性报道。

报纸是文化产品,其存在基础是区域内的经济和人文状况。经济发展带来大量信息的需求,推动着报纸发展,地域文化形成了读者的文化认同,并形成区域特色,而读者对报纸的新闻取向和形式有自己的要求。一般而言,如果读者已经建立对所在城市的文化认同,在面对多种报纸时,往往就会最先选择阅读本地的报纸。

关于城市小区报纸,陈凯在《走进美国小区报》专著中,介绍了一份美国小区报纸:《斯塔藤岛前进报》,由于报纸新闻注重贴近性,有效服务小区居民,不仅赢得当地商家的认可,在报上投放大量广告,也深受当地居民的欢迎,有90%的小区家庭都订阅了该报(陈凯,2011)。美国小区报和浙江的县市区域报有很多相似的环境背景,可以为浙江县报提供一些参考。

一些因中央政策和地方经济的原因而停办的县报,又因为地方政府的需求和市场经济的发展而重获新生,停刊时间最短的县报仅有几个月。

新创办的县域传媒机构,虽然未被上级报业集团收并,也开展了数字媒体业务,并对媒体进行了现代化的公司制改造。如长兴县传媒集团,2011 年 4 月,长兴县委县政府对原长兴县政府网、广播电视台、宣传信息中心等媒体资源全面整合,组建了长兴传媒集团,这是全国第一家整合广电和报业资源的跨媒体县域全媒体传媒集团。长兴传媒集团在管理体制和运行机制上,导入ISO9000 质量管理体系,理顺融合发展的体制,设立"三层管理"构架,实行与之相配套的一系列运行机制:一是决策管理层,由党委、董事会组成;二是业务指导层,由编辑委员会和经营管理委员会构成;三是部门操作层,是根据领导管理体制和运行机制设置的相应职能部门。

到 2016 年,长兴传媒集团已经拥有三个电视频道,两个广播频率,一本杂志,一份日报,两个网站,两微一端,观众、读者和网民等用户超过 65 万。员工

500 余人,总资产 9 亿元,总收入超过 2 亿万元,其中,广告营销收入超过 5000万元。2016 年 8 月在广州举行的第十一届中国传媒年会上,长兴传媒集团作为唯一县域媒体荣获全国媒体融合创新案例 20 佳。

长兴传媒集团成立后,视野打开,引入现代传媒的经营理念,资源分配优化,发展加速,推动传统媒体与新兴媒体融合发展,全力打造县域全媒体,加快探索全媒体运作的全新机制。按照媒体融合运作的理念,经过多次探索调整,正式搭建融媒体平台,集团把采编人员整合后,分别设立信息采集策划、新闻采访和编辑刊播三个机构,由集团统一协调运行,使新闻平台管理更加扁平化、内容策划更加精细化、实时新闻更加共享化。在新闻宣传、产业发展等方面成效明显,切实增强了传媒事业竞争力。

新闻业务上,长兴传媒集团新闻工作保持优质发展态势,整合所有采访资源,实行全媒体运作,优化各类资源,打造适合地域特色的全媒体运作模式。内宣上,坚定"新闻立媒"战略,全力打造内容为王主平台,充分挖掘本土新闻资源,增强新闻宣传核心竞争力。围绕当地县委、县政府的主要工作,坚持"三贴近"原则,突出重点,统筹兼顾,不断策划推出弘扬主旋律的主题活动,传递正能量的民生报道,策划制作了大量公益广告,强化社会责任,实施"绿色传媒"战略,积极打造绿色声屏报网,抵制各种违法广告,促进全县经济社会发展。

经营上,长兴传媒集团多形式、多领域推进跨区域合作。在实施"活动兴媒"战略过程中,长兴传媒集团丰富群众文化生活,每年举办各类活动超 300场次。长兴传媒集团的业务不断拓展,"智能长兴"项目正式启动,无线 WiFi网络已覆盖大部分乡镇及部分行政村和景区。集团还跨区域与安徽、河北、云南等省份的 50 多家媒体进行多个项目合作。

长兴传媒集团探索推进股权改革。充分运用资本市场的活力,对长兴传媒集团优质资源特别是电商、会展板块予以剥离,积极谋划股改上市,争取打造中国县域传媒第一股。

2015 年底,长兴传媒集团与浙报传媒集团有限公司签订资本合作协议,共同出资成立新公司,打造环太湖新媒体集群,并通过"媒体+项目"依托优质平台实现跨区域的联合创收新模式,走出一条符合区域媒体特性的融合发展之路。2016 年初,集团与北京某大型国企和杭州大型民营企业初步达成意向,将共同组建股份公司,负责各类智能项目的工程总包和运营服务。同年 4月 22 日,全国区域媒体融合研发中心在长兴挂牌成立,研发中心将依托长兴传媒融合发展的优势,联合区域媒体,转变传统思维,研发新型产品,推动全国区域媒体共同发展。

浙江部分县级新闻中心办得有声有色,还有一些县,虽然建立了传媒中心,可是依然是新瓶装老酒,老问题依然存在。

县级传媒中心办的县报中,还有少数依然对地方党委的依赖性很大,发行方面订阅为主,很少零售;订阅以公费居多,自费少;订户以单位为主,家庭个人很少。新闻报道上囿于传统党报的套路,办报质量不高,新闻专业性不强,报纸定位不准,编辑方针以宣传为主,报纸可读性不强,长篇累牍的刊登领导活动,一成不变的会议报道模式,对社会新闻反应迟钝,对一些重大突发性事件,报道时间滞后,内容上缩手缩脚。相对而言,越是经济欠发达的地区,这种现象越明显,地方经济发达程度,成为制约县报发展的瓶颈。

比如衢州、丽水等地所属的县报,没有一家被上级报业集团收并,部分是由当地县委所办的新闻传媒中心,办报质量总体偏低。受传统党报的影响和编制的限制,县级传媒中心在进人、用人、分配等方面的自主权较小,专业人才缺乏,既懂新闻、又懂经营和管理的高层次专业人才严重不足。广告质量也不高,结构不合理,政府部门的形象广告多,市场商业广告少,广告模式比较单调。

4.2.4 推进县报的媒介融合业务

媒介融合不只是传媒界自身经历的一场媒体技术改革,也是一种文化的发展和变迁,技术、经济和社会制度都在影响媒介融合的发展方向(Graham Murdock,2000:79)。同时,受众大众化自我传播借助大型社交网络平台迅速崛起,抢占了报纸的传播空间和大量的受众,使公共领域向新的传播空间拓展(Manuel Castells,2007:246—249)。

在新形势的挑战下,浙江县报强化媒介融合,优势互补提升服务力,推动传统媒体与新兴媒体融合发展。

培育发展新兴媒体。打造新媒体矩阵新闻资源 APP、服务类 APP 以及微博微信平台,培育广受关注的品牌自媒体。县域新闻网官方微博、无线客户端等,不仅成为受众阅读地方新闻内容的平台,也是他们提供新闻线索的重要渠道。

改造传统媒体。坚持用互联网思维改造传统媒体,不断增强传统媒体的可读性。在做精县报的同时,充分利用新媒体平台,加大数字化传播,用新媒体的传播渠道放大纸媒影响力,全媒体资源整合、共建共享。

改进新闻传播方式。适应不同用户需求,推进分众传播。一方面,加快传播速度,鼓励新媒体首发,建立实时新闻推送系统。另一方面,拓宽新闻深度,以服务党委政府和老百姓为目标,组成专栏作者队伍,发表新闻评论,正确引导社会舆论。

重视内容融合,流程再造增强传播力。坚持内容为王,以用户为中心,以产品为抓手,整合资源、再造流程,提供适应不同受众个性和视听习惯的新闻产品。

坚持资源共享。建立统一指挥调度的新闻中心,打造一个新型的新闻中央厨房,统一建设全媒体采编平台,采写的新闻,在多种形式和多个平台发布,多渠道传播。信息采集中心获取新闻线索后,立即派出全媒体记者第一时间奔赴现场,第一时间连线进行电视、网站直播,在广播平台进行口播;采集完成后传送数据至编辑刊播中心,供报纸、网站、微信等媒体选用,进一步提高新闻传播力。

发挥本土优势。坚持做最"土"的小区新闻,马路新闻,乡村田头地脚的报道,整合全县新闻数据信息资源,研发本土化新闻产品,把本地化贯穿于媒体融合全过程。

创新新闻形式。适应互联网传播移动化的趋势,遵循新兴媒体微传播的特点,小区化的形式,加强互动,加快新闻采集发布的速度,制作短视频新闻,运用图、文、视频、音频等多媒体元素,创新新闻表现形式,增强新闻的趣味性和可读性,吸引更多读者关注。比如,在县人民代表大会等重大主题报道中,采用文字图片直播,视频直播等形式,提高传播效率,并加入留言互动功能,激发读者阅读和参与讨论的兴趣。

4.3 浙江县报的采编人员

在社会改革和媒体发展中,新闻的管理体制对报纸角色定位具有很关键的作用,同时也不能忽视,县报从业人员的实践和观念变革的重要影响力,以及他们对县报功能和作用发挥的重大影响。

受传统党报模式的影响,浙江县报机关化现象比较突出,报社的人事权力也受到很大限制。

社会主义市场经济体制还没有推广以前,县报在进人、用人、资金分配等方面缺乏自主权。县报依靠"党报"优势,忽视采编经营队伍的专业化建设。人才是第一资源,县报的人员组成情况,受到各种原因的综合影响,县报人才总体不足,成为制约报社发展一个重要因素。县报具有党报性质,被县委县政府作为发布指令、宣传教育、武装思想的工具,县委书记习惯于把县报作为阐述施政纲领的平台,统一思想观念的主阵地。县报工作人员中新闻专业出身较少,新闻专业性的技能训练不多。在走访过程中,很多县报工作人员谈到,他们对自己的记者身份认同感不够强,多数把自己当做一个国家干部来看待。

中华人民共和国成立初期,新闻人才极度缺乏,县报创办人员基本上是从各单位抽调,也有部分从基层通讯员中选拔,县党委对县报编辑、记者和其他工作人员提出的聘用条件是,有一定的文化程度,一般需要高中以上,具备一定的写作基础,思想政治水平、政策水平和业务水平较高,争取做到又红又专;同时要紧密联系广大读者、通讯员、群策群力,办好党报。领导班子成员,由县委直接选定或指派,以保障县报的党报性质,以及政策、思想上的指导性。

县报成员多数来自县级机关,具有一定文化水平,政治素质较高。但是,多数非新闻专业科班出身,对新闻工作较为陌生;于是县委提倡编辑、记者们在干中学、在学中干,不断提高业务能力。据《萧山报》老同志回忆:编辑部经常学习马克思、列宁、毛泽东有关新闻工作的著作和文章,学习苏联办报的经验,逐步树立马克思主义新闻观,把握新闻舆论导向,并联系实际,有的放矢地进行宣传;只要上面有指示,就连夜"飞行聚集",认真学习,迅速组稿,及时报道,事事处处为党的中心工作服务。

20 世纪 50 年代的县报报社,对采编人员也有业绩考核,以此提高工作人员的政治思想觉悟和工作业务水平。考核通常是年度总结与评比,评出先进工作者和积极分子。在这样的氛围下,县报的记者群体迅速成长。据中国社会科学院女研究员陈崇山同志回忆:她当时在《萧山报》当记者时,报社记者特别吃苦耐劳,习惯走群众路线:什么路都能走,什么饭都能吃,什么情况下都能睡,同任何人都能说上话,什么情况下都能写。

《平湖报》创刊初期,报社没有什么设备,没有自行车,外出采访,路远乘车,路近步行。通信设备整个报社就一台手摇电话机,摄影记者就由副总编辑兼任,拍摄后需外约冲洗、制作,隔天取件。

当时的编辑记者普遍不计名利,不分日夜,不知疲倦,一心扑在工作上。

县报人员身兼数职,白天采编,晚上轮流到印刷厂校对、审编,还要抽时间参加修水库、炼钢铁、挖河泥劳动。报社工作人员经受了群众运动的洗礼,接触了不同阶层的群众,了解并反映了他们的呼声,学会了怎么去和底层群众去沟通、去交流。

改革开放初期,百废待兴,县报复刊后,人才结构不合理,新闻专业人才依旧缺乏,不少县报一开始招收的编辑、记者,都是从其他单位转岗而来,包括中小学教师、行政单位的工作人员、县委报道组成员等,也通过国家干部招聘的方式,聘用了一些企业职工、农村的通讯员等,这些人员多数是半路出家、自学成才,科班出身者少,即使少部分大专院校的毕业生分配进入报社,这些人中多数也并非新闻专业,主要为中文、历史等专业,对新闻理论储备不足,新闻实务经验缺乏。

这个时期县报规模小,人员也少,很多都不到 10 人,县报从业者一般都是多面手,既要采访写作,又要编辑排版,因此县报的采编人员很少针对某个领域进行专门研究,虽然熟悉本地情况,工作经验丰富,但缺乏系统的新闻理论学习,专业理论水平不高。比如《萧山农科报》,是一份具有农业科技专业性质,采编人员来自农技战线,具有较强的业务能力,但缺乏新闻专业知识,都是在工作中学习和提高。所幸报纸的内容具有很强的实用性,读者看重实用的知识,是用来学习而不是消遣,对文字要求不高,所以还能够受到读者的欢迎。

采编人员的安排与分工:初期主要依据"各尽所能"的原则,采编合一,分工较粗放。后来随着工作的需要和人员的增加,根据采编人员的文字功底、编稿能力、新闻敏感性等,分成以编辑为主或以记者为主,亦有轮换或兼而为之的。是时,已设"部主任",从相对资深、工作负责和能力较强的采编人员中遴选。

1992 年党的十四大以后,随着市场经济的深入发展,以及中国高等教育新闻专业的兴起,县报也不断重视人才队伍的建设,重视人才的引进与培养,引进了一些新闻专业的大学生。新闻科班出身的专业人才也越来越多地来到基层的县市报工作。

报社对原有的一线采编人员,提出更高更严的要求,并通过在职教育和培训等多种途径提高他们的业务能力和专业素质。有一些县报,会安排采编人员参加新闻院校的专业培训。但由于县报自身的条件限制,对新闻专业人才的吸引力不足,培养出的新闻骨干,也经常流失。因此浙江的一些县报开始摸索和推行"事业留人、感情留人、待遇留人"的管理理念,建立长效发展机制。

比如,《萧山报》1991 年 9 月复刊后,立即向本县公开招考采编人员 4 名,当时全报社人员共有 14 人。1999 年,初次尝试面向全国公开招聘编辑记者,要求具有中级以上职称,在地市级以上报社工作,此次招聘了 6 名采编人员,报社工作人员总数增至 47 人。为了更加合理、科学地使用人才资源,从 1999 年开始,实施人事制度改革,所有中层干部竞争上岗、一般人员双向选择,各就各位,各司其职,使报社人员配置更趋合理,更有利于发挥人才的特点与专长。

2003 年以前,县报人员是事业编制的国家干部,编制和人事安排要由行政管理部门决定。没有并入上级报业集团的县报,到现在还属于事业编制,报社人员的编制和待遇由县委编制办统筹安排。一些从其他机关部门抽调过来的人员,在报社工作后,增加了与县委主要领导接触的机会,更容易赢得领导的赏识,转岗和获得提拔的机会增加,对报社人才流失也造成影响,有的人成为报社的中层领导、业务骨干后,被上级领导看中,随后调到县委办、县府办等核心部门,或者提拔为其他单位的科级领导干部;有的是其他部门干部选调来担任报社领导,来报社后,积累了广泛的人脉,获得提拔后调离县报。有些新招聘的年轻记者,业务刚刚熟悉完,掌握一些资源后,就跳槽到其他实权部门,这对本来就人才不足的县报来说,也是一个不小的损失。报社的人员流动比普通事业单位要高很多,据建德新闻传媒中心的蒋秀英副总编介绍,2010 年后报社每年都招聘 3 到 4 名采编人员,但每年都有 3 人以上因各种原因离职,人员流动大,也在一定程度上影响了报社的发展。

自主招收的工作人员,由于没有正式编制,待遇不好,收入不高,优秀人才不愿意来。报社人员工作强度也很大,事情多且繁杂琐碎,一些记者由于长期加班,生活压力大,会抱怨收入低、工作辛苦。一些人看看转入正式编制无望,时间不长就另谋高就了。

县报招聘高端人才困难,而一些新闻素养不高的从业人员,进入县报后,工作热情也不高,依赖编制得过且过混饭吃,过着做一天和尚撞一天钟的日子,业务常年没有长进。

县报领导的选任也非常关键,总编辑除了要具有较高的新闻业务能力,还应该具备媒介经营管理能力,能够在激烈的市场竞争中滚爬摸打,要善选人才,善用人才,善管人才,人才引进与人才培养并举,全面激发员工潜力。多家县报打破党报原有进人机制,面向全国公开招考编辑记者,吸纳优秀的专业人才,优化队伍,提高采编队伍的整体素质。

被上级报业集团兼并的县报,已经在很大程度上打破论资排辈的用人机制,实行员工聘任制和岗位工资制度,实行按岗定薪,岗变薪变,建立合理的考核制度,工效挂钩。很多报社对部门中层领导实行竞聘上岗制,在采编部门根据业绩聘任流动的首席记者和首席编辑,实行员工末位淘汰制,淘汰的人员安排到后勤等非重要岗位或者辞退。

《乐清日报》在 2006 年后建立了"进人过五关、在职淘汰制"的"唯才是用"的用人制度(洪佳士、李骏,2010:70)。主要在以下几个方面积累了一些经验:

(1)人才招聘。通过较好的待遇吸引人才,通过公开招考引进人才,特别注重引进既懂新闻又懂技术的新媒体人才,既懂新闻业务又懂报业经营的复合型人才,以及善于策划各种新闻报道和报社活动的人才。引进的人要通过严格的考核,简称过五关,具体是指个人成果突出,专业考试优异,政治测试过关,计算机操作熟练,见习试用合格。

(2)人才培养。制定员工教育培训机制,设立教育培训专项基金,加强对员工的培训,提高从业人员的新闻素养。采取老师傅传、帮、带的实践培养,和送到大专院校进行专业理论培训相结合,通过请专家进报社指导和送员工出去培训,业余时间组织员工集中学习相关新闻学理论等方式等多种方式培养人才,提高员工素质,储备专业人才。重视经营人员的培训,树立正确的经营理念,保障报社的发展。

(3)人才选拔。引入竞争机制,采取竞聘上岗和评议推荐相结合的方式,给优秀人员提舞台,发挥特长,做到事业留人。

(4)人才考核。建立完善的员工绩效考核制度,实行优胜劣汰,既要留住精英,也要淘汰那些无用之人,提高效率。对记者和编辑的考核从新闻稿数量和质量,两方面都有详细的考核标准,对优秀员工重奖,淘汰不合格的人员。

浙江的县报还经常组织和联合起来,加强互相学习和交流。县报已经建立了这样一些团体,如秘书处在诸暨日报社的中国县市报研究会,每年召开年会,定期出版学术交流期刊。浙江一些县报办的新闻网站也有了一些联盟性质的组织,比如浙江在线旗下就集结了浙江的 45 家县域新闻网站,建立了"浙江网闻联播"。县域新闻网借助省级媒体的优势,可以带来不少便利,影响力也大增。

1998 年 7 月,浙江省新闻工作者协会下属的县市工作报委员会在萧山成立,浙江县报报社之间开展更加紧密合作,建立了定期的交流机制,评优评奖机制,促进县报之间的合作与发展,提高县报的整体实力。

该组织成立以后,多次开展联合采风新闻竞赛活动,加强了各区域宣传的联动交流。省内媒体同台竞技提升了采编人员的创新能力,也提升了活动地的知名度,带动了旅游业的发展。例如,2016 年 9 月 28 日,由舟山市普陀区委宣传部、浙江省县市报工委联合主办的"百名记者聚焦 2015 国际海岛旅游大会",也同时进行新闻、新媒体作品竞赛,浙江 19 家县报参与该项活动,最终评选新闻、副刊、新媒体各类奖项共 20 件,使县报在交流中互相切磋、学习和借鉴,共同提高水平。

4.4　浙江县报的通讯员队伍

浙江省大多数县报从创立之初,就建立了一支庞大的通讯员队伍。

20 世纪 50 年代,县报建立之初,最先遇到的困难是稿源不足,为了应对这个问题,首先,县报很多稿件选自新华社提供的消息;其次,县报一般配有几名记者编辑,会采集一些当地新闻;此外,县报建立了一定规模的基层通讯员队伍。通讯员的培养,不是自然而然形成的,而是广大县报发展实践中逐渐创建的。县报创刊初期,通讯员队伍主要由党政机关干部和工农群众组成。

当时,县报主要读者是文化素质不高的基层干部和农民群众,因此把报纸办得通俗易懂,夹带使用一些口语和方言,被群众广泛接受。县报的内容能够切切实实地反映人民群众的生活情况,县报的文字描述尽量浅显易懂,为了便于向不识字的基层群众传播报纸内容,县报报道用词会尽量口语化。

县报非常重视通联工作,贯彻"全党办报""群众办报"的方针,确定专人负责制订通讯员条例,积极发展通讯员,建立来稿登记、稿费、奖励制度,编印通讯员刊物。由编辑、记者按区域分片落实分工具体联系通讯员队伍。例如,《平湖报》提出的"以乡建立通讯站,以大社、高级社建立通讯组,由各乡总支宣传委员任通讯站站长,推荐农业社社长、委员等发展为通讯员",以及各部委、群众团体和县人民委员会各局、行、院等部门,都要与报社建立工作联系。

县报重视对县报通讯工作的具体指导,与各通讯小组建立经常的广泛的联系。同时,强调对通讯员队伍进行培训,加强写稿方面的业务指导,编写通讯员读物,介绍报纸业务知识和采编经验,组织相关的写作比赛,评比积极通讯员或优秀通讯员,给予奖状、纪念册等奖励,促进通讯员的相互学习。定期召开通讯员座谈会,听取通讯员对办报的看法和建议。邀请通讯员参与一些重要新闻题材的采访,在实践中帮助他们提高采写水平。

　　通讯员多数来自基层,对基层的情况非常熟悉,很多稿件投稿前还要经本单位核实盖章确认,信息源比较可靠。1956 年 8 月 9 日,一篇介绍《萧山报》工农通讯员经验的文章《办好县报要做好农民通讯员的工作》在《人民日报》上发表,对报纸通讯员队伍建设进行了很好的归纳总结。

　　到 1958 年底,很多县报的通讯员队伍深入到区、乡、农业生产合作社,建成了四通八达的通讯网络,有些县报每天收到的通讯员稿件上百篇,大大充实了稿源。比如,《平湖报》1958 年有通讯员 600 多名,其中 103 名为特约通讯员。

　　通讯员队伍也有个优胜劣汰的过程,很多县报都对聘用的业余通讯员提出明确的要求,比如每月至少投稿 1 到 2 次。有些通讯员常年坚持写稿,与编辑部联系密切,写作热情高,通过多次投稿提高了写作水平,稿件见报率较高,总是超额完成任务。也有部分通讯员,因为文化水平不高、写作兴趣不大,勉强写了稿件,又没有被报社采用,从此一蹶不振,不再写信写稿,时间长了自然就被淘汰了。

　　据 20 世纪 50 年代在《萧山报》当记者,80 年代后成为中国社科院研究员的陈崇山回忆,有一天收到一封该县所属的西蜀农业生产合作社保管员写来的信,里面用了很多看不懂的符号,就像当年农民作家高玉宝介绍的刚开始写《半夜鸡叫》时的样子。陈崇山带着信找到这位保管员,虽然他只读过三年书,但也算是当地农村的“大知识分子”。当年秋收以后,陈崇山看到农民对待集体的粮食,在收、运、储的过程中,浪费现象时有发生,全然没有给自家收割时那么用心。因此给报纸写信,希望通过报纸来呼吁大家爱惜粮食。陈崇山了解情况后,被这位保管员这种关心集体的责任感深深感动,冒着酷暑帮助他重写这篇稿子。他不会写的字,就认认真真地教他写,整整一个晚上才把这篇200 字的稿子写完。文章发表后,村里人纷纷夸他,他深受鼓舞,从此经常投稿,成了《萧山报》的积极通讯员。农民虽然文化程度不高,但是关心国家,热爱集体,县报最适合于让这些关心公众事务的基层老百姓发挥才能,贡献自己的力量。

　　县报经常从自由投稿的作者中选择吸收为通讯员,扩充通讯员队伍。为鼓励通讯员写信投稿,减轻其经济负担,会给通讯员赠发一些报社统一印制的、标明“邮资总付”字样的信封,鼓励他们踊跃投稿。开辟专栏选登通讯员稿件,多为“小豆腐块”的新闻和短文,有时候还会配上一些图画吸引读者。许多县报记者对通讯员有信必复,还常到农村山区采访,与当地通讯员交往频繁,不少成为知心朋友。有的报社会从优秀的通讯员中,选聘几个到报社做编辑记者,使他们成为正式的国家干部,这对整个通讯员队伍也是很大的激励。

中国实行改革开放以后,通讯员队伍依然发挥了重要作用。县报的采编人员在工作实践中,深感通联工作的迫切和重要,积极发展通讯员队伍,弥补采编工作中的不足,使报纸稿源日益充沛。通讯员队伍成为县报的耳目,使报社变得耳聪目明。分布在全县各地的通讯员,及时发现有价值的新闻题材,提供大量线索,使报纸平添许多鲜活内容,有的通讯员还能担当起紧急报道的任务,直接进行采访。

改革开放初期,率先复刊的《吴兴报》,认真对待对通讯员来稿,对通讯员来访,总是放下手头工作热情接待。对来自通讯员的评报和反馈,当做办报的动力。尽量做到用稿短小,消息一句话,新闻简明化;解决报纸篇幅少与稿件内容多的矛盾,拓宽报道面。写社论也是开门见山,惜字如金,一稿一事讲明白。

《绍兴县报》复刊后,多次获县报优秀通讯员的金再扬,在复刊 25 周年时,写了《与 8000 份县报同窗共宿 25 载》一文,回忆了与《绍兴县报》共同度过的岁月,发表在《绍兴县报》2010 年 8 月 29 日第 3 版上。他在文章中写到,通过参加报纸组织的培训和交流,掌握了基本的新闻写作技能:

> 我先后两次参加报社举办的写作辅导会议,使我这个只念过两年半书、不满 10 岁就辍学的山村农民,在国家级和省、市、县新闻媒体上发表 100 余万字的文章,其中县报发表 200 余篇。(金再扬,2010:4)

县报创刊 25 年来,他在经济并不宽裕的情况下,一直自费订阅并珍藏每期县报,经常帮助群众解决信息难题。为了方便查找,他把县报刊出的重要政策介绍,以及与农村、农民有关的事,都用笔记本记录。例如 2010 年 1 月 6 日,县报 5 版刊出《绍兴县城乡居民社会养老保险实施办法》政策解读,其中有"精减职工,遗属生活困难补助,长寿老人补贴等等,可同时'叠加享受'的政策"。有三位精减职工来询问了解该政策后,走访了有关部门,妥善解决了问题。他还在报社进行数字化处理发现有几份报纸缺失时,助了一臂之力,直接把缺失的几份报纸寄到报社,弥补遗失报纸的缺憾。

2004 年后,浙江省内刊号的今日系列县报有 50 多家,对于这些报纸,也一直延续了建立通讯员组织的做法。2016 年 12 月 23 日,通过和《新松阳》特约通讯员李德贵的访谈,也可以看出县报通讯员的一些感悟和看法。

他从《松阳报》复刊时,就被聘为特约通讯员,他觉得和《新松阳》很有缘,也充满有好感。从《松阳报》到《新松阳》,不管报纸报名如何变迁,一直是县报的积极通讯员。仅在 2016 年就在《新松阳》报上先后发表过《松阳唯一的状元沈晦及其家族》《闲谈沈侁是榜眼》等多篇文章。有好多期《新松阳》都保存收藏了,为了有利于保存,有的文章还剪贴起来,至今已经剪贴装订了 5 本报纸剪贴。所有这些,都倾注了对《新松阳》爱的情怀。

通讯员是地方事务的热心人,对当地的人文掌故、风土人情、大事小事都充满热情,而县报的平台给通讯员提供了一席用武之地。地方报纸刊登了通讯员的一些关于本地内容的文章后,还会引起人们对当地社会人文等事务的关注,进而使一些事务得到改善。对此,李德贵举了几个例子,比如,2000 年11 月 27 日,《松阳报》登了李德贵写的一篇《西屏的老街》,引起了县委的高度重视,结合名城名镇创建,启动实施"明清街"整治工程。几年来,完成南直街的电力线和通信管线下地、污水管道埋设、消防改造提升、路面重铺青石板等硬件设施改造,松阳被浙江省政府公布为历史文化名城。

2002 年 3 月 5 日,《松阳报》登了李德贵的一篇《踏访杨家堂》,经反复宣传,将杨家堂村情况推荐到省直至国家,被列为中国传统村落,不仅是历史悠久的文化古村,也是松阳耕读文化的模范村。2005 年 11 月 15 日及 12 月 2日,《新松阳》先后登了李德贵写的《体味石佛岭》和《钓鱼岭觅踪》两篇游记,松阳籍的北京著名律师陈岳琴看到文章后,涌起一股强烈的思乡之情,专程到松阳调研,并投资修复钓鱼岭上的清代古凉亭。

通讯员作为新闻现场的直接经历者,有时还承担了对一些突发事件的报道任务。鲁锦荣是《绍兴经济报》的忠实读者,她是个残疾人,小学学历,但一直爱好文学,从 1985 年《绍兴经济报》诞生起就开始向报社投稿,后来成了报社通讯员。1989 年 8 月 22 日,一场百年未遇的特大洪灾袭击平水区当时县下辖区,机构改革后县辖区都撤销了,鲁锦荣目睹了这场惊心动魄、可歌可泣的抗洪救灾。抗洪后她一气呵成写下了通讯《沧海横流,方显出英雄本色》,被9 月 11 日的《绍兴经济报》第三版整版刊登。

县报的通讯员队伍建设,为发挥县报作用提供了重要支撑。首先,充分体现县报的贴近性。县报着重报道本县的新闻,通讯员反馈的内容贴近当地实际,贴近城镇、农村的生产和生活,县报编辑收集这些情况后,便于发现问题,解决问题,并根据本地情况,从实际出发,把党的方针政策结合实际进行宣传,使得读者备感亲切并乐于接受。其次,大众化优势。通讯员文章语言浅显通俗,多用通用口语,有时夹带方言,特别是在 20 世纪 50 年代,让初识字的农民看得懂,不识字的听得懂。通讯员多数写的是"豆腐块"新闻和小言论、短文章,而且形式多样、图文并茂,很多也是当地群众所喜闻乐见的。再次,选聘和发展通讯员,便于近距离接触基层群众,既可以了解基层情况,办好报纸,又有利于做好报纸的群众工作,从中同时也能就近接待农村读者来访。许多县报通讯员就住在农村,非常熟悉当地情况,彼此成了知心的朋友。

4.5　浙江县报的读者

中华人民共和国成立后,县报创办之初,报纸发行多数是靠赠送来完成的。这个时候的读者,主要是单位用户,由于报社也是全额拨款的机构,因此,为了完成报纸传达党的政策、群众教育、统一思想等目的,会向县里各部委办局,以及各区、乡镇、行政村甚至自然村派送,还会选择一些上级部门和领导,邻县等地进行赠阅。

20 世纪 50 年代,县报贯彻"全党办报、群众办报"的方针,县报优先刊登工人和贫下中农读者的来稿。一些文化程度低,甚至不识字的群众由作者口授,别人代笔的方式给报社投稿,这样的报道在稿件中也占有一定比例。当时各地广泛开展群众性的读报活动,社员们称报纸是"不吃饭的老师"。

县报的读者是报纸服务的对象,读者群体的特征直接影响报纸的发展变化。县报的主要读者,创办之初是基层干部、工农群众,这个时期的浙江县报,为了起到好的传播效果,较为重视图文结合,本着面向群众、通俗易懂的原则,在"春节""中秋""国庆"等几个重大节日,按照多数读者的口味,收集一些建设成就画,农业丰产丰收图,锦绣山河美景等大型形象画面,绘制出一些颇具特色的报头,增强了节日的气氛,获得读者的认可。进入市场经济以后,读者也被看成是报纸的消费者。

这个日期,县报主要读者具有一定的文化素养、评论、散文等体载作品大量增加。

读者评报制度也是各个报社群众工作一项重要议事日程。评报员队伍由报社聘请的专职评报员组成,他们中有离退休的老新闻工作者,新闻院校的教授、讲师,社会科学工作者,国家机关和企事业单位的普通工作人员,农村基层干部以及某些学科的专家等。此外,一些热心读者自发为报纸"挑刺",成为报纸的兼职评报员。每年的年中,报社召开评报员座谈会,听取意见;年底则召开评报工作会议。评报员们知无不言,言无不尽,成为报纸的挚朋诤友。

在 20 世纪 50 年代和 80 年代初,报纸邮运代价大,城镇订户的送报还好解决,偏远乡村报纸传送费时,及时把报纸送到农民手里的难度很大。为确保报纸的到达率,有的县报采取了一系列措施,如每季度实行乡镇间对口检查,挨家挨户问农民是否收到报纸,是否看报纸,哪些内容用上了,哪些地方要改进。据《萧山农科报》在 1984 年做的一个调查显示,当时的报纸,大约只有1/3 左右能及时送到农户家,并看了、发挥了作用;1/3 不能及时送达;1/3 是躺在村、组长家里。以后虽经采取多种措施促进投递工作,收效不明显,最后改变投递方式,实行承包奖惩制,较好解决了投递问题。20 世纪 80 年代后期到 90 年代,浙江一些县报开始自办发行,建立了比其他报纸更加顺畅的投递渠道,直达农村、农民家中,有效提高了投递效率。

到改革开放后的企业、商业单位工作人员,私营工作人员,新闻、文学爱好者,离退休人员,读者群体在不断扩大。而城镇居民,特别是由城镇扩张,成为城中村的新城镇居民,一些富裕的农户,也是县报全力争取的读者群体。有不少地方,县报为了争取读者,一般都把发行作为一个重要的任务来做,有的会采用促销,年底进小区、商城等便民措施增加征订户等。

2005 年,《萧山日报》对读者情况做过一次问卷调查,回收有效问卷近 3000 份,回收率达到 90%。统计结果显示,如果把订阅《萧山日报》的读者按身份划分,机关事业单位及退休人员占了 44%,企业从业者占了约 29%;按居住区域划分,城区约占 54%,乡镇约占 39%。按征订源划分,单位订户约占 48%,家庭及零售约占 46%。这次还调查了读者获取地方信息的来源,有 73% 的读者表示,主要通过阅读《萧山日报》获取本地各类新闻和生活信息。①

从调查结果可以看出,2005 年《萧山日报》读者中,最大的群体是党政机关人员,接近一半;企业员工占了近 1/3。个人订户约占报纸发行量的一半,说明该报在当地有较大市场。县报是读者获取地方信息的重要来源,

市场化后,一些媒体只针对目标客户,把报纸办给有消费能力的读者看,把读者进行分类,把普通群众定位为非优质读者,他们的诉求被这些媒体忽视。而对县报来说,作为区域内的主流媒体,一直把所有居民当做目标读者,

---

① 数据由《萧山日报》社原总编辑洪佳士高级编辑提供。

做一些面向小区、面向农村的专题策划,选一些群众喜爱的选题,满足居民的信息需求。一县之城,读者也要细分,城镇居民与农村村民的诉求差别较大。面对不同读者,采用相同的编辑模式,是无法满足他们的需要的,所以浙江很多县报都会针对农村读者设立一些专题和版面,比如"百村巡礼"之类介绍农村的专题,浙江有一半以上的县报都做过,还设立一些面向农村的常设专栏,围绕农村生活,唱响"农业四季歌",为农民服务。因此,县报在一定程度上填补了其他媒体留下的空间,成为一些城乡居民喜爱的报纸。

现代报纸是都市中的产物,城市生活对信息有广泛需求,大量的信息需要传播,报纸是主要载体。中国城乡二元结构导致城乡差距大,中国城市化的重点在于城镇化,统筹城乡发展给县报带来新的发展契机,城镇化建设的主战场是在县一级,城镇化产生的新市民,是县报新增的读者群,这些新市民以前居住在农村,文化素质也不高,看报不多,多数没有读报的习惯;另一方面,他们多数以获取娱乐消遣信息为主,不太在注重读报。县报承载着信息传播、宣传教育、移风易俗等职责,要赢得读者,就必须从报道这些人最关心的事入手,培养他们读报习惯是关键。城镇化后,随着本地经济的增长,越来越多的新市民开始通过订阅报刊来满足信息需求。总体来看,浙江省的县报在推进城镇化建设的过程中,是发挥了重要作用的。

《余杭晨报》的一位在余杭径山镇文化站工作的读者说:"有人说,现在报纸被手机微信打倒了,有的人甚至不读任何纸质报刊,但我仍然保留着阅读纸质出版物的习惯,特别喜欢看本地的《余杭晨报》。每期报纸一送到,我就要先打开,把每版都浏览一遍,并且比看其他报纸要认真些,感兴趣的文章还做了精读,因为它贴近基层、贴近群众、贴近农村,宣传的很多身边的人,身边的事。我不仅自己爱看,还推荐给来文化站的朋友看,我的朋友多数都订了《余杭晨报》,聊天的话题也经常是从县报的内容里引出。"

一位《慈溪日报》的读者,在慈溪工作多年,自 1991 年《慈溪报》复刊以来,一直很喜爱这份报纸。复刊之初,他弟弟在江苏当兵,他每个月都给弟弟寄几份报纸,他弟弟回信总自豪地说,报纸在部队的宁波籍战友中成为抢手货。

浙江一些县市还有不少海外侨胞,比如温州地区各县,以及被称为侨乡的青田县,都有大量侨民,浙江还有很多县,有大量的人居住在港、澳、台地区。不管是港、澳、台的同胞,还是在海外侨胞,都有不少喜爱故乡县报的读者,都关心故乡的发展。看到报纸上登的文章,不少"三胞"读后都赞不绝口。侨居美国的博士潘福先生看了《松阳报》后说:"想不到故乡的报纸竟办得如此好,故乡的发展竟如此快速!"

有30多万乐清人遍布全球各地,《乐清日报》的内容带有浓厚的乡土特征,不仅刊登大量乐清本地新闻,让本地人本地事在报纸上唱主角,还采集一些生活在外地的乐清人新闻,赢得海内外乐清人的喜爱。同时,在全国各地温州商会的负责人中乐清人居多,在外地的乐清人多数有着一种恋乡情结,很关心家乡的事物和发展。数字报开题以前,尽管报纸投递时效性较差,投递不方便,不少生活在外地的乐清人连续数年订报。2009年《乐清日报》数字报向市外各地售出,订户近的有省内义乌、宁波、杭州,远的到新疆、西藏、东北三省等地,更远的还有美国、意大利和澳大利亚等地,当年有4000份外地订户。报社还在《乐清日报》数字报的网站上设立"全球眼",24小时不间断的展示雁荡山美景的动态。

目前,浙江县报还有大量农民读者,根据读者文化素质,大致可以按年龄分为老年农民、中青年农民、大学生村干部等。老年农民一般不大上网、看报,多数只看电视。中青年农民一般都有中学以上学历,能看书看报,现在还有一些回乡的大学生,这些人喜欢通过手机和计算机来获取信息,但是在需要了解一些本地生产、生活信息时,就会主动从当地的报纸上收集信息,当然很多时候是通过网络查阅数字报。因此,县报需要加强地方新闻网和手机传播平台的建设,把新农村建设的相关信息,地方政策同时在报纸和网络、手机终端传播。2000年以后推动的大学生村干部政策,选拔了一些具有较高的文化素质的大学生参与农村建设。县报要从大学生村干部中,组织培养宣传员、信息员和通讯员,让他们把信息及时传递给千家万户,扩大县报的传播范围,提交信息传播速度;同时把农村建设中的新鲜事和百姓需求及时传递给报社,为新农村建设做好宣传报道,为农民排忧解难,提高县报在农村和农民中的影响力,树立媒体品牌。

县报虽小,但质量不低,很多报纸的文风朴实清新,文字生动有趣,县报的作者来自四面八方,不仅有本地人、有在当地创业的"新居民",还有在外工作的游子。县报读者也不限于本域,还有来自世界各地同胞。县报的背后始终站立着一支忠实的读者队伍。他们的殷勤目光,是县报不断前进的动力;他们的谆谆建议,是县报扬帆远航的灯塔。与此同时,满怀深情的读者还从世界各地鸿雁传稿,寄来了他们的精彩文章,与大家共享。在日新月异的新媒体时代,快速阅读几乎成了世界主流,但是如果看到这样一个场景,在一个初春乍暖还寒的午后,一名游子手捧一张散发着油墨馨香的县报细细品读,继而沉思,那一抹浓浓淡淡的记忆乡愁便慢慢化开了。

县报所办的新媒体,也承载着游子们的乡愁。1999 年 9 月 29 日《萧山日报》网络版在国际互联网上线,第二天就有一封来自美国科罗拉多州的电子邮件跨越了太平洋,到达报社:

> 我可能是第一位在海外的网络上看到《萧山日报》的读者,我一直在网络上寻找你们,今天我终于找到了。谢谢《萧山日报》给我们在海外的萧山人带来了家乡的消息。遥祝家乡的亲人们节日快乐。
> (李骏,2012:44)

县报上网后,很快就收到旅居国外读者的来信,说明一些华侨定居海外,依然心系故乡,他们看不见故乡的山,望不见故乡的水,却始终关注着故乡的一草一木,一举一动。县报承载了这些海外游子的故乡情,没有县报,游子可能就会少了一份乡愁。

近几年来,每年有一批大学生村干部到农村就业,通过城乡融合,提高农村读者的阅读兴趣,培养他们良好的阅读习惯,推动县报的内容和形式的改革,品质的提升。县报是开放的。县报在转型中,不断引入都市报的特色,对民生问题更加关注。

浙江有悠久的历史,先人们书写过古代的繁华,今人不拘泥于现状建设现代的田园,县报也在记录老百姓打破传统观念,创新发展的历史,书写现代化建设的新传奇,成为读者喜爱的媒体。

第五章　浙江县报与经济建设

这章主要从地方经济发展的视角来考查县报的功能。

关于传媒的经济功能,欧美国家有一些研究成果。诺贝尔经济学奖获得者,英国经济学教授科斯(Ronald H. Coase,1960),通过研究揭示了商品价格不仅受到消费市场供求关系的影响,而且受交易成本等社会成本的影响。

1970年,欧文博士(Bruce M. Owen)提出"大众传媒经济学"的概念,认为信息在生产者与消费者之间存在不对称性,而报纸等大众媒体可以通过传递信息,来解决信息不对称问题,从而降低交易成本,促进经济发展。

中国,县是"中央、省、地市、县、乡镇"五级行政区划中的重要一级,乡镇在最基层,行政部门设置简化,而县一级行政设置相对完整,功能比较齐全,也是一个拥有十几万到上百万人口的区域经济板块,这里有大量的信息需要流通,要通过地方报纸等媒体来承载信息传播的功能。

总体来说,中国大陆的媒介市场,可以划分为党报和都市报两大体系(荣荣,2006)。党报的风格严肃,审核严格,发布权威信息;都市报服务性强,版面布局比较活泼,新闻更接地气和亲民,内容更加丰富,可读性比较强。

改革开放前,县报秉承的是党报的办报理念,注重报纸的权威性。改革开放之初,城乡差距大,在城乡"二元经济"模式下,城乡的信息需求上存在着显著差异。改革开放后,浙江省城乡经济一体化快速发展,走在全国前列,随着经济发展,一些乡村改造为城镇,村民变为居民,城乡差别逐步缩小,在城乡经济一体化进程中,城乡百姓信息需求增加,城乡读者的读报需求趋同,城乡经济一体化发展,城乡之间的信息获取和传播处于对等地位,可以平等的参与互动,交流和分享信息,信息传播相对均衡。要实现达到这样的效果,县报是一个有效平台。

保留刊号的浙江县报,在 2004 年后由上级报业集团和地方党委的双重领导,决定了县市报既要保留一定的党报模式办报,又必须吸收都市报的市场经验进行改革。需要从严肃的党报和通俗化的都市报之间,找到一个平衡点,融合党报与都市报的优点,既权威,又亲近,保持与本县群众之间的亲和力,成为区域里的最具有影响力的综合性报纸。

县报并不直接参加经济活动,但是,县报在政策宣传,统一思想,传播先进科学技术和经营管理理念,以及对经济活动的报道,对促进县域的经济发展,起着十分重要的作用。

5.1　推动重点工程建设

在浙江很多地方,县报记者都有参加县委县政府召开的重要会议的权利,有的还能跟随主要县领导到基层调研考察,在知晓县里的重大事件方面具有很多优势,能够获得当地重点项目建设的情况,较为准确的社会发展和经济数据,产业发展和商品流通的资料,在对当地政府工作和社会发展方面的报道上具有绝对优势。

浙江各地的县报在当地县委领导下,按照当时的中心工作,把握舆论导向,发挥在本县宣传报道方面的作用。创刊后马上开始配合县委、县政府的中心工作,大力进行宣传报道,促进群众思想统一、步调一致。及时传递县委县政府的正确决策,使全县人民心往一处想,劲往一处使。各报都比较重视将发表报社评论作为一个重要的工作方法,体现办报思想,树立报纸形象。经常针对客观事件引发的议题,撰写言论,以增强对客观事件报道力度和思想深度。对重大的事件,以及一些专业性很强的社会问题,经常约请相关领导,以及一些行业专家来写评论,以保证文章的权威性、理论性和科学性。

县报通过宣传本地经济建设成就鼓舞人心,聚集人气。把经济建设成就展现在读者面前,使得全县人民为此而骄傲,增强了人民建设好家乡的勇气、意志和干劲。

在县报创办之初,1955 年夏,浙江省早稻丰收在即,晚稻长势也不错,一些县的领导干部认为"增产笃定",但从农村干部、通讯员的反馈来看,一些农田检查发现田里草多、虫害严重。有些县的县报很快编发了专项报道,反映情况,刊发一些关于抓紧田间管理的报道和评论,促使县领导关注这些情况,克服自满松劲情绪,督促基层干部抓紧落实,及时进行除草灭虫和追肥活动,较早地排除了一些农村农业和粮食风险。

1956 年春,浙江一些县报针对某些农业社讲排场的浪费现象,专门开展倡导"勤俭节约,把社办好"的讨论,配合宣传当地勤俭办社的典型,产生较大影响。1956 年,浙江各家县报,纷纷刊登毛泽东题为"农业合作化问题"的报告和中央《关于农业合作化问题的决议》,围绕农业合作化运动进行宣传报道。广大农村干部通过学习文件和读报活动,组织农民加入农业合作社,在集体的土地上积极从事农业生产。

1957 年春耕时节,很多县报都刊文强调解放思想,打破陈规,因地制宜推广"春花田栽种连作稻"的增产经验,使不少农业社受到启发,扩大了连作稻种植面积。

比如,《平湖日报》从 1958 年 1 月到 1960 年间,不包括"短评""述评"等杂评在内,仅社论一项,就有 127 篇,其中 1959 年达 54 篇,几乎周周有社论。所论范围包括工交、财贸、文化、教育、卫生、体育等各条战线,内容涉及政治、经济、思想、干部作风以及群众生活等,就实论虚,针砭时弊。1960 年,为贯彻中央"大办农业,大办粮食"精神,平湖县委第一书记张克明 9 月下旬在《平湖日报》上,连续发表《大办农业,大办粮食必须两手抓》《牢固地树立"农业为基础"的思想》《踏踏实实地工作,一个一个地解决具体问题》三篇理论文章,从理论的高度,阐明农业和粮食的重要性。

改革开放以后,随着浙江县报开始复刊,继续对当地的重点工作和重大社会事件,经济活动进行重点报道,促进社会经济发展。

1988 年 10 月 3 日,《绍兴经济报》在头版头条位置以《绍兴轻纺市场隆重开业》为题,报道了浙江省最大的轻纺产品交易所——绍兴轻纺市场隆重开业,这是绍兴县经济发展史上的一个重大事件。1990 年 2 月 26 日,《绍兴经济报》在头版报眼位置刊登了《89 年度全国"财神县"我县榜上有名》的消息,尽管篇幅不足百字,但此报道记录了绍兴县经济发展的实力,对振奋全县人民的士气,致力于经济建设,具有很大的鼓动作用。

《萧山日报》围绕市委、市政府中心工作,反映人民群众呼声,围绕当地重点工程,重大事件开展报道。20 世纪 90 年代,在配合企业转制、农村土地二轮承包、创建国家卫生城市等方面,进行重点系列报道,发挥党报传播信息和宣传教育功能。在萧山 1997 年"7·9"特大洪灾中,连续 9 天编发 23 个抗洪抢险救灾专版,总计刊出 173 篇报道和文章、87 幅照片。1999 年组织"百村行"大型活动,全方位展示100个行政村在改革开放中的风采。2000年初,根据萧山市委、市政府提出的"工学江阴、农学南海、城建学中山"的要求,《萧山日报》全面宣传了这个战略思想,报社派出记者分赴江苏江阴和广东南海、中山采访,共刊发连续报道18篇;组织力量到绍兴柯桥等周边乡镇采写系列对比性报道,促进萧山的开发和建设。这些报道见报后,对推进萧山市的工业、农业和城市建设,起到不可小觑的作用。又如,21世纪初期,为了进一步提升工业建设水平,萧山又提出"工业冲千亿"的口号,《萧山日报》及时宣传、解读,并总结推出了本地在工业建设上获得长足进步的乡镇和企业的典型报道,大大推进了"冲千亿"的进程。

《新松阳》栏目设置多样,内容丰富,在内容呈现上图文并茂。概览松阳的政治、经济、社会方面的大事要事,报纸设立"综合新闻""理论与调研"等栏目,反映了松阳县委县政府的中心工作,报道的字里行间,展示了地方特色,体现了地方干部对这一方水土的情怀与责任。县委县政府的主要履职成果都在报纸上有了集中体现,也展示了一些党政机关干部的风采。当然,这种展示也不是简单的铺陈,而是经过精心的编修,繁简错落。给人的感觉是,用文化的"瓶",装了党委政府的"酒",借用报纸的"道"来传播政治文化和地方特色,比较容易得到读者的接受和认可。

一些县报通过"自选动作",发现问题,挖掘本地潜力。许多县报通过仔细研究本地经济发展中存在的问题,在报纸上开展讨论,替党委政府出谋划策,提出可行性解决方案,促进经济全面发展。

比如,作为小商品市场重要提供地的永康市,是滑板车的主要产地之一。但是,由于很多企业都在模仿,缺乏创新,而且采取了压价销售的手段,一时间市场上出现了一些混乱的局面,滑板车开始滞销,影响当地经济的发展。《永康日报》及时在报纸上开展讨论"滑板车滑向何方?"尖锐地提出问题,引起全市市民强烈反响,读者、企业家、领导者,纷纷参与讨论,最终提出了一些解决方案,使得永康的滑板车生产走向高端市场,满足不同层次消费者的需求,市场秩序也趋于好转。

5.2 技 术 推 广

20世纪80年代,在解放思想的指引下,特别是在"科学技术是第一生产力"的影响下,营造舆论环境,浙江县报出现了多类别的报业体系,浙江的多个县为宣传中国共产党的农村政策,为农村改革和发展提供农业科技知识,首先兴办农业报和科技报,以适应新时期农业经济建设的迫切需要,这个时期也有少数的县报复刊。

浙江省人杰地灵,具有深厚的历史文化渊源。在国家实行小城镇改革政策后,浙江省加快城镇建设步伐,有效地推动社会和经济发展。浙江农村人口占全省人口的一半以上,长期以来面向农村发行的报刊较少,不管是省、市级党报还是各类专业报、都市报,都是报道城市、城镇生活的多,关注农村、农民的少,县报在很大程度上,承担了农村宣传工作任务。浙江的经济发展势头迅猛,文化源远流长,在广大农村,也有比较深厚的文化积淀,有一些较高素质的读者群体,为县报在农村推广奠定了基础。

浙江省最早的县级科技报是宁波市北仑区科学技术委员会、科学技术协会主办的《北仑科技报》,在党的十一届三中全会以后几个月,1979年5月创刊,比最早1980年复刊的县党报《江山报》要早一年。1980年3月《象山科技报》《余姚科技报》、6月《奉化科技报》纷纷成立,之后《宁海科技报》在1982年成立,《慈溪科技报》在1983年成立,宁波地区各县的科技报基本上都是由县级科学技术委员会主办的,传播工农业科学技术,为推广科学技术的应用,推动经济建设和发展做出贡献。

这些报纸采用通俗化的报道,解决普及农民读者与农村文化水平局限的矛盾。新闻报道在突出中心的前提下,尽量短些,坚持小报小办,随着发行范围的扩大,尽力满足多层次读者的需要,做到城乡兼顾,雅俗共赏。

浙江各县办的农科报为当地农民提供了实用的、先进的农业技术。农科报主要面向农村读者,在普及农科知识,促进经济发展,宣传县内要闻,传播科技信息等方面起到了积极作用。当时,农村刚开始实行承包责任制,在农村经济还是以农业为主体的情况下,农科报发挥了其应有的作用。在报纸上刊登比较实用的,对农民生产有直接帮助的内容,有早晚稻育秧技术参考表、各种农作物的模式栽培量、农业气象一年早知道、水稻病虫害防治历、植保盘、良种简介、半月农事、示范户经验谈等栏目,深受农民欢迎。不少农家把它剪下来贴在墙上,或挂在夹子里,看样种田、看表种田、看量种田,结果真是"越种越甜"。读者把报纸当成是看不见的农业老师,农科知识的宣传员,科学务农的辅导员,商品生产的技术员。

如《吴兴报》复刊后,为了安排一定的版面适应工业和城镇读者的需要,又不削弱农村的报道,报纸一度设了 4 开 2 版的"农科版"。又如,1983 年 4 月 11 日的《诸暨报》,一版头条编发了两则经济消息,一则是《养兔户的喜讯》,针对当地从 1982 年 10 月份开始由于兔毛销路不畅,长毛兔饲养量减少的情况,报道了全省兔毛出口量增加一倍,县政府决定对养兔户适当提高化肥补助具体标准的消息,宣传农技部门提供的技术支持,鼓励社员发展养兔生产。另一则是《茉莉花今年收购计划比去年实产增加》,报道了茉莉花种植盛产的经验,以及收购价格不变的信息。长毛兔和茉莉花是当地的大宗副业,饲养和培植技术和经验,是当地百姓普遍关心的问题,在头版编发这两则经济信息,使得百姓满意,也促进了经济发展。

1983 年 1 月,萧山召开全县知识分子代表座谈会上,农技干部诸九思提出:在家庭联产承包的新形势下,农技推广的基层对象由生产队变为千家百户,萧山有 100 多万人口,很需要办一张为千家万户农民提供实用技术的报纸。县委书记费根楠当即表态:这个意见很好。当年 4 月萧山筹办的《萧山农科报》,6 月 1 日创刊。

《萧山农科报》创办之初为旬刊,每期发行量 2 万份。一版要闻,主要是农技要闻,突出的是农技推广、专业大户典型等;二版是种植业技术;三版养殖业技术;四版为综合性技术、单项技术、加工技术等。重要的、系统的农业科技知识文章,为适应广大农村读者的阅读习惯,采取化整为零,截长为短,连载的形式刊登,如"农业基础知识讲座"(17 讲)、"土壤肥料基本知识"(20 讲)、"充分利用我县农业资源"(10 讲)、"专利法讲座"(5 讲)、"农村保险知识问答"(10 讲)、"萧山农业名特产介绍""花灌木品种介绍""家用电器常识""葡萄丰产栽培技术"等等。由于其具有实用性、专业性、通俗性,文章短小精悍,通俗易懂,满足读者的实际需求,发行量逐年递增,不到三年就突破 10 万份。

到 80 年代中期,随着经济的发展,浙江一些县的经济发展重心,从农业转向工商业,使信息交流的需求大量增加,根据本县经济发展的实际情况,一些还没办报的县,为加快信息传播,率先申请国内统一刊号办起了经济报,如《绍兴经济报》《嘉善经济报》等。有些县的农科报或科技报,也在经济发展新形势下,改刊为经济报。比如,改革开放之初的农业强县萧山,在深化经济体制改革中,产业结构改变,工业经济有了较大的发展,商业开始繁荣,在撤县设市后,信息传播需求超过了知识传播的需求,《萧山农科报》也根据实际需要,改刊为《萧山经济报》(董国栋,2010:186—193)。

在浙江省的县级经济报中,1984 年 10 月 1 日开始试刊,1991 年 12 月 30

日终刊的《绍兴经济报》影响较大,共出版 353 期,总计发行 450 万份①。绍兴县经济以纺织为主业,《绍兴经济报》重点报道绍兴经济发展形势,发布市场信息和产品信息,介绍工业生产技术,传播科技讯息和现代化经营理念。例如,新闻《本县四十六个乡镇实现吨粮》在 1991 年 12 月 18 日《绍兴经济报》的头版刊发,报道绍兴县 46.7 万亩粮田实现"吨粮田"目标,介绍提高粮食产业的经验,引起读者争相购买报纸,传播议论这一喜讯,各乡镇组织干部群众一起学习生产经营,总结经验。

2002 年 9 月 12 日,《长兴报》的《三万鸭"兵"灾区扫蝗非常得力,新疆向"鸭司令"再搬援兵》一文,报道了长兴林城镇天平村的养殖大户杨大元,经省农科院的牵线搭桥,向新疆运送 3 万只"鸭兵"灭蝗的事,科学性与趣味性并存,令读者眼睛为之一亮。

5.3　信息传播

城镇化发展是浙江县域社会环境的重要特征,随着经济、社会的发展,一部分人的生活方式,从农村化向城镇化转变。发达国家的城镇化水平已经达到 70%～90%,我国的城镇化水平到 2016 年是 57%②,处于国内领先水平的浙江省也才达到 66%。

县域经济其实就是中国特色的"区域经济"(张昆、周芳,2003:8－10),通过推动城乡一体化建设,在县域中优先建设小城镇,小城镇紧密联系城乡,发挥聚集优势生产要素的作用,辐射周边农村,吸纳大量剩余的农村劳动力,带动经济发展。

农村劳动力进入城镇务工,城镇逐渐成为人口聚集的中心后,也成为区域的经济中心,文化中心,商品消费增加,信息量大增,产品信息,招工求职信息增加,文化信息也增加。在发展小城镇的过程中,人们需要进一步认识城镇,了解城镇,县报承载了重要的信息传播、文化教化的功能和作用,在塑造地域城镇文化、增强市民凝聚力、舆论引导、帮助失地农民适应城镇新生活方面发

---

① 资料由原《绍兴经济报》《轻纺城报》总编辑、《绍兴县报》副总编滕福祥提供。

② 中国经济网(2017),国家统计局:2016 年中国城镇化率达到 57.35%,
http://finance.sina.com.cn/roll/2017-01-20/doc-ifxzutkf2122186.shtml

挥重要作用,成为很多城镇居民的精神家园。

有的县域经济比较发达,县报根据区域特点,城市化程度的实际情况,创办一些行业专刊和区域专刊,提供比较明确的分类信息,为县域经济发展提供信息服务,并通过开展科技培训和各项咨询活动,推广技术,进行科普教育,引入生活生产新理念,引领地方消费,拓展商品市场。比如长兴传媒集团创办的《花溪》区域专刊,内容贴近所在当地小区和乡镇,服务于当地群众的生产、生活和消费,读者反映良好,受到读者欢迎。

又如,1993 年 12 月 4 日,绍兴县报办的《月首版·鉴湖赠刊》;从 1994 年 12 月 4 日,改为周刊《星期刊·蓝色鉴湖》;2002 年 10 月 6 日实施整体改版后,改名《新周刊·蓝色鉴湖》,共 16 版,致力于挖掘、塑造和传播地域文化,成为浙江省最具影响力的县报专刊。

上虞是全国百强县、浙江省文明城市,20 世纪 90 年代中期,《上虞日报》相继刊发"清洁上虞、靓丽上虞、文明上虞、平安上虞、精彩上虞、生态上虞、投资上虞、创业上虞、富足上虞、融入上虞"十大系列报道,内聚人心,外兴人气,吸引广大市民、虞籍乡亲及外地居虞人士"知上虞、爱上虞",吸引海内外投资者"投资上虞、创业上虞",为上虞的发展出谋划策、尽心尽力。

1998 年,《江山日报》围绕全市"二次创业",先后推出"向新的目标迈进"等系列报道,以及"虎年添虎劲二创看头年""乡村行""热点大家谈"等专栏,在社会上引起积极的反响。

浙江多数县的县城人口数量在 5 万人以上,人口多的县城超过几十万人,城乡经历较发达,人民消费水平较高。但县城、城镇和乡村人民对商品的需求,与大中城市市民的需求也有很多不同之处。面向大中城市的报纸,无法提供很多细化分类,满足城镇居民需要的信息。县报刚好可以在这个空间发挥作用,发布一些独家新闻,提供一些独有信息。

20 世纪 80 年代后办的浙江县报,报纸的性质从大的方面来说,同省报、市报没什么不同,也是中国共产党的一级党委机关报,宣传党的政策,当党委的耳目喉舌,反映群众的喜怒哀乐。但是,从"小"的方面来看,县报有"小报小办,突出地方特色"的特点。浙江很多县报在要闻版上,突出本地新闻,对于国际、国内、省内的大事,只选按刊登最重大事件的新闻。比如,20 世纪 80 年代初复刊的《诸暨报》,在 1982 年 1 至 9 月共出刊 79 期,头版头条中刊登自全国性重大新闻的有 8 期,占 10%,刊登本地新闻的有 71 期,占 90%。这些头条新闻的内容,大体可以概括为五个方面:一是体现县委贯彻执行党的方针政策的设想和要求;二是根据中央关于当前工作的指示精神,选择本县的先进典型,推动两个文明建设;三是报道群众普遍关心的问题;四是报道当地在改革开放后出现的新事物、新发展、新经验;五是重大节日的宣传,利用节日收集反映本县欣欣向荣的新面貌,赞颂党的政策。

5.4　活动策划

浙江很多地方的县报做活报社与读者的互动,为受众搭建沟通的平台,策划一系列有影响的活动,让读者参与报社组织的活动,聚集人气,与读者建立深厚的感情,提高报纸的凝聚力。通过新闻策划,做一些有重大影响的新闻报道,提升媒体品牌。经济基础较好的县报,还策划了一些全国性的大型活动,提升了报纸的影响力,不仅获得丰厚的收益,还为报社进一步发展奠定经济基础。

5.4.1　文化创意

文化是经过历史洗礼和社会激荡后,留下的传承了多年的思想、观念、习俗等。文化是表意的实践,通过文化活动的整个过程可以彰显人们的风貌,反映社会生活的风气、人们的价值观。马修·阿诺德(Matthew Arnold)将其更加直白的表达为:"文化是在世界上被思考和说出的部分。"

文化学家将文化分为高级文化和次级文化,这个分类不是按照社会等级观念划分的,而是根据文化所产生的场域、文化服务的群体以及文化所产生的影响等方面来区分,是为了区别文化的不同形式、地位和作用,所以并不意味着文化的高低贵贱。次级文化包括了流行文化、草根文化、庶民文化等,是人们在日常生活体验中形成的,在社会中普遍存在的文化形式,内容广泛、形式多样,有很强的渗透性与广泛的影响性。

草根文化有广泛的群众基础,生命很强力,基层报纸可以为草根文化的发芽、成长、扎根于民间做出贡献。浙江的不少县报还策划和主办一些群众文化活动,将原本只属于专业人士的舞台,开放给普通人,让他们来展现特长,从而融入一种新的社会生活,完成特有的文化仪式。通过商业化的运作,为草根文化赋予商品和消费的内涵,加速其传播,扩大其影响。

随着经济社会持续快速地发展,物质生活逐渐富裕的老百姓,开始追求更高质量的精神文化享受。城乡居民并不满足于欣赏明星的表演,更希望有一个展示个人风采和个性的舞台。浙江一些地方的县报切合群众需求,尝试参与文创产业创新,通过策划、组织一系列本土的、有特色的活动,发掘和发展"草根文化"。

县报是小城市民参与文化活动的一个平台,为小城普通居民搭建一个平民化的文化舞台,打造老百姓明星,这些小城明星就生活在普通人身边,对读者来说具有天然的亲切感。城乡居民喜欢他们、鼓励他们、追捧他们。活动拥有广泛的群众基础,抓住人们日益增长的精神文化需求,通过商业化运作,将市民的梦想和激情以适当的形式组织起来,开发群众喜闻乐见的文化项目,也给城乡居民提供了一些经久不衰的话题。

一类文化活动,通过报纸、网络、手机等多个平台联动播报,报纸上刊登一些选手和观众的采访,网站进行比赛直播和精彩节目回放;同时结合短信、网络投票,吸引大众参与。为普通群众中一些有强烈表现欲的人,提供了一个展示的舞台。县报组织的群众娱乐活动强调参与性、娱乐性,倡导草根文化,吸引群众广泛参与。

县报除了挖掘草根文化,培育品牌,也注重市场运作,吸引众多赞助商参与,提升活动的品牌,打造可持续发展的文创项目。有的报社把赞助商分级为主冠名商、分冠名商及普通赞助商。主冠名商对整个赛事冠名,分冠名商为其中的一些环节冠名,普通赞助商为活动提供资金或赞助奖品,赞助商的形象在活动中以各种方式进行展现。以余杭城乡导报社举办的"唱响余杭"歌手大赛为例,每年吸引赞助费大概 80 万到 100 万元,可获取利润 60 万到 80 万元。

城乡导报社从 2006 年开始,连续组织了八届"唱响余杭"歌手大赛,每届大赛报名人数都在 1500 人以上,参赛者年龄从 5 岁到 75 岁都有。他们当中有余杭土生土长的歌唱爱好者,也有浙江省内周边地区的歌手,还有来自河北、江西、安徽、新疆等全国各地,甚至韩国的参与者。通过海选、预赛、复赛、复活赛、半决赛、决赛等程序,最终决出 10 强选手及冠军、亚军和季军。

报社把活动做成余杭市民的一场"草根文化"盛宴。每届赛事观众达数万,部分优秀歌手获奖后,被推选参加全国性大赛或影视演出,有的参加了中央电视台表演,在市民中取得较好的声誉。也有不少参赛者把活动看成一个社交平台,塘栖镇的俞晓华报名时说:"虽然唱歌水平一般般,但通过比赛会长进不少。而且参加比赛可以认识不少朋友。"也有 60 多岁的老年人报名,他们认为舞台不只对年轻人开放,老年人也可以在舞台上表现得端庄大方。活动有更多的参与者:就是观众。赛事放在临平人民广场,每届大赛总有许多观众把广场被围得水泄不通。

开发培训市场。兴邦振业,人才是根本,培训市场很大,社会效益也很明显。浙江一些县报开展新闻报道,摄影摄像,网络主持人等内容的培训班,通过培训,培养忠实的受众,提高媒体知名度,获得一些社会效益,和可观的经济收入。比如萧山日报社在 2008 年底创办了新闻写作、书法等课程的培训中心,一次招收了 250 多名学员。在报纸上开辟"小记者"及"花季雨季"版,每个周末出版,发表小记者和中、小学生文章,组建小记者团,常年对小记者进行新闻专业培训。报社 2016 年培训的年收入已经超过两百万元,不仅利润可观,还大大繁荣了当地的文化教育市场。

涉足出版产业。浙江县报利用人才优势,资源优势,编写地域人物和地方风情类书籍,丰富了当地的文化产品,取得不菲收益。2009 年,乐清日报社编写成功人士报道的书籍,组织了采编人员远赴云南、新疆等地,选取 60 多名在外创业的乐清人作为采访对象,和每位入选对象商议,收取 1 万元以上的编辑费,经他们同意后进行有偿编辑,把他们的创业故事写成报道,编辑成书,这项活动获得 60 多万元的利润,在开拓版外广告上初战告捷。这类书籍,也给当地人创新创业提供良好的借鉴和启迪。

步入影视产业。影视媒体借助宽带网络快速发展的东风,使微电影、微视频快速发展,成为最具影响力的媒体形式之一。如今,县级报社也开始涉足影视制作领域,有的县报参与过影视投资和制作,有较多种盈利模式,有的是直接投资拍摄后卖节目,有的通过各种模式的广告获得收益,如剧情植入广告、贴片广告等方式。比如萧山日报社所属萧山网 2010 年取得了国家广播电影电视局的"广播电视节目制作经营许可证",接受一些从几万到几十万元的商业投资,拍摄一些网络剧和微电影,比如:拍摄了以安全生产为题材的微电影《回不去的爱》、乡村旅游题材微电影《时光满上青青的河》等数十部网络剧,收益不菲。2010 年 9 月,萧山媒体所属湘湖网联合当地企业投资 100 多万元,拍摄电影《西施》既有社会效益,还盈利 80 多万元。2009 年东阳日报社也出资 200 万元,参与 30 集电视连续剧《秋霜》的拍摄,利润超过 10%。

5.4.2　经营活动策划

进入 21 世纪以后,市场化的改革不断深入,不少浙江县报开始以创新为抓手,适应市场经济体制要求,建立不断创新的机制,从县域实际情况出发,策划各类活动,促进当地经济发展。

活动策划是繁荣市场经济的有效行为,在策划活动方面,浙江县报尝试颇多,收获也很大,涉的范围也很广。

城乡导报社 2009 年组织"以团购的力量赢得实惠"购房联盟活动,三天之内有两百多人报名,许多购房户以团购的力量获得实惠的折扣,而报社也收获了不少开发商的广告。

慈溪日报社组织联谊会,成员包括 100 余家政府机关、企事业单位,收取一定的会费,通过培训、组织考察、联谊单位重点活动策划,出单位、部门专版,信息共享等方式,增进友谊和合作,2009 年创收 100 多万元。

海宁日报社 2009 年策划首届休闲购物节,报社以组委会的名义与一些商家签订指定商户协议,为商家出版广告专辑,介绍优惠折扣细节,在《海宁日报》上刊印了 10 万套价值 5000 万元的消费抵用券,在整个休闲节里共计拉动消费 3.3 亿元,报社取得 50 多万元的直接经济收益。浙江多家县报策划的"杨梅节""龙舟节""茶商大会"等省市媒体无法兼顾的县区一级和乡镇一级的大型活动,通过出版特刊,加大宣传力度,组织观光旅游等方式,为活动聚集大量人气,扩大媒体影响。

县报对当地居民的实际困难比较了解,以悲天悯人的情怀帮助居民解决一些经济困难。比如,2009 年 11 月初,乐清岭底农民的柿子成熟了,却卖得不好,存放时间又短,一不小心就颗粒无收。乐清日报社策划推出"情系果农,乐清青旅——成本价推出柿子采摘游"活动,发布系列报道《柿子价贱无人摘伤心果农欲砍树》,组织市民体验采摘游乐趣,帮助岭底果农在短时间内,以适当的价格卖掉柿子,解决了卖柿难的问题,通过乡村采摘游活动,还丰富了城市人的业余生活,增加了乡野情趣,一个乡村采摘的旅游新项目出现了。

长兴传媒集团也探索产业发展新思路,先后探索出"媒体+会展""媒体+地方政府债"等模式,并取得了丰厚收益。仅 2015 年这一年,就举办过房、车、购物等各类大型博览会 12 场,创收超 800 万元。"媒体+地方政府债",策划营销推广地方政府发行的债券,在 6 个月时间内销售近 20 亿元,赢利近千万元。2015 年 11 月依托媒体属性,打造的一系列平台及产品应运而生,互联网金融平台"第一债券网"。2015 年 12 月中国人寿保险集团联合长兴传媒集团打造的全国第一个移动端产品"云车险"。

此外,有的县报还在跨行业投资、跨地区策划活动等方面做了很多尝试,它们积极探索突出主业、发展相关产业的新路子,努力培育新的经济增长点,积累了宝贵经验。2015 年 8 月 23 日到 25 日,浙江省县市报工委组织全媒体联合采访竞赛,组织 60 多家县报的记者,进行千岛湖首届"互联网＋旅游"电商漫游节的新闻报道,探索媒体服务经济的新模式。利用电商漫游节的时机,对千岛湖旅游做了一次全方位和全覆盖的宣传,多家媒体同时聚焦千岛湖,同步进行全媒体新闻大赛,包括新闻故事赛、摄影大赛、新媒体发布赛、电商漫游节等各项,赛事通过微信、微博和自媒进行交互式传播,把活动信息传播到网络的每个角落,推动县报采编能力的提升,进一步推动了新媒体在县报的应用,促进县报媒介融合业务的开展。

第六章　浙江县报与社会发展

　　从社会发展视角来看，浙江县报在社会发展中展示出基层媒体的重要功能。长期以来它都是地方党委政府意识形态的宣传工具，在地方管理的社会服务上发挥了重要的作用，同时也是县域群众获取当地新闻和信息的主要平台，在对社会发展、地方形象建设和文化传播方面也发挥了重要作用。县报多角度多层面挖掘地方特色，构建的地方形象，铸造一方群众对地域环境的共同记忆。

　　中国"政党—国家—社会"的结构格局，推动国家治理体系向现代化转变，逐步建立现代化的治理价值观和运行机制。中国共产党对国家的领导，是运用国家制度进行有效治理；党对社会的领导，是通过各种方式，实现对社会的有效动员和资源整合，各级媒体参与其中，发挥各自作用，使人民在新时期，能够围绕共同的建设目标而努力。国家治理机制也是不断发展的，在不同阶段的表现不同，把基层媒体县报"嵌入"到国家治理模式转型发展的历史进程中，作为国家治理的一个角色，放在一定的历史时空内来考察其演变发展，评估其功能，梳理其作用是很有意义的。可以从"结构—功能"角度出发，分析媒体与社会发展的关系，探讨随着国家治理模式的演进变革，媒体如何转型发展。

　　媒介还有助于居民在新环境中有更加积极的态度，提高交往能力，加快适应社会（Mcleod，J. M.，& Chaffee，S. H.，1973:469—499）。曾有芝加哥学者对移民做了深入研究，结果证实，报纸有利于移民接受新环境主流文化，加快与新环境的融合，从而被同化，促进社会和谐发展（Stuart Cunninggham & John Sinclair，2000:62—98）。

6.1　媒介地理学与县报

被认为是"现代传播学之父"的伊尼斯指出,好的媒介可以促进时空观念的平衡(Casey Man Kong Lum,2005:66)。

大概在 1985 年左右,"媒介地理学(Geography of Media)"的概念开始出现(Johnston,2000:493—494),是从媒介学与地理学的交叉地带划分出的学术领地,融入了一些媒介学、文化学、地理学、传播学等众多学科的知识。

媒介地理学从文化地理学发展而来,美国索尔 1925 年的著作《景观的形态》(Carl O. Sauer,1925),通过当地的"文化景观"研究人文地理特征,是文化地理学形成初期的一个重要文献(周尚意,2004:6)。文化景观相对于自然景观的一个概念,是指"居于该地的某文化集团为满足其需要,利用自然界所提供的材料,在自然景观的基础上,叠加上自己所创造的文化产品"(王恩涌等,2000:43),包括住宅、服装、饰品等物质文化,也包括语言、民谣、风俗等非物质文化。

媒介地方性是指媒介在一定的空间内,在社会制度、民族、居民习俗、地域文化方面的特性。对县报来说,所处的环境是其新闻采写的物质基础,是对地方社会文化的映射;同时,报纸对地方人文和社会环境也具有一定的反作用力,能够在一定程度上影响、改变社会习俗,塑造具有地方特色的文化形态。一方水土养一方人,也养育着一方文化,浙江是江南风景秀丽之地,美丽的地理环境,孕育了繁荣的地域文化,丰富的人文内涵,乡土气息重,有几十种不同的方言,它决定了浙江各地的县报具有不同的文化气质。

人们通过视觉、听觉来接触事物、感知事物,建立对事物的"印象"。随着各种形式的媒体出现,人们愈来愈多通过媒体中介来认识事物,了解事物。索尔提出:"如果把运货的道路看作是地理现象的话,也可以把运货的车厢看作是地理现象。"(Carl. O. Sauerl,1925:19—54)意指:媒介是信息传输的载体,与地理环境息息相关,受地理环境的影响较大,因此,也可以把媒介看成是一种地理现象,一种文化景观。

现代社会中,对地域文化的认识和传承,主要依赖文字、图像、视频等等的记录和塑造,很大程度上是媒介建构起来的,正如美国学者安德森在《想象的共同体》(Imaging Communicty)一书里所叙述的,拥有疆界与主权的民族国

家,其实只是从民族情感与文化根源出发形成的一个"想象的共同体":

> 这样的小区是想象出来的,因为即使是最小的民族国家,绝大多数人也没有相遇的机会,彼此之间也互不了解,但在每一个人的心中却存在着彼此共处的一个社群的想象。(Benedict Anderson,1983/1999:16)

在一个区域中,县报可以看成是一种"想象"的中介,为当地居民提供了一种阅读的"仪式感",形成对地域环境的共同印象和脱离血脉亲情的人文情怀(John Tomlison,1991/1999:120),建构起一个"共同体"。浙江县报在发展过程中,对浙江县域的人文塑造和共同印象的建立,也发挥了一些作用。

县报在新闻传播上亲和力上有天然的优势。一方水土养一方人,县报总是和当地的经济、文化、地理环境等形态有密切的关系。县报亲和力是在报道当地的新闻事件或新闻人物时,内容具有针对性、贴近性和地方特色;语言适合当地读者的"口味",使用新鲜活泼的群众语言、方言俗语;版式风格与本土文化特色相吻合,譬如,《慈溪日报》置身于江南水乡和现代都市风情兼容的环境里,培养出清新里蕴含雅气、庄重中透出时尚的风格。

在浙江,一些县报的报名可以看成是当地特色的缩影。比如:全国唯一的少数民族自治县景宁县报取名《畲乡报》,青田县华侨多,县报取名《侨乡报》,盛产香菇的庆元县报叫《菇城报》,云和县是有名的木制玩具生产地,报头左下设置了一块"中国木制玩具城"的标志。

中共景宁畲族自治县委机关报 (浙)字第01-31号　　中共庆元县委机关报(周报) 准印证:(浙)字第01-34　　中共云和县委 云和县人民政府机关报 (浙)字第01-33号

图2 《畲乡报》报头　　图3 《菇城报》报头　　图4 《云和报》报头

6.2 地域文化

任何一种关于一个地方的报刊文字,都是这个地方存在形态的一个侧面记录,以前的记录是今天的历史,今天的记录就是明天的历史。有了这些记录,使得一个地方的文化与发展踪迹得以呈现给未来,这对于一个地方是很有意义也很重要的一件事。县报不只是一张普通的报纸,也是塑造一个县域地理、历史、文化品牌的重要载体,将会成为记录县域历史的重要组成部分。

浙江 5400 万人口,散布在 10 万平方公里的土地上,生活在 90 个县域中。从文化特质来讲,各县在风物人情、历史文化、民族宗教、社会习俗、经济发展等方面千差万别,县城与省会城市、地市级城区,情况也大有不同。在信息传播不断向个性化、分众化发展的时代,以中央一种声音、一个途径的传播,和以中央、省、市三级党报为骨架的报刊体系,都难以适应各地居民对千差万别的需求,无法满足读者对信息的个性化和多样化的需要。

经济催生了区域性报纸的市场需要,文化需求对报纸发展产生影响。所在区域的文化环境影响报纸的发展方向。区域报纸推动读者对地域的文化认同。内容的接近性使读者建立自己对所在城市的强烈文化认同。很多读者在面对众多每天发行的报纸时,最先选择阅读的是本地的报纸。由于历史等原因,县报既有城市文化的色彩,又有对农村文化的包容与吸收,形成了特有的文化特色,满足当地居民对新闻的述求。

各地县报的办报宗旨,扎根当地,报道当地,服务当地,明确地将报纸与独特区域特色,人文地理联系起来,区域文化和受众需求决定了县报的新闻报道是区域导向和读者导向、文化导向的融合。

例如,有 1800 多年灿烂文化历史的松阳县,县报《新松阳》从创刊起,地域文化气息就很浓厚。既有多数报纸普遍拥有的综合新闻,新闻广角,人文视觉,诗书画人才等板块,也强化了自身的特点,从"凌霄台""松州漫话""醉美松阳""走南闯北""田园松阳·文化""田园松阳·乡村"等栏目名称即可看出其承载了浓郁的乡情。无论是"古县回眸",还是"理论与研究",无论是"生活养生",还是"文化休闲",无论是"松州漫话",还是"社会万象",都与地域特色相连。《美丽林相催生喜人"钱景"》(徐健中、肖庆来,2008)、《幸福松阳》(杨致良,2009)、《农药瓶"失宠"记》(孙志华,2010)、《"田园游"火了民宿旺了特产》(叶承慧,2013)、《粗奢:封存在时间胶囊里》(黄春爱,2015)、《"互联网"+茶园种销模式"大变脸"》(朱少珍、吴深玲,2016)等一大批反映当地经济文化等特色的文章,浓墨重彩地描绘了松阳历史和现实,在社会发展和文化的沉淀中撷拾出一片片缤纷落英。

再以乐清为例,"乐清"这个地域品牌在乐清人中的认同感很强,很有号召力;从经济上来说,乐清的经济实力雄厚;从城市化发展来说,乐清城市化水平较高,市民综合消费力强,报纸等信息媒体生存发展的市场基础较好。在这样的城市区环境下。《乐清日报》立足于乐清,报道地方新闻,传播地域文化,受到读者欢迎,成为当地的强势媒体。

1989 年,刚刚复刊的《淳安报》开展"赤日炎炎边界行"采访活动,报社派出多名记者,历时一个月,步行 1300 公里,采访了 28 个沿边乡镇,发稿 4 万余字。1999 年,《建德日报》开展"99 百村行"活动,报社每个编辑记者至少深入 10 个村采访,先后刊出《"打的"赴杭卖新茶》《山里人结缘互联网》《田里地头博士忙》等典型报道。《富阳日报》1999 年开辟"走过 50 村"栏目,连续报道 50 个特色村的文化特色和经济建设成就,在社会上获得广泛好评,掀起当地村民看报热潮。

优秀的地域报纸不仅仅关注本地动态,也对外埠新闻进行巧妙的投射和对接。随着互联网的普及,很多居民都从网络获取最新信息。县报如果照搬重大新闻,与其他媒体会有大量内容重叠,缺少特色就缺少吸引力,因此,对一些重大新闻,要寻找在本地的投射点,比如全国两会,就寻找当地的参会代表进行采访,挖掘题材,对和当地有关系的政策进行重点报道,使新闻报道更加贴近当地,贴近居民。

县报在地域上具有接近性,离本地读者距离最近,亲和力强,刊登了很多当地的人和事,都是发生在读者身边,读者的阅读兴趣大。由于地域优势,县报在报纸投递和新闻传播的时效性方面,也有较大优势。互联网普及以前,浙江多数县报自办发行,报纸的发行网络建设得很好,投送质量较高,往往会赶在其他邮政投递的报纸之前,送到读者手中,成为县域读者每天收到的第一份报纸。例如,1993 年北京奥运会申办成功当天早上,多数萧山人都是首先从当天一早收到的《萧山日报》上得知这个消息的,比上级党报《杭州日报》和《浙江日报》要早两个小时。在当时,县报这种传递信息的快捷度,是其他任何一家上级报纸所做不到的。

6.2.1　浙江县报对地域文化资源的构建和维护

地域品牌也开始运用商品包装的方式进行宣传和推广,并有一整套的推广展示的模式:包括标志性建筑、口号、特色景区等(Stephen V Ward, 1998:1)。报纸在现代社会中成为地域文化的一种重要载体,对地域文化进行塑造和传播。浙江省很多县报,都开办了具有鲜明地方特色,或知名景点命名的副刊,报道本域风土人情。

　　文化是个广泛的概念,很难给它下一个精确的定义。文化又是一种软实力,具有内在的能量,能够在潜移默化中推动了地方经济和社会发展。浙江省是地处江南的鱼米之乡,历史源远流长,和黄河流域一样,也是中国古代文明的发祥地之一。5万年前的旧石器时代,原始人类"建德人"就开始在这个区域内活动。文明史也已经历经了数千年的风雨,最早在7000多年前的新石器时代就出现人类文化,即公元前5000年至公元前3300年,在浙江余姚出现的古老而多彩的河姆渡文化。此后,6000多年前有了浙江省嘉兴市的马家浜文化,已经开始从事稻作农业。5000多年前的浙江余杭的良渚文化,3000多年前形成以太湖流域为中心的吴越文化。浙江文化博大精深,风采夺目,还有各种非遗文化,如越剧、婺剧、宁海平调、松阳高腔等20多种曲艺文化。浙江特产丰富,有龙泉宝剑、青田石、西湖龙井、杭州丝绸、太湖银鱼、慈溪杨梅等,共同营造充满活力的文化特色和人文气息。

　　一些县报开辟了挖掘当地人文地理资源类的专栏,进行城乡探秘,报道优美的自然环境和鲜为人知的生态特色。这一类社会新闻,自然情景意境美不胜收,松间明月,林中鸟鸣,石上清泉,莲下渔舟,人文气习十分浓郁,阅读这样的文章使读者有身临其境之感,乡间美景令人心旷神怡。如《奉化日报》在2000年后,刊登了多篇写莼湖南岙村的文章,报道南岙村,山峡盘旋,溪流淙淙,古木参天,梓樟丛丛,优美的自然环境使人长寿,几十年来,生活在村子里的村民,几乎没有在70岁以前病死的,也没有生恶性病,全村人平均寿命79.2岁。优美的自然环境,吸引了北京、上海等地的一些市民到村子里买房建房,休闲居住。

　　每一个地域习俗的形成,都会受到当地经济的影响,地域文化和行政管理体制的制约,在经过多年的传承和衍变,形成典型的地方特色。县报的报道,既强化了这些地方特色,参与对这些特色的塑造,又在更大范围传播和传承了这种特色。

　　例如,1996年,《余姚日报》借河姆渡遗址特种邮票首发之际,组织了"河姆渡文化博览""河姆渡——精神之渡""河姆渡遗址博物馆接待中外旅客20多万人次"系列报道,并推出"河姆渡传人谈文明""扬河姆渡文明、颂余姚人新风"两个专栏,给读者留下了深刻的印象。

　　在珍珠之乡诸暨,《诸暨日报》推动文化与经济融合发展,开设"珍珠赋"专栏,派出记者到江苏、江西、安徽、广西等珍珠产地,收集珍珠生产技术和产量等信息,结合诸暨珍珠生产的实际情况,发布珍珠生产新闻报道,促进经济发展,同时重点挖掘诸暨珍珠文化,诸暨与珍珠有关的地方特色、民间传说和历史渊源,包装、宣传和推广诸暨的珍珠文化。

在天姥山所在地新昌县,《新昌报》承办了 2002 年"鹤群杯中国·天姥山风光风情全国摄影大奖赛",300 多名来自浙江省各地和北京、上海、河南、江苏等省市的参赛者,以及部分知名摄影家到天姥山进行实地创作,2000 多件参赛作品从不同角度反映了新昌的风景名胜、人文景观、民族风情、佛教文化、唐诗之旅、地质遗迹、影视文化等,以及经济建设成果,城市建设特色。该报将60 余幅获奖的优秀作品,制作成大照片,在当地的风景名胜点,及省内各地展出,产生了良好的宣传效果。

2003 年,《嵊州日报》在地方文化节领带节、越剧节时,抓住良机,分特色经济强市、越乡文化名市、国际领带都市三大板块,配合各乡镇、部门的形象宣传,刊出 56 版双面彩印特刊,以及系统介绍嵊州的彩印小册子。

上虞置县 2200 余年,文风鼎盛,秦汉迄今,可谓蓝田生玉,代有名人。《上虞日报》以特色为生命力和竞争力,在报道中廓清特色思路,强化特色定位,形成鲜明的特色。2004 年开辟"虞舜文化"专版,弘扬虞舜文化,每周一期,刊发标志上虞深厚文化积淀的"东山文化""梁祝文化""白马湖文化""曹娥孝文化"的寻根和研讨文章,通过走近乡贤,追溯历史文化的渊源,寻觅先贤走过的足迹,挖掘乡土文化的丰富内涵,使祖先遗存的传承文化得以重放异彩。

2014 年,《萧山日报》策划了一项从老照片里寻找"萧山记忆"的活动,设立风土人情、城市风貌、自然风光等专题,展示萧山的魅力和城乡变迁。

但是,县报不仅仅是地域文化古迹、历史名人、民间故事和传闻的记录者和传播者,而且成为一种地理资源符号的载体,通过对这些地理符号的重新赋予一些意义,让本地地理环境承载一些地方文化,表达一些特定的文化、民俗等主题。对地理景观的文化内涵进行再建。《今日长兴》副刊《花溪》,融入显著的长兴地域特色,从最细小的环节入手,致力于展示太湖畔的千年古县长兴的无限魅力,并将长兴文化与长兴人群密切联系起来。读者评价它是"一本流动的长兴风物志"。

县报对地理文化的读解,能够让更多读者更好地了解故乡,感知故土,知晓故乡的历史、文化特色,增加乡土深情,塑造良好的地方形象,提高故乡的吸引力和凝聚力,推动文化发展,促进文化产业的兴起。县报在乡土地理符号的建构和解读上,都具有重要影响。

6.2.2　浙江县报对本土地理文化资源的利用和挖掘

根据媒介地理学的划分,景观分为未受人类活动影响的自然景观和人类在地表活动产生的人文景观两类。人文景观由楼房、广场、街道、工厂、农田、水库、公路、古迹与人的活动共同构造形成,反映一个地方的人文和地理整体风貌。

自然景观和人文景观,都参与地方形象的塑造。程曼丽教授提出塑造国家形象的重要性:"中国需要通过国家形象的塑造与传播,为自己营造良好的舆论环境及与外部世界和谐互动的氛围。"(程曼丽,2007:5)国家形象很重要,地方形象的塑造和传播同样重要,媒体在构建地方形象上发挥了重要作用。地方发展要突出特色,县报的重要功能当然少不了开展示县域的美好形象,展示县域风采,有策划、有目的地去树立地方品牌。县域形象是公众对县域概况、县域特色、县域经济、文化等内容的总体评价和认可,是县域人文精神的集中表现,是一种重要的无形资产。

如今,网络媒体为读者及时提供了大量的有用信息,以及一些公关事件、重大新闻报道,而县报除了传播信息,还承载了挖掘区域特征,树立地方品牌的使命,通过地域性的表现形式来体现地域风情,这些功能是其他媒体无可替代的。

新媒体跨越地理上的限制和束缚,展示出一种强烈的"无地方感",网络互联推动地球村的形成,现代文明的快速发展,使城镇建设趋于同质化,地方差别越来越小,人们的地域认同感不断下降。县报在营造地方认同感上有重要作用,通过展示一些具有亲切"地方感"的作品,引发共鸣,形成一些地域文化方面的共识。

居民生活顺应地理特点,根据环境特点调整生活方式,养成相对固定的生活习性。同样,媒体是因群众而生,因地理环境变化而调整,尊重和顺应一方民众的生活习性和一方水土的特点,这也是媒介生存和发展的必然选择。地方形象和媒体宣传息息相关,县报宣传地方地理文化气质和特色,提升居民幸福感,美化生活,打造地方品牌。

松阳县的地标是独山,当地《松阳报》以"独山"为名开辟了一档文化专版,将它塑造为地方的象征性景点,成为松阳县居民心中记忆故乡的图腾,它不仅仅是一个物质意义上的山,也成了松阳的土地、文化和精神的象征,浓缩的记忆载体,松阳人从它身上找到了一种地方体验和归属感。

媒体能够提出一个幸福的观念,展示一个美好的愿景,并通过传播成为一种大众文化(Jameson,Redric,& Late Marxism,1990:147)。建构和维护地域形象,让更多的人了解当地的风土人情,也成为县报的一个重要功能。不同大众媒介构建的地区形象会有一些偏差,展示效果也不同。生活在不同地域的人们有不同的特性,包括人际交流方式,信息传播和接受的习惯,都会带有一些地域文化的印记。县报依靠自身贴近性的优势,通过灵活有效的新闻报道,深入挖掘当地地理、文化和社会、环境等方面的独特资源。县报和当地居民有文化认同的基础,有比其他媒体更近的心理距离,更加熟悉和了解地域文化、传统文化,很多县报编辑记者对当地的特色风俗、社会风貌等与百姓息息相关的情况了如指掌,这些优势拉近了县报与受众之间的心理距离,使之在构建地方形象时得心应手。

随着经济发展,居民生活水平提高,生态文明建设被日益重视,浙江地处江南富饶的鱼米之乡,青山绿水覆盖,自然环境优越,地方政府也想方设法做好生态文明建设,有的县报大力宣传"打造蓝天白云之城、青山绿水之城""青山绿水就是金山银山"的理念,建设秀美宜居的家园。

县报是基层媒体,有地理上的接近性,在与县里各部门频繁交流中,建立熟悉和友好的关系,形成感情优势,从而能够收集更多新鲜的、有新闻价值的素材。捕捉发生在百姓身边的"近镜头",记录当地居民的家长里短;当地居民接受县报记者采访时,还有不少用土话交流,具有天然的贴近性,便于获得读者以诚相待,获悉读者的真实情感,做出感情真挚,充满温暖的新闻。

树立地方模范典型人物。《绍兴经济报》先后刊登多篇空军模范丁宝良的新闻报道,宣传地方模范。1990年6月18日刊出报道《丁宝良的故事》;6月25日,刊出通讯《山水含情,军民连心——丁宝良事迹报告团在绍活动花絮》;10月,连续采编一组6篇"丁宝良青少年时代的故事",这些报道在社会上引起广泛反响,后被空军政治部办公室研究室收入宣传绍兴籍空军"学雷锋优秀志愿兵"《丁宝良的故事》一书中。

构建地方形象,要扩大覆盖面,将地方特色传到更远的地方,传播给更多的人群。面对各种数字和移动媒介不断与报纸争夺读者,县报要尽快适应新环境,做出调整,顺势而为,突破发展。小的也是美好的,县报运行成本较低,媒体市场竞争不大,广告、发行情况良好,在浙江这片土地上保持着生机与活力。

2000 年《萧山日报》改版,每周五出刊的周末版,辟有"萧山名人"专栏,又设立"萧山古今谈""地名掌故""姓氏春秋""民情风俗"等栏目,从中展现了萧山历史悠久的灿烂文明。

2010 年 7 月 28 日,松阳县新闻传媒中心所属的"中国松阳新闻网"开通,2014 年该网站采编的作品"松阳古村落"获第二十四届中国新闻奖三等奖,是全国唯一一家县级新闻网站获奖。

总之,从地域因素来讲,县报与受众最为接近。县报记者一走出编辑部,就来到田间地头。你讲的事,他是旁观者;你介绍的人,他也有所闻,这样的报纸对基层受众来讲,自然比那些讲远在几百里之外发生之事的报纸更具有吸引力。浙江多家县报提出"努力贴近群众,学习晚报风格,办出地方特色"之类的理念,增强对当地受众的吸引力,唱好"地方戏",充分了解读者的需求,少说"官话",多说群众爱听的"普通话",做好地方经济文化的报道,提高县报在群众中的接受度,谋得更广阔的发展空间。

6.3　社会与民生新闻

如果把国家看成是一个人,那么中央无疑是心脏,媒体可以看成是血管,最基层的媒体县报自然就成了毛细血管,承担微循环传输功能,保障细小管道的畅通。县报也是国家系统的神经末梢,将各项政策细化后传达给大众,和群众直接交流,收集反馈信息传达给管理部门。县报传播和沟通能力的好坏,会影响基层党委和政府工作的质量和效率,与国家政策的执行效果息息相关。基层政府的公信力、群众支持和认可度关乎执政的根基,县报是县委县政府的窗口,县报的作用发挥得当,会增加县委县政府的威信,提高执行效率,反之亦然。基层媒体是国家肌体"微循环"系统的一部分,一旦出现故障,就会产生很多的社会问题。

互联网普及后,群众在网络上对基层干部的不满的吐槽声剧增,新闻和信息经过大众传播媒介的采编报道后,向公众展示的是这个加工后的环境,与真实客观环境并不完全一样,这种媒体报道形成的环境被称为"拟态环境"。随着新媒体的发展,传统媒体的话语权受到挑战,一些地方官员和地方政府的负面形象,在网络传播中放大了,给大众留下较差的印象。新媒体平台的传播具有多、杂、散、匿的特性,有些人隐匿在平台中不负责任的胡乱发言,日常生活中人们之间缺少一种积极的公共纽带,人际关系日渐淡漠,地域认同感不断减弱。

从社会学的角度看,城市化和城镇化过程就是人类的生产和生活方式由农村型向城市型转化的过程。在这个过程中,文化观念的转变,价值体系的重建非常重要。随着浙江改革开放不断向纵深发展,一些乡村在城镇化中发生很大变化,农民的村落意识逐渐瓦解,被市民意识取代,市场经济深入到城乡的各个部分,城乡结构发生很大变化,有的地方政府和市民缺少沟通的途径,乡村的公共事务管理责权不明,带来很多问题,激发居民的不满情绪。

城镇的新市民,在生活中会发现,城镇人的生活方式、观念和价值判断,与村民有很大区别,他们希望能够了解更多外部世界和城镇生活的信息,进而改变自己,建立全新的生活模式,尽快融入新环境中,形成新环境的归属感。

乡村治理结构需要完善,就必须为管治双方建立畅通的信息沟通渠道,找到问题的根源。基层媒体就具有上传下达的功能,能够在沟通中发挥重要作用。县报的内容离不开社情民意的反映,在联络各方中起到桥梁作用。

6.3.1 浙江县报民生新闻报道

我国在推进城市化进程中,给县报带来新的挑战。现代报纸起源于欧洲商业发展的进程,在城市生活中,产业化大生产促进了工业生产效率大幅提高,商业发展使商品流通的需求不断增加,市民对信息的需求大量增长,城市里各行各业产生大量的信息,需要有合适的传输途径,这些社会环境的变化,成为报纸生存和发展的必要条件(童兵,2001:28—29)。

理查德·塞内特对城市的定义,是一个为陌生人相遇提供机会的居民聚集地(Richard Sennet,1978:39)。浙江城市化建设中产生的新市民,多数离开了原来的老宅,搬入了新房,进入了新型小区,周围增加了很多陌生人。新市民要在城市重新建立归属感,仅仅靠法律和政策是不够的,因为他们不会在办理了新的户口证和房产证明后,就自觉接受全新的身份认同。公民权利、市民意识、子女教育、劳动保障、社会保险等很多变化,都需要一个长期的过程来消化,需要大众媒体发挥潜移默化的影响,帮助新市民建立心理上的归属感(Ball-Rokeach,S.,& DeFleur,M.,1976:3—21)。县报可以助力居民归属感的培养上,在城市化进程中发挥了催化剂、冷却剂、润滑剂的作用(李骏,2011:136)。

做经济发展的催化剂。乡镇是新农村建设的前沿阵地,县级政府是统筹乡镇发展的主角。随着中小城市建设的全面推进,在社会发展中,会产生众多的新需求、新困惑、新矛盾。这些新事物、新情况、新观念、新办法,都是县报报道的重要内容。县报利用地域上的接近性,及时掌握社会需求,为城市化发展提供最有效的信息,宣传新的思想观念,传播市民需要的各种知识,起到催化作用,为发展加速。

比如,资金紧张一直是制约企业发展,特别是中小企业发展的重要因素,2009年,浙江的《温岭日报》连续三天在头版头条位置刊出了"货币供应开闸,企业'钱荒'能解几何"的系列报道,详细介绍了温岭市相关部门和部分金融单位,如何提高服务质量,挖掘潜力,想尽办法为中小企业走出融资难的困境。同时配上《发展是最大最有效的防风险》《丰厚的民资和巨大的需求之间需要更多通道》《要等水到,先得渠成》等评论文章,为中小企业引航之路,帮助中小企摆脱困境,加速发展。

做社会矛盾的冷却剂。城市化进程,是一个急剧转型的过程,涉及面相当广泛,会产生众多的新问题。新旧观念会在这里交锋,新旧生活方式会发生剧烈碰撞,新旧居民会不断交融,生活在一起后,如果一些矛盾得不到及时处理,就会成为城市化进程的障碍。

县报在地域具有的贴近性,采编人员身处基层,可以及时捕捉社会热点,迅速发现问题,反映问题,寻找问题的根源,促进问题的解决。一些社会矛盾如果激化,会发生群体性突发事件,造成较大的社会破坏性。从心理学来看,人在接受信息时,存在"先入为主"的效应,这类事件传播中,往往夹杂着一些似是而非的传闻,成为激化矛盾的导火索。县报如果能够及时核实,及时发声,公布权威信息,准确地报道事件进程,正本清源,让群众了解事件真相,就能够较好的化解舆论危机,促进事件的妥善解决。

做居民生活的润滑剂。县报关注民生报道,可以使邻里关系和睦,居民的生活品味提高,社会和谐,促进城市化建设。库利提出"镜中我"的概念,其实质就是:人是一个社会人。人对自己的认识,是在与社会的互动中形成的,传播帮助人们形成对自己社会角色的认知(Charles Horton Cooley,1998:19—25)。新市民对新环境的认同感,很大程度上取决于对周围环境的融入程度。媒体传播帮助人们强化对新身份的定位,使之改变一些原有的习俗,加快身份转换。在明确对自我认知后,通过媒体加强多个不同群体间的互动,使之相互影响,从而使不同群体之间在很多方面能够求同存异,使社会和谐(Doug

Walker,1999:157—197)。

城市化过程中出现的小区,既是新闻的富矿,又是群众矛盾的集聚地。《温岭日报》围绕新小区建设,开设市民讨论话题,传递民情民意,化解群众之间的矛盾。比如,有些农民搬迁进入城中村后,把小区绿化带看成自留地,在上面种各种菜,施各类肥,引起其他一些小区居民的不满,针对这个比较普遍的问题,2009年5月12日发表"我看小区绿地种菜"的议题,发动市民参与讨论,先后有50多人在报纸上发表了个人观点,提出相关建议。报社及时向市有关管理部门反馈了情况,引起相关部门重视,及时采取措施,将菜地改回绿地,并根据居民的实际需求,在部分绿地铺上草坪砖,可供居民停车,既有绿化效果,又增加了停车位,缓解停车难问题。此后,还陆续推出"我看文明放鞭炮""我看小区卫生"等专题讨论,吸引那些由村民转为市民的小区居民对各种习俗进行讨论,引导他们移风易俗,提高生活品位,改变落后的生活习俗,融入城市生活中。这些例子说明县报发挥了润滑剂的作用,在城市化建设中,通过当地媒体的传播,在提高村民经济收入的同时,也提高了他们的文明程度和文化素质,提升了生活品位,推动社会和谐发展。

有研究说明,个人接受了积极情感的影响后,能够增加亲密感,使群体更加具有团结感(Kory Floyd, Jon A Hess, Lisa A Miczo, & Kelby K Halone, 2005:285)。"新闻创造价值,阅读改变生活。"县报利用各种促销手段提高报纸订阅量,通过媒体传播科学知识,宣传新的消费理念,提高"新市民"的知识水平,培养"新市民"的阅读习惯,使他们成为报纸的忠实读者。

许多县报想方设法服务读者。《绍兴县报》把帮助读者排忧解难办实事作为自己的"天职"。1997年,推出了"求助者在呼唤"栏目,全年刊发生活困难读者、患大病群众求助信访稿件60多篇,为20多位白血病、癌症患者募捐到40多万元人民币;1999年,开设了"贫困学生请你资助"栏目,当年分别为100多位家庭贫困的大、中、小学生结上了助学对子。2003年推出了"为贫病者送温暖"栏目,当年为生疑难病、重病且家庭经济又困难的10多位农民解决了住院治疗问题。由于《绍兴县报》在接待和处理读者来电来信来访上做了大量的工作,富有成效,为促进社会和谐不断作出贡献,被读者誉为县委第二信访室。

2000年,《慈溪日报》开通受话方付费电话,接受群众投诉,解决群众困难。《义乌日报》2001年在报社内设市民援助中心,由一位副总编和四位编辑记者负责,在一年时间内就接待市民来访上千批次,受理各类问题9000多个。他们把其中一些情况刊登在报纸的"读者专线"上,把有些需要向市民说明的问题利用报纸的"民情热线"进行解答,同时还把发现的重大问题写成内参供领导参考。2013年,《富阳日报》推出首届金融服务嘉年华,《城乡导报》推出"余杭好家装"活动,参与生活类服务。他们根据当地读者求富、求安、求知、求乐的心理,办好为读者服务的专栏等等。所有这些,都贯彻了一个"亲情"原则,使县报在本县群众中生根、开花。

新闻贵在快。浙江县报为及时收集和发布最新县内新闻,组建了一个四通八达的新闻资源网络,收集线索。对一些琐碎的小新闻,集中在一个地方发布,有的还加上一些评论,报小言不轻,提升报纸新闻的新闻价值和影响力。浙江县报对民生问题和社会热点的报道非常重视,及时引导舆论,发挥报纸的导向功能。浙江一些县报,直面民生问题和社会热点,在突发事件中敢于及时报道真相,走在谣言的前面,起到缓解社会矛盾的效果。县报在和地方政府沟通方面具有优势,能够较快地拿到详尽的第一手数据,主动介入突发事件,进行及时、准确地报道。当然,由于县报受当地政府的领导,一些县领导还不能善用媒体,善管媒体,比如在突发事件处理上,还存在封杀信息的思想,给基层媒体报道设置了很多界线,使媒体在一些重大社会事件中,不能及时发出声音,从而谣言漫天飞,对政府、媒体产生不良影响,这样的教训比比皆是。又比如要求县报多发一些新闻价值不高的领导讲话和会议新闻,使县报的可读性下降。

随着浙江经济的发展,很多农民已经丰衣足食,但县域乡村群众的精神生活相对贫乏,农民也没有良好的阅读习惯。许多县报在这方面下了很大功夫,及时收集信息、传播信息,让百姓觉得报纸讲的是自家话,说的是身边事,报的是身边人;同时,解决信息传输"最后一公里"的"肠梗阻"问题,加速"末梢"传递,发挥好政府与广大群众之间的"桥梁"作用,做好沟通,提高信息服务能力。(李骏、洪佳士,2011:60-62)

要培养基层读者的阅读习惯,不能像20世纪50年代一样,依靠行政指令,通过大众读报活动等方式,推动报纸发行。只能在内容上多下功夫,让基层百姓感觉到县报的内容可靠、信息准确,而且很多本地报道和日常生活生产相关,切身感觉到报纸"读了有用"。县报新闻要注重内容的接近性,要深入基层,渗透到千家万户。依靠与读者之间最近的心理距离,采用读者最能接受的方式报道新闻,赢得读者喜爱。

县报做深做活做好民生新闻,提高内容的亲和力,为读者生产生活服务,及时处理读者来访、来电、来函,跟进问题报道,帮助读者排忧解难。了解读者需求,加强新闻策划,重视民生新闻报道。加大对民生问题的引导力度,贴近基层、贴近群众,为读者提供切实有效的服务。围绕生产生活做好政策解读,对社会保障、文化教育等涉及居民切身利益的问题,收集群众意见反馈,做好沟通。选择百姓普遍关心的社会问题,设置议题,让读者充分表达意见,并与当地政府和相关部门做好协调工作,帮助读者尽快解决问题。

2008年5月13日下午,绍兴县一名普通的农民共产党员祁友富凑了10万元钱,以"特殊党费"的形式支持四川地震灾区,《绍兴县报》在14日头版加框突出报道《10万元"特殊党费"献灾区》(祝志高、邵荣英,2008)的消息,成为全国第一家报道"特殊党费"新闻的媒体。报道的角度新颖,时效快,写作上文风朴实、文字简练,文章发表后,报社继续跟踪事件进展,相继刊发《"特殊党费"交纳第一人》(吴坚,2008)、《"你为党带了个好头"》(刘钊林,2008)等8篇报道,详细地报道了该事件一些生动的细节以及事件的进展情况。这个系列后来获得浙江新闻奖一等奖,第19届中国新闻奖二等奖。这充分说明县报记者保持新闻敏感,扎根本土,挖掘新闻富矿,精心策划,精雕细琢,也能写出优秀的新闻。

6.3.2　浙江县报社会新闻报道

在社会管理层面上,县报是在区域内有较大社会影响力的基层媒体,是政府与公众沟通的重要渠道,是传递信息的重要平台,可以及时反映乡情民意。随着城镇居民社会管理参与意识和民主化意识的提高,话语权要求不断提高,县报承担的社会公共管理角色日益增强。

李普曼提出"拟态环境"(pseudo-environment)的概念,郭庆光教授在2002年中国人民大学出版社出版的《传播学教程》中,是这么讲述的:

> 信息环境并不是现实环境的"镜子"式再现,而是传播媒介通过对象征性事件或信息进行选择和加工、重新加以结构化后向人们展示的环境。受众往往将媒体营造出的拟态环境作为真实环境来看待。(郭庆光,1999:113)

县报的新闻报道很可能也构建了某种"拟态环境",县报担负着重要的社会责任,因此新闻采编的目标,就是要尽最大努力还原现实,展示和传播客观事实。

从社会学角度来看,县报的转型是由于社会转型对县报内在角色需求发生变化所引起的,随着中国改革向城镇、农村纵深发展,社会阶层间的利益关系发生直接冲突,新的矛盾不断显现。

通过媒体报道,一方面,使人们对各类社会风险的认知程度提高,认知范围更加广泛,从而加剧了人们的担忧情绪(Douglas M. & Wildavsky A,1983:45−47)。另一方面,人们对风险的控制和防范能力也得到了提高。

媒体还承担着现代社会中公共话语空间的建设和管理功能,承担起社会各个阶层调和的中介功能,为不同的群体提供发表看法和意见的平台功能。县报具有一些独特优势,由于门槛比上级报纸低,对一些涉及公共事务的话题,市民、村民的意见可以在这个平台表达,成为连接居民与管理部门的桥梁。比如,随着市民广场的建设,广场舞的推广,也有一些地理上的公共空间正在形成,这些公共空间里的话题,县报发起和参与得很多。

县报新闻报道中有很多家长里短的社会新闻,也记录了一些街谈巷议,直接反映县域生活面貌。地方资源是县报的核心竞争力,区域读者是县报的重要资源,县报凭借这些资源优势,与其他媒体开展差异化报道。

社会新闻的报道,早在一百多年前就有了,社会新闻原指家长里短、突发事故和社会上各种奇闻趣事等,以前多为晚报题材。民生新闻是20世纪末才提出来的一个新闻报道的概念。民生新闻突出民生主题,讲述百姓的故事,关注百姓的心声,衣食住行,与他们生活息息相关的新闻。以其贴近性,平民视角吸引读者。县报发挥离读者最近的优势,注重地域化,做足本土新闻,做足本地人的报道,不忘关注本地人在外地的新闻和报道。

浙江县报一直强调沟通党委政府与群众的联系,引导社会热点,帮助解决问题。进入新世纪以后,各报加强了民生与公共服务报道力度,创新报道形式,扩大报道规模,推动政府部门打造公共服务平台,组织好社会团体,为群众做好信息服务,为他们排忧解难。浙江县报强化本地新闻报道,在社会新闻报道中,具有一些特色和亮点。

县报开辟讲述百姓故事的专栏,写百姓自己的凡人凡事,这些事情背后,都蕴含着浅显而又深刻的文化内涵。有的人物报道传播弘扬优秀道德质量的事迹,聚焦爱心群众,捕捉和记录生命亮色的美丽瞬间。比如1982年1月4日这一期《诸暨报》,第一版选用了四篇一二百字的小稿,即:《共产党员郭天水——执行"准则",从我做起》《八旬老人周大元——捐款万元,村里用上自来水》《退休教师金佳水——退休不居闲,乐意做好事》《社员李根生家里失火以后——共产党员带头灭火,群众努力相帮》。这些稿子看起来比较平常,是日常生活中所常见的,但闪烁着高尚的思想品质,编辑把它们集中起来,制作了"坚持发扬党的优良传统,建设社会主义精神文明"的栏题,配以"让社会主义精神文明之花开遍诸暨"的报花,并用花线框起来,作为头条,放在醒目的位置。结合了当地实际,突出了宣传中心。

在发现先进人物,树立宣传典型上,浙江省的县报,也做了大量工作。浙江省的模范人物中,有的是由县报最先报道,引起上级党报重视后推广学习的。如兰溪市原农经委副主任杨东海,生前在陈家井村挂职时,为发展农村农业经济产业,把农民带上致富道路,带领群众种植万株杨梅树,给村民带来非常可观的经济收入。还开发出 200 亩的杉木山地,规模效应显现。杨东海把农民当朋友,对登门拜访的农民,进家门时不让脱鞋,还要留吃饭。他对长年病瘫的村民、孤寡老人嘘寒问暖,无私帮助穷困农民解决困难,借钱给村民养猪。在去世前 4 天,他还辗转数百里深入乡间调查。他在整理下乡调查的材料,写《新农村工作思路》报告时,因心脏动脉瘤发作,倒在书桌上去世。《兰溪日报》首先发现了这一典型,深入采访后,策划"学习杨东海,宣传实干家"的典型人物报道,1994 年 10 月到 1995 年这一年多时间里,发特写、专访等新闻报道 300 多篇。《兰溪日报》的这些报道,引起了上级领导的重视,《金华日报》《浙江日报》相继发表介绍杨东海事迹的文章。中共浙江省委决定在全省范围内开展"远学孔繁森,近学杨东海"的活动。

而在中国被广为宣传的气象科技人员陈金水,在西藏默默奉献的事迹,是由陈金水的家乡《临安日报》首先报道的。雅璜乡的"民情日记",则是由《嵊州日报》记者首发报道后,吸引《绍兴日报》《浙江日报》《人民日报》记者相继前往采访。2000 年被树为浙江省先进典型黄东华烈士的感人事迹,则是由《奉化日报》首先报道,尔后在《宁波日报》《浙江日报》发表,后来新华社还专门对此发了通稿。

《东阳日报》与《金华晚报》联合开展了"西部世纪行"采风活动,在 2001 年3 月启动,历时两个多月,先后派出十多位编辑记者涉足四川、新疆等 9 个省、自治区、直辖市,开阔了编辑记者的视野,这个期间报纸先后刊登了记者采写的 50 多篇文章,丰富了新闻报道的内容,也赢得读者的赞许。2003 年 1 月,报社又在周末版的"三乡看台"版面中,推出一个"走南闯北东阳人"的新栏目。派出的记者辗转全国各地,采写了近百位在外东阳籍成功人士,展示了东阳人在外地团结拼搏、开拓创新的精神风貌。

2001 年 7 月,《鄞县日报》刊登《农家四兄妹都是留学生》,报道了当地咸祥镇的一个山村农家的事,农民陈世堂、赵丽月夫妇的 4 个子女从小喜爱学习,长大后全都留洋,获得硕士或博士学位。文中写道:"每逢星期天,家中可热闹了,'大哥老师'出题,来场家庭数学、语文竞赛。有时为了一道题,大家争个面红耳赤,有时为了寻求最佳方法,大家一声不吭地动脑筋……当做完了题目,家中又是另外一种景象:老大拉二胡,老二吹笛子,老三亮歌喉,老四跳起舞,不知被多少农家孩子所羡慕。"字里行间,透出浓厚的生活气息。

《富阳日报》1999 年 1 月 8 日刊发长篇通讯《沈凤英,你现在还好吗?》,报道在富阳生活的全国农业老劳模的境况,引起了读者热烈反响,群众纷纷自发为老人捐款,政府特事特办,解决了沈凤英老人的困难。

1999 年 8 月,定村乡中学生吴广萍舍己救人献出年轻的生命,《江山日报》以"吴广萍,你走得太匆匆"为题,及时报道其生前事迹;之后报社又派记者奔赴现场,跟踪事件进行深度采访,连续发表《吴广萍没有走》《定村乡出现 7 支吴广萍小队》等文,深入报道师生在向小英雄学习中涌现出来的好人好事。

县报记者关注弱势群体,客观描述和反映这些群体的生存状态,深入了解他们的实际困难,帮助他们呼吁,引起相关管理部门重视,促进问题的解决。通过报道一些当地出现的社会问题,呼唤人们的善心,呼吁政府关心和关注这些问题。如《克扣的工资,何时还我》《种下的是"良种",长出的是病秧》《外来妹遭捆绑示众》《关注脑瘫儿》等,县报里这类新闻报道比比皆是。

注重对社会不良现实的反思,刊登的一些贪污、犯罪等新闻事件,借此来提醒人们警示人生。如:《释放半月,又进监狱》《争夺前妻,引发命案》《大款网友,原是骗子》《赌博输钱去偷劫,残杀邻居母女俩》《中巴车吃进半辆摩托》等等新闻,让人们从县报这个窗口看到社会上一个个正在流血的伤口,引起人们关注。

在城乡统筹发展的背景下,原来分散居住在幅员广阔农村的人口,从零散分布向城镇汇聚,带来的城乡经济一体化发展,县是统筹城乡发展的前沿和主阵地,新旧观念冲突,新旧生产、生活方式的碰撞,村民和市民交融,很多问题和矛盾需要通过沟通来协调和借鉴。县报助力统筹城乡发展,也面临着众多挑战,新建城镇的经济还不够发达、市民文化水平总体不高,应对挑战的关键在于充分发挥县报地域、文化贴近性的特点和优势,增加和改善市民服务的栏目,在本地信息的采编上做出特色。让地方性的社会民生新闻唱主角,围绕日常生活,聚焦与寻常百姓关心的就业、医疗、环保等话题,为居民释疑解惑,对涉及群众切身利益的社会焦点问题,进行全方位的报道,为居民排忧解难,提供服务,成为老百姓的"实用纸"。

县报也刊登一些趣味性的社会新闻,这类社会新闻形式上体现的是休憩娱悦,但它展现的却是人们热爱生活、热爱自然、保护动物的情怀,让人们在轻松的阅读中享受文化,心态休憩与情怀孕育,酝酿乡情与充实生活,如《穿山甲"作客"农家》《他和小狒狒》《水斗泻水不畅,原是大蛇作梗》《这对夫妻树,像跳交谊舞》《放生猴面鹰》等。

6.3.3　完善浙江县报传播平台

浙江县报为更好地服务居民,积极开拓市场,注重新闻在报纸和网络等平台的发布与推广,重视县报在农村的发行工作。比如绍兴县鼓励农民订县报,对村民订阅县报达到一定比例的行政村,政府还给予经济奖励。

浙江县报的发行,经历过几个阶段。开始是"邮发合一",这是向苏联学习的发行方式,并经过东北、山东解放区的试点后推广的。1949 年 12 月,在全国报纸经理会议给中共中央的报告中,正式提出为减少发行的开支与损失,报纸发行要逐步交邮局统一办理。邮政合一由当地邮局统一办理发行业务,负责报纸的订阅,兼办报纸批发零售业务,邮局采取一些方便订户的发行措施,如可破季、跨区订阅,单位为职工订阅的报纸可分送职工家中。

浙江省各级各类报纸不久后就先后建立邮发合一机制,省邮电局专门设立二级局报刊发行局,各地、县邮电局分别建立发行股和发行站,并组建发行员队伍,由此逐步形成全省报纸发行网络。20 世纪 50 年代初,浙江省共有2400 多个邮电局、所,总长 11 万公里的 1400 多条邮路,以及 1000 多个报刊零售亭,把报纸发行到各地城镇和乡村。这个时期浙江所有县报都采用邮政合一的发行方式。

"邮发合一"后有两个突出的问题。一个是发行费率的问题,这是邮局和报刊社争执的焦点。发行费率过低,邮局要亏损。报纸在交分销处和派报业公会发行时,发行费率一般为报纸定价的 30%,即七折派报;少数报纸为40%,即六折优惠。1950 年实行"邮发合一"时,中央级报纸如《人民日报》的发行费率是 27%,《浙江日报》是 30%,全国平均发行费率是 28.4%。1953年,邮电部和出版总署决定减低发行费用,规定统一的发行费率为报纸定价的25%。这个发行费率维持了 30 多年。1987 年 2 月,邮电部决定自 4 月 1 日起调整报纸发行费率,规定省、自治区、直辖市以上党委机关报的发行费率保持不变,仍按 25％的标准执行;中央级工、农、青、妇、法制、科技等职能单位只限一种可以享受固定的发行费率,从 25％提高到 27％～28％,其余各类报刊的发行费率全部放开,由邮政部门与出版单位协商修订合同,邮局按照保本微利和本埠、外埠相区别的原则处理。这一决定,使许多县报明显感觉到负担加重。

第二个问题是投递。报纸能否及时送给订户;投递是否准确,即不缺报、不误投。读者不管报纸是由邮局发行还是由报社发行,只管能否及时收到报纸,尽早看到报纸。在"邮发合一"初期,1950 年 10 月,杭州全市投递员共 68 人,其中报班投递员 13 人;邮局在职工少、任务重的情况下,实行报纸投送和信件投送分班,本市报纸从印好到送给读者手里一般为 40 分钟到 2 小时。以后,由于报刊发行量日增,市区范围扩大,投递员严重不足,报纸投递和信件投递合并班次,因此报纸的投递速度越来越慢。本市出版的报纸一般要到上午 10 时左右才能到市区读者手里,不少郊区等地方则到下午才能送达。

20 世纪 80 年代后期,随着改革开放的深入,经济社会的发展,全省各种报刊成倍增长。面对这一新的局势,各级邮电局尤其是基层邮电所难以承担众多报刊的征订投递任务,加之邮发费率上调和送报质量无法保证等因素,促使了报纸发行体制的改革。

这一时期,县报开始尝试自办发行。1989 年,《诸暨报》通过各区乡、镇发行站,将报纸分送到各乡各村,发行量达 2 万份。《永康报》1993 年改为自办发行后,期发量多年稳定在 2.3 万份以上,自费订阅数占总发行量的 80％。《鄞县报》从 1994 年下半年起尝试自行投递,1997 年正式自办发行,组建了一支 120 人的投递员队伍。1997 年 9 月 11 日,乐清日报社发行站成立,并作为报社下属单位,实行个人承包;2003 年,该报社征订实行不发红头文件、不开征订会议、不下征订指标,完全实施市场化运作,个人订报率达 70％。

这类自办发行,形式类同早期报纸的自销,但比过去原始式自销增加了许多新的内涵。突出的表现是能正确处理好经济效益和社会效益的关系。各报自办发行一开始,就坚持城市与农村同步发行,力求扩大报纸发行量;为使城乡发行工作全面开花,有些报社从经济上"以城补乡",特别是帮助边远山区和不通邮路的乡镇解决困难,从而使农村的报纸发行总数超过城市;此外,报社每年都拿出一部分"扶贫报",在贫困山区设立阅报栏。再是处理好发行数量和投递质量的关系。在指导思想上克服重量轻质的倾向,把主要精力用来抓投递质量,从单月到常年开展优质服务活动。

浙江报界几经探索,得出的结论是邮发合一与自办发行各有利弊。20世纪90年代中期以后,大部分县报根据实际情况,采用自发与邮发结合体制,这样既可发挥自发的能动性长处,又能借助邮政局遍布各地的网络优势。实行这一发行体制又有两种做法,一种是本埠以自发为主,外埠多为邮发。如《萧山日报》,原委托邮局发行;1997年开始,委托杭州日报萧山发行站发行;2001年起,采取两条腿走路:一是乡镇走邮发的路子,解决末梢投递不到位的问题;二是城区委托杭州日报萧山发行站发行,保证报纸的投送时效。另一种如《绍兴县报》,报社通过与邮局谈判,达成了由报社负责征订,邮局负责投递的折中方案。

报纸是低成本的新闻媒体,阅读起来很方便,订阅费用也不高,不像新媒体,操作复杂,在一些老年人中推广比较困难。从20世纪90年代开始,浙江省一些县的县报开始自建发行体系,组织投递队伍,着力解决报纸投递的末梢问题,随着浙江农村道路建设的不断完善,基本实现村村通公路,报纸投递上的困难已经基本解决。

由于部分农民缺乏阅读习惯,没有主动订报的意识,一些县报就在农村的公共地带,建立"城乡阅报栏",帮助农民培养阅读习惯,借此来开拓农村阅读市场。浙江省萧山区的阅报栏工作是做得比较成功的,2010年就已经建立了遍布城乡的阅报栏网点,全区共建立了400多个公共阅报栏;有的阅报栏还采用电子屏显示,可以发布广告。通过阅报栏的边际效益,仅2010年,《萧山日报》阅报栏广告收入就达到555万元,不仅取得社会效益,也解决了阅报栏的建设费用,使这项工作能够有效地开展。阅报栏向城乡读者展示的县报的内容,供他们免费阅读,不仅提高了报纸的传播范围,也对一些读者做了读报启蒙教育,培养农民和居民阅读报纸的习惯,一些读者通过读报栏喜欢上了《萧山日报》,并开始主动订阅。

随着互联网的发展,新闻的载体不断增加,计算机和手机的普及,使数字化阅读占用了人们大量的时间,人们的阅读时间趋向于碎片化,阅读地点也不需要太多讲究,可以随时随地开始阅读。

浙江省经济发展较快,人民的生活水平较高,计算机和手机等终端的普及度较高,互联网宽带的发展也很快,广大农村地区都开通了网络。浙江省各地的县报发展也开始根据阅读新趋势,实施全媒体战略,提供新闻网站、数字报、手机报、微博、微信等阅读平台,和读者进行无缝对接,扩大县报的品牌影响力。

1998年的绍兴县报首先开通了新闻网,1999年的诸暨、萧山等县级报社也开通了新闻网站,网站栏目比报纸更加丰富,不仅有新闻报道,还有很多娱乐、地域文化、论坛以及监督频道,很多县报网站从开通后就日日更新,后来有的县报新闻网站发展到每天更新上百条信息,内容丰富、时效性强。萧山日报网等网站还对网站进行进一步的细分,建立镇、村级子网群落,给乡村通讯员和联络员分配权限,可以直接上传新闻,等分管编辑审核后即可发布,扩充了本地信息源,使地方新闻更加丰富,发布更及时。同时大量发展网站论坛的会员,通过开展各种活动鼓励本地居民、村民上网注册,建立庞大的读者群体和新闻线索资源。

2006 年以来,数字报快速发展,浙江一些发达地区的县级报社几乎和省、市级报社同时开展了这项业务。开通之初,多数县报就采用免费发行的方式推广数字报,但个别基础好的县报,采用了付费订阅的方式。比如乐清市,2006 年开通的《乐清日报·数字报》,售价 180 元/份,当年数字报的订阅量达到 6000 份,到 2016 年还在盈利,原因是约有 30 多万乐清人在全球各地创业,他们对家乡感情深厚,有恋乡情结,数字报新闻质量高,阅读方便,时效性强,自然成为他们的第一选择。到 2016 年,浙江省有县报的县市都开通了数字报,大部分是免费阅读。

2006 年后,浙江先后有 40 多家县报开通手机报。县级手机报一般每天发布一次,包含县域重大新闻、城乡动态、与老百姓关系密切的工作和生活信息等。一些做得比较好的县级手机报,如《象山手机报》风格简洁,形象大气,内容亲民,注重体现本土化和特色化,给读者带来舒适的阅读体验。2009 年 6 月 30 日《淳安手机报》开通,设要闻、关注、民生、气象服务四个栏目,每版信息总量 15 条左右,约 2000 字,插入 2 到 3 张图片,开通当年订户约 3000 余户。到 2014 年后,微信平台的快速发展,手机新闻 APP 客户端也快速兴起,一些县报开始放弃了手机报业务,把相关团队和资源转到新的移动媒体平台上了。到 2020 年底,多数县报已经停止了手机报服务。

浙江省的县报基本都开设了利用 QQ、微信等实时聊天工具与读者进行报网互动的栏目,加强与读者的沟通,深受年轻读者的欢迎。除此之外,浙江县报还注重纸质报纸、网站、论坛、数字报、手机报、微博、微信、手机 APP 和户外媒体等融合报道业务,探索出有效的内容生产模式与运营模式,提升报业核心竞争力。融合各种新媒体终端,采用集文字、照片、音频、视频、动漫于一体的多媒体报道,在第一时间传播当地时政新闻、民生新闻及国内外发生的重大事件,推动报网融合进程。

6.4　浙江县报的地域优势

不同的区域的居民,文化、习俗、爱好等方面都有很大的区别,不同区域的受众,对媒介报道的内容有不同的喜好。美国密歇根大学曾经做过这样一个研究,观察52名学生的眼睛活动情况,学生中包括华裔27名和欧洲裔25名,实验发现,欧洲裔学生会长时间关注图片近景的主体物体;华裔学生则对图片整体情况更感兴趣,目光会在整个图中游走,不会长时间停留在一个主体上。

居民长期在某个地区生活,就会受到当地经济文化影响,形成相对稳定的文化模式,产生地方归属感,地方报纸也会受此影响,产生明显的地方特色。县报可以根据当地文化模式选择采编新闻,以本土为资源,发挥"乡村维纳斯效应",树立媒体品牌。

"乡村维纳斯效应"是指这样一种社会现象,偏僻小乡村里的村民,往往认为世界上最美的人,就是村子里最漂亮的姑娘,完全不会想到在外面精彩的世界里,还有风情万种、姿态各异的美女。其实这和"坐井观天"的结论是相似的,因为环境局限,村里的人没有见过别的漂亮姑娘,也就无法想象村子外面还有没有更多的漂亮姑娘,那些人会是什么样子,会比村子里最漂亮的人更漂亮吗? 同理,很多事情在全国、全省范围内可能微不足道,但是很多市民对身边的事比较感兴趣,对和自己相关的事更加关注,虽然知道外面的世界很大,依然把本地新闻当成最重要的新闻。

新媒体的快速发展,使媒体的地域边界不再像传统媒体那么清晰,国内外的重大新闻在这个平台上快速传播,有的门户网站也开辟了一些地方新闻板块,但不够深入,县报与当地的生产和生活紧密结合,更应该强化地方特色,突出在地方新闻方面的优势。

比如,在20世纪50年代,县报创办之初,很多报纸还以当地群众比较熟悉的、口语化的文章,对群众进行党的政策宣传。《萧山报》在1955年2月开辟了农村宣传员讲话材料专栏,刊出《粮食"三定"到户宣传员讲话材料》《和农民兄弟谈第一个五年计划》《怎样办农业合作社讲话》等文章,使广大农民从浅显易懂的文章中深入了解党和政府的政策。

2003年报业整顿后的几年中,浙江县报在当地的市场占有率也有了较大提升。2004年到2010年,《义乌商报》发行量从5.6万份,提高到的10.6万份,成为浙江县报发行的冠军。《义乌商报》在当地报纸市场占有率从 28% 增长到 59%。而 2010 年在义乌市发行的主要报纸中,还有《金华日报》,这是义乌市所属的金华地区的唯一一份地级党报,发行量是 2.9 万份;金华日报社在义乌当地办的《浙中新报》,发行量 3 万份。都远远落后于《义乌商报》的发行量,2005 年以后,随着互联网的大规模兴起,全国的报纸总体订阅量开始下降,县报由于党报色彩和地方新闻的垄断优势,晚了几年才感受到这份压力,到 2010 年后,浙江多数县报的订阅量不再增长,有的开始有所下降。

从阅读率来看,县报也比上级报纸更有优势。据新生代市场监测机构发布的统计资料,2010 年在诸暨市发行量最大的报纸,阅读率分别是《诸暨日报》27.5%,《钱江晚报》16.3%,《都市快报》9.2%,《绍兴晚报》7.8%,《绍兴日报》2%,本地县报遥遥领先。

县报以地域新闻作为报纸的脊梁,挑起区域新闻传播的重任,第一时间发布县域新闻,县报立足本地,面向区域读者,发挥了一些上级报纸无法替代的作用,具有很强的生命力。县域每天的发生大事小事无数,上级报社只能报道其中一些重大的事件,或者在更大区域内具有典型性的事件,大量区域内居民感兴趣的事,只能由县报来报道。这就像是在一个池塘里养了多个种类的鱼,同种类的鱼群,一般都在不同深度中的某一个相对固定的水层里生活,只要找准了自己的"水层",就能成长得较好(洪佳士,2000:60—61)。

比如《萧山日报》秉着"萧山人写,写萧山事,给萧山人看"的办报方针,对于每个历史时期的重点、热点、中心工作,进行宣传与报道,服务萧山群众,为萧山人民鼓与呼。报纸开设多种富有萧山地方特色的栏目和专版,力求多样,适时调整,适应不同层次读者的需求,受到萧山广大人民群众的好评与喜爱。《萧山日报》的发行量,20 世纪 50 年代,从初创 1000 多份发展到 6000 多份;1991 年《萧山报》复刊时,发行 1.24 万份,到 2019 年底,发行量增至 6 万份。

在国外,一些区域类报纸的发展情况良好,美国报纸协会的调查数据显示,2011 年美国有 7000 多家小区报,它们的读者共有 1.5 亿多,约为美国人口总数的一半。纽约市斯塔藤岛区总人口数约 50 万人,这里大报云集,有《纽约时报》《华尔街日报》《今日美国》等几家美团顶级大报,而办在这里的小区报《斯塔藤岛前进报》(Staten Island Advance),在这样的报业竞争环境中,能够找准报纸定位,建立清晰的地域界限,以地方文化、地域新闻为主旨,赢得区内读者的喜爱,这个小区有 90% 的家庭订阅这份小区报,读者占成人总数 82%,发行量超过 9 万份。

同样,英国有80%以上的成年人有阅读小区报的习惯,读者数量远超于全国性报。而中国在2005年到2015年的10年时间里,区域性的媒体阅读人数增长了60%(瞿辰,2015:37)。从这些数据可见,信息时代里,居民对区域性报纸依然有很大需求。在新媒体的强烈冲击下,报纸发展的一个重要突破点,是发展地方性报纸,加强地方特色报道,满足区域性读者需求。

对中国县报来说,地域特色也是其生存的空间。洪佳士2000年10月发表在《中国记者》上的《地县两级党报关系及发展策略》一文,提出"养鱼理论"的概念,其实就是一个分级办报的理论,主要观点是:

> 鱼养在一个大水库中,水深度不同的地方,鱼群的类型也不同,在每个水层的交界处,鱼群有一些交错。对照中国报纸的分级情况,把报纸分为中央级、省级、地市级、县级,那么把媒体当做水层,读者看成是鱼群,生活环境相对固定的读者群,会选择对应类型的报纸,中间会有些交集。(洪佳士,2000:60—61)

县报的角色定位在创办之初,是基层党报,党的十四大以后引进一些市场化的元素,角色定位发生变化,2003年报业整顿后,县报的角色定位为"区域主流媒体"。报纸角色定位,受到区域政治、经济和文化和社会等多方面的影响。

所有制属性对报纸角色有很大影响。媒体的所有制属性有民营性质,公营性质,国有性质,我国媒体是国有性质为主,我国没有民营性质的报纸,实行"事业性质,企业化管理"的模式,因此,县报属于国有性质,"喉舌角色"是首要的角色,要强调指导性,为地方的中心工作服务,顺应当地经济社会发展大局和方向。

区域性报纸决定县报首先要做好本地新闻,以本地的政治、经济、文化资源为核心竞争力。这依靠报社人员的本地化来实现,多数编辑记者都是本地人,对本地情况相当了解和熟悉,同时也建立了广泛、可靠、灵敏的通讯员队伍,能够在第一时间提供区域内的重要新闻线索,及时上网上报给当地媒体。浙江很多县报办报理念都是面向区域读者,根据区域经济水平和社会环境做好媒体定位,保持大众情怀,注重百姓视角,服务地方党委政府中心工作,以居民需求为指向,坚持报纸新闻性和服务性,做好新闻监督和与舆论引导。例如,2016年《乐清日报》的本地新闻数占80%以上。

同时县报也要注重让新闻回归本位,树立为受众服务的理念,把满足读者的需求作为一个重要的办报目标,强化平民意识,不要以一种高高在上,板着面孔教育人的姿态报道,要多运用百姓的视角去看待各种社会现象和问题,提高亲和力,才能提高舆论引导能力。

县报要做深入基层的好新闻,做足本地新闻,精选外地新闻,重视民生新闻,地方性、开放性、服务性并重。做好深度报道,展示详实的新闻背景。对当地重大新闻做出独到、深刻的解读,为读者提供深入全面的新闻事件背景材料,做好重大新闻事件的分析评论报道,深入解读新闻事件、政策等对当地经济社会发展影响等问题,打造地方名记者、名编辑,以及建设各专栏、优秀系列报道等品牌栏目和拳头产品,打响媒体品牌。不仅要告诉读者发生了什么,还要告诉读者这些事件会有什么影响,会和他们的自身利益产生什么联系,并进一步知晓如何保障和维护自己的合法权益等。

由于中国农村占比很高,浙江县报能够在一定程度上防止媒体报道普遍都市化倾向,县报把服务"三农"当成一个重要工作,无论市场化的进度如何,在县域新闻报道中,不能忽视农村信息和农民读者,承担起社会责任,弥补农村信息不足的问题,为保障农民的话语权提供服务。

第七章 结 语

社会角色是在社会环境中,一系列与社会身份相一致的社会地位,拥有与身份相符合的社会权利,承担的社会义务,以及符合一定社会期望的一整套行为规范和模式。

媒介也是社会组织的一个部分,在社会大系统中担当一个独立角色,具有一定的功能,发挥着重要的作用。在现代社会发展进程中,报纸成为社会变迁的一个重要力量。将县报作为媒介系统中一个独立部分,把它放在整个社会大系统中来考察。论文研究通过实地考察,广泛走访,把理论与实际相结合,分析和研究在中华人民共和国时期,浙江省县报的社会角色变迁,即它承担的社会责任,所发挥的独特功能。

中华人民共和国成立后,在很长的时间里,都是采用"中央、省、地、县"四级办报的报业层级体系,各级报纸都有各自的定位,服务于不同的读者。县报在中国属于基层的媒体,在一定的程度上为基层市民和农民进行赋权,建立基层群众的话语空间。

中华人民共和国成立后,浙江省的县报经历了社会主义改造、改革开放等重大社会转型后,已经跨入 21 世纪。浙江县报从无到有,从小到大,从默默无闻到在全省新闻界占居一席之地,直至引起全国同行关注,其中有必然的原因。除了浙江省的经济发展势头强劲,具有优秀的历史文化传统这两条原因之外,还有一个重要的原因,是浙江省的县报,立足本地,紧密联系基层,发挥了一些上级报纸难以替代的作用。县报是县委、县政府传达中共中央、国务院的重大方针政策,部署本地重点工作,落实各项政策,推动改革的得力助手。同时,浙江县报服务当地百姓,解决社会生活的矛盾,满足百姓的需求,为当地百姓提供发声的平台,民主处理区域事务的平等权利,赢得一方百姓的普遍欢迎。

浙江县报创刊以来,各县的党委、县政府普遍对县报很重视。在 20 世纪 50 年代和 60 年代,县报面向基层群众,读者包括是各级党、政府、群众团体的干部,党的基层组织和农村经济工作者、文教工作者,农村合作社组织起来的农民,以及工厂、企业、手工业的从业人员。县报的主要任务是,通俗地、经常地、系统地宣传党在过渡时期的总路线及各项政策,加强对党员、干部和广大人民群众的政治思想教育,反映与指导共产党的组织和人民群众的生产、生活与学习,总结交流各项工作经验,普及农业科学技术和文教卫生知识教育,为动员全县人民积极投入社会主义建设而奋斗。报纸内容,以反映本县人民群众政治、经济、文化生活的新闻报道为主,国内外及本省的新闻报道为辅;编排方面应力求通俗,使初识字的人看得懂,不识字的人听得懂。同时,大力开展工农通讯工作,组织工人、农民写稿。使报纸与群众密切的联系,充满群众的声音。县报深入贯彻"全党办报"的方针。

20 世纪 70 年代末,党的指导思想从"以阶级斗争为纲"转变为"以经济建设为中心",解放思想,实施改革开放政策。浙江省复刊了省、地级党报,同时新创刊了部分县级农技、经济类报纸和复刊县级党报,建设了多层次报业体系。这一期间,浙江省的县报为适应城镇、农村改革和发展需求,适应新时期工农业经济建设的迫切需要,大量宣传党的农村政策、经济政策和工农业科学技术。县领导在宣传上最倚重的是县级党报。改革开放后,基层会议少了,特别是农村地区的宣传教育减少,靠什么把政府的计划和意图传达下去呢?首先是靠广播电视,但这是浅层次的,看了、听了,但是不一定记得住,因此在电视、广播的新闻节目中,介绍到某某具体政策时,为了保证准确宣传党的方针政策,不少县委宣传部规定,广播、电视的播出稿"以某某报的见报稿为准"。

在"中央、省、地、县"四级报纸体系中,县报能最迅速地将基层动态反映出来,许多县领导早上八点第一件事,就是阅读县报;县报和县报的《内参》所提供的资料,为县委县府指导工作,推动全局给予直接的帮助。1998 年,建德市委书记赵继来在一次县报工作会上感慨地说:"一个不会运用媒体指导工作的书记就不是好书记。"他的话显然反映出浙江省很大一部分县市领导的共识。

县级领导从亲身经历中,越来越深刻地认识到,在以经济建设为中心的时代,已不可能像以阶级斗争为纲时代那样,靠开大会向群众传达政府的方针政策,必须越来越多地依靠大众传播媒介,其中又以县报最为可靠有力。因此,各地都很注意加强对报纸工作的领导,从思想建设上给予引导,从物质条件上给予保障。比如,萧山市坚持定期召开新闻例会,由市领导、宣传部长向新闻单位中层以上干部传达重要政策,通报近期计划,邀请有关部门领导谈改革设想,使新闻工作者及早了解全国和本地的新动态,为在报纸上配合宣传事先做好准备。这不仅避免了可能出现的纰漏,还使报纸由一般的事后报道,变成适度超前报道,真正起到发挥舆论导向的作用。

到了 2003 年,全国的县报根据国家政策,停刊或被上级报社有偿兼并,县报作为一级独立的机构,已经不复存在。然而,需求决定命运,在 2004 年以后,浙江省保留的县报,发展状况良好,而被迫停刊的县报,地方政府为了继续做好区域新闻工作,很快就找到了新的发展形式,建立县级新闻传媒中心,在县域范围内印发"县报"。这类报纸没有国家统一刊号,一般获浙江省新闻出版局批准得到省内刊号,发行量多数在 1 万份到 3 万份之间,到 2016 年底,浙江除了有刊号的县报外,其余县市基本上都办起了这样的"县报",在政策、信息传播和为老百姓服务上提供了不可替代的作用。2018 年以后,又逐步改建成县级融媒体中心。

浙江很多家县报提出类似"坚持党性原则,努力贴近群众、学习晚报风格,办出地方特色"的口号,以增强对当地受众的吸引力。在党的方针政策宣传中,唱好"地方戏",把本地的政治、经济、文化报道和读者需求结合起来,为党和政府发声,为人民群众代言,提高县报的公信力。

长期以来,浙江省的"省、市、县"三级报业发展都比较成功。不少县报,通过面向群众、面向市场的发展,已经有了相当的实力。由于政策的原因,浙江的县报或并入上级报业集团,或者以县新闻中心的名义存在,未被正名的县报,同样具有的较大的传播力。在媒介融合的新形势下发挥了重要的传播作用。

基层工作是政府工作的重要组成部分,很多工作的执行效果都要看基层政府的执行能力,媒体是社会管理体系中的一个组成部分,新闻媒体的层级设置,在我国五级政府的架构体系里,是一个非常具有实际意义的问题,构建合理的新闻传播体系,不断完善基层的信息服务功能,对推动社会发展有重要作用。

在对县报的研究中,针对各级报纸生存空间的辩证关系,报业层级设置的思想是可以归纳为这样一个"填桶理论":有一个大桶,要把它填满,可以放入西瓜、苹果、黄豆、芝麻,西瓜与西瓜之间的空隙,可以放苹果,苹果之间的空隙,可以放黄豆,黄豆之间的空隙,可以放芝麻。只有用多种不同大小的物品,才能够填充更多空间,如果只有西瓜,那么西瓜之间存在的大空隙,不同的西瓜虽然有大小，但是再小的西瓜也比苹果大，西瓜之间的空隙，无法用西瓜填补；有了苹果填补，空隙变小，再加了黄豆和芝麻，会使空隙不断变小；同理，在不同的地域空间里，要用不同层次的报纸去满足人民群众多层次的阅读需求。

对照各级党报情况，我们假定读者群就是大桶空间，中央级的党报就是西瓜，省报是苹果，地市报是黄豆，县报是芝麻，在某一特定的空间，体形较大的物体无法填充，只有换用小一点的物体去填充。较小一级的物体总能够在大物体的间隙里找到自己的空间。比如说，《人民日报》主要面向中央、省、地三级党政机关，县一级订阅不多了，延伸到乡、镇、街的数量就更少；《浙江日报》多数可到达县级各机关，延伸到乡、镇、街的较少；地市报可以发行到乡、镇、街，但到小区，乡村的不是很多；县报则可一直深入到城镇的小区和农村的自然村中，还有很多家庭订阅户。直接进入县域内市民、村民各家各户的报纸中，县报是各类报纸中最多的。

很多订阅县报的受众，不会因为县报取消，就改为订阅上级党报，因为"空间不对"，需求不匹配，县报虽然也会占用一些上级党报的填充空间，但更多时候是填补了上级党报无法涉及的小空间。县报找准自己的发展空间，也会促使上级党报审视他们的市场空间和读者群体，在他们各自的服务空间中，提供针对性更强的、更好的服务。

县是我国行政管理体系中的一级政府，在政策制定和传达上，具有承上启下的功能。县报是我国各级党报中最基层的报纸，从创建伊始，在宣传和贯彻中共中央的方针、政策，服务于本地党委的中心工作，贴近基层群众等方面起到了重要的作用。但是，从全国的情况来看，各地的发展并不平衡，有快有慢，有好有坏，出现这种局面的原因是多方面的。县报发挥的作用是上级报社无法替代的，是联系群众最密切，最接地气的媒体。

基层报业的发展，使媒体的服务覆盖范围更大，盲区更少。上级报业覆盖的盲区，只能由其他报纸去填补。县报在填补这些盲区的时候，还发挥了一个重要的作用，就是培养了基层读者，特别是农村老百姓的阅读习惯。

县所属的镇、乡、村的群众，原来很少读报，由于县报的发展，逐步培养了他们的阅读习惯；一些文化素质较高的读者，有了读报习惯后，就会有阅读更多报纸的需求，这样，也为上级报纸的发展开辟了新的空间。

20世纪80年代，复刊创刊县报是为农民做一件好事，2003年取缔县报是为了减轻农民负担，办与不办，都是为了农民。那么核心问题就是"县报是否对农民有帮助？""否加重农民负担？"这两个问题。随着社会主义市场经济体制的建立,浙江农村经济有了很大发展,农村信息传播量也大大增加。农民在解决温饱问题后,精神需求也不断提高,文化消费也像物质生活消费一样,成为一种必要的消费,报纸书刊成为农村信息传播,满足农民精神和文化需求的一种载体,而不应该成为一种"负担"。农村精神文明建设的一个重要评价标准,是人均报纸的占有量。在同等条件下在县城中,县报售价较低,内容贴近性强,覆盖面相对较大。县报因其自带的"亲情"优势,走入当地千家万户。

在互联网尚未普及的时代,县报完善了末梢投递,在信息传输服务的最后一公里发挥重要作用,在报纸投递上远远优于上级报纸。对于偏僻乡村的读者,以前因为末梢投递较差,地市报以上的报刊,很难深入到底层,县报有计划的做了末梢投递的工作,使一些原来具有阅读欲望却订阅不方便的读者,能够及时阅读到报纸的内容。

当然,在互联网时代,很多信息可以有网络来传递,但不管怎么说,那些地域性的信息,需要有媒体去采写和发布,如果没有基层媒体,事关老百姓的贴身服务类信息采集的质量,必然会大打折扣。新闻报道的内容还有一个市场细分的问题,"西瓜"之间总有"小空隙"是无法填满的,需要芝麻去填充。无论是上级党报,还是县报,都必须"找准自己的定位",根据各自特点,占据不同的空间。县报的最大优势在于"亲情",因此要努力履行本地人写,写本地事,写给本地人看的原则,打造拥有地域优势的核心竞争力,让读者读到在其他媒体上没有的内容。县报对上级党报的补充效应,得到充分重视,各类媒体各司其职,为老百姓提供最完备的信息服务。

俗话说:"普通话能让人走得更远,家乡话能够让人记得住家在哪里。"中央、省、地市各级党报与县报既有竞争,又有合作,关键是要做好各自的定位,寻找合适的目标读者。县报与各级党报共存,共同发展,最大赢家是当地的读者。他们在阅读内容上,有了更多的选择,阅读到更多的新闻和信息,在费用上,县报针对性更强,价格更实惠。因此,县报与上级党报的共存、共生、共同发展,在提升中国城镇、乡村居民素质上,也起到不可忽视的作用。

中国地大物博,各地习俗千差万别,地方特色浓厚,浙江各地县报发展,受各地政治、经济、文化条件影响,地理环境的制约,历史的沿袭、变迁,成为一种拥有地域特色的地方媒体。吕新雨教授提出的"新乡土主义",希望乡村保持的特色性和多样性,发展有机农业,建立城乡新型互动关系(吕新雨,2010:104－107)。这需要传播与发展领域有创新范式的指导,县报这一类的媒体,在实践中不断完善这个美好的设想。

长期以来,浙江省的县报都在社会发展中发挥了重要作用。市场经济体制建立以后,浙江县报通过面向基层、面向群众、面向市场的改革,增强了实力,扩大了影响,有些报社已经具备了和现代报业集团竞争的实力,有的还在筹划上市。

在社会矛盾日趋激化的时代,雾霾等生态危机也挥之不去。中国城镇和乡村的稳定,社会的和谐,需要有媒体来呼吁、当担和作为。底层的群体须有发声的平台,还有很多底层生活困难的群体,需要社会的关怀和救助,县报这样的基层媒体,能够把触角深入到社会底层的各个角落,为困难群体发声,维护他们的话语权。

中华人民共和国时期的浙江县报记录了浙江省内城乡的发展变迁,经济结构的转化,是了解浙江省城乡社会变迁的钥匙。中国城乡唇齿相依,社会发展影响传媒生态,同样,传媒也会反作用于社会发展,进而影响政治格局。虽然由于政策的原因,浙江那些以县级新闻中心名义存在的,已经在社会生活、经济发展等方面做出了贡献,县报发挥的作用是有目共睹的,也正在被正名。并在新时期随着县级融媒体中心建设的大潮获得新的发展机遇。继续认识、研究浙江县报这种具有地方特色的媒体,使其在社会大系统中,明确角色定位,从而更有力地推进中国传播体系的完善,影响和改变以城市为中心的话语权分配体系,助力社会和谐发展。

参考文献

中文参考文献（按笔画排序）

a. 期刊论文

丁淦林(2007)。中国新闻史研究需要创新——从 1956 年的教学大纲草稿说起。新闻大学,1,3。

王廷志(2014)。浅谈如何提高区县报的舆论引导能力。中国地市报人,9,62－63。

王栋、徐承英(2012)。整合、协调、回馈:社会组织参与小区治理民主机制及其功能探究。天津行政学院学报,3,77－83。

王处辉、朱众龙(2015)。小区意识及其在小区治理中的意义——基于天津市 H 和 Y 小区的考察。社会学评论,3(1),44－58。

毛泽东(1948 年 5 月)。对晋绥日报编辑人员的谈话。晋绥边区新闻战线。

艾扬(1982)。茅盾生平事迹小记。中国现代文学研究丛刊,3,318－325。

甘惜分(1980)。报纸的性质和作用,是相互联系而又相互区别的两个概念。新闻与传播研究,2,68－73。

江泽民(1990)。关于党的新闻工作的几个问题——在新闻工作研讨班上的讲话提纲。求是,5,2－7。

吕新雨(2010)。新乡土主义,还是城市贫民窟?。开放时代,4,104－107。

何微(1980)。关于报纸的性质问题。新闻与传播研究,3,45－53。

李骏(2012)。浙江省域新媒体发展态势及对策。中国出版,9,43－46。

李骏(2013)。浙江县报百年史纲。社会科学战线,11,104－115。

李骏(2011)。我国县级报纸发展中的问题及对策。新闻界,09,134－137。

李骏、洪佳士(2011)。浅析中国县市报的发展与突破。中国出版,03,60－62。

李良荣、张宁(2005)。2004年中国新闻学研究回顾。新闻大学,2,3－9。

李武军(1995)。党报性质晚报风格小报特色大报气派——试谈县市党报的"定位"。传媒观察,12,47－48。

吴锋、李耀飞(2015)。媒介融合背景下我国新闻出版改革的六大任务。编辑之友,01,29－33。

佚名(1980)。中宣部召开县报座谈会。新闻战线,03,16。

桂忱(1981)。关于包产到户资料。农业经济丛刊,6,46－50。

洪佳士(2000)。地县两级党报关系及发展策略。中国记者,10,60－61。

洪佳士(2000)。县市党报的繁荣与发展趋势。中国记者,02,32－33。

洪佳士、李骏(2010)。乐清日报新媒体为何"红火"。新闻实践,06,70。

孙旭培(1992)。新时期10年我国新闻媒介的功能与运作。新闻与传播研究,2,1－16。

徐培汀、谭启泰(1980)。试论报纸的性质。新闻与传播研究,2,55－61。

康荫(1980)。新闻工作性质初探。新闻与传播研究,2,62－67。

程曼丽(2007)。大众传播与国家形象塑造。新闻新闻界,03,5－10。

曾海芳、张咏华(2010)。逆境之下生机勃发的美国小区报。新闻记者,05,58－60。

童兵(2001)。未来十年中国地市报走势展望。新闻战线,10,28－29。

陈凯(2009)。小的才是美好的——分众时代:美国小区报的发展良机。新闻记者,8,48－51。

张志安、吴涛(2014)。"宣传者"与"监督者"的双重式微——中国新闻从业者媒介角色认知、变迁及影响因素。国际新闻界,06,64。

张波(2014)。加强建设管理切实改进文风全面提升区县党报的舆论引导水平。中国地市报人,12,44－45。

张昆、周芳(2003)。关于中国县域报纸发展的思考。新闻记者,03,8－10。

陆晔、潘忠党(2002)。成名的想象:社会转型过程中新闻从业者的专业主义话语建构。台北:新闻学研究,03,7－22。

喻国明(1998)。中国新闻工作者的职业意识与职业道德。新闻记者,03,10－17。

杨敏(2007)。作为国家治理单元的小区——对城市小区建设运动过程中居民小区参与和社区认知的个案研究。社会学研究,04,137-164。

路阳、郝一民(2013)。小区传媒在小区治理中的价值与意义。新闻爱好者,09,16-18。

葛迟胤(1980)。怎样正确看待"报纸是阶级斗争的工具"。新闻与传播研究,03,54-56。

瞿辰(2015)。论小区报发展困境中的"突围路径"。新闻传播,24,37。

罗自文(2014)。小区建设视角下我国小区报的重塑之路。新闻与写作,06,40-43。

罗霆(2011)。城市小区建设中的小区传播与小区媒体。中共桂林市委党校学报,02,60-63。

新闻战线采编(1980)。中宣部召开县报座谈会。新闻战线,03,16。

b.研讨会中发表的论文

洪佳士(1998)。改革开放以来大陆县市报蓬勃发展的原因和趋势,两岸传播媒体迈向21世纪研讨会论文集(198-209页)。台北:台湾朝阳科技大学。

会议报告(1998)。浙江省记协县市党报工作委员会成立大会会刊(3-4页)。萧山。

会议报告(2001)。浙江省记协县市党报工委第3次年会、浙江省报协县报委员会第1次年会会刊(1页)。临安。

会议报告(2002)。浙江省记协县市党报工委第4次年会、浙江省报协县市报委员会委第2次年会会刊(7-16页)。鄞州。

c.书籍

(a)个人为书籍作者

方汉奇(1996)。中国新闻事业通史·第1卷。北京:中国人民大学出版社。

方汉奇(2012)。中国新闻传播史。北京:中国人民大学出版社。

王文科、张扣林(2010)。浙江新闻史。杭州:浙江大学出版社。

王平(2009)。中国县市区域报的浴火重生。杭州:浙江大学出版社。

王恩涌(2000)。人文地理学。北京:高等教育出版社。

王强华(2000)。舆论监督与新闻纠纷。上海:复旦大学出版社。

杜加星(2007)。浙江省新闻志。杭州:浙江人民出版社。

李骏(2012)。浙江县报百年史。杭州:浙江大学出版社。

李金铨(2008)。文人论政。桂林:广西师范大学出版社。

吴群刚、孙志祥(2011)。中国式小区治理。北京:中国社会出版杜。

邵培仁(2010)。媒介地理学。北京:中国传媒大学出版社。

周尚意(2004)。文化地理学。北京:高等教育出版社。

陈凯(2011)。走进美国小区报。广州:南方日报出版社。

孙焕林(2004)。萧山日报志。北京:北京方志出版社。

张梦新(2011)。杭州新闻史。北京:中国社会科学出版社。

项士元(1930)。浙江新闻史。杭州:之江日报馆。第13页。

赵升(1983)。朝报,朝野类要第四卷,文渊阁四库全书第854册。台北:商务印书馆。

晏书成(2011)。中宣部新闻局县报工作座谈会纪要·1980年1月15日,风雨求索二十年。宜昌:三峡电子音像出版社。

徐运嘉、杨萍萍(1989)。杭州报刊史概述。杭州:浙江大学出版社。

郭庆光(1999)。传播学教程。北京:中国人民大学出版社。

董国栋(2010)。报纸"变脸"。有苦涩也有甘甜。香港:中国文化艺术出版社。

辜晓进(2002)。走进美国大报。广州:南方日报出版社。

费孝通(2005)。乡土中国。北京:北京出版社。

蔡罕(2012)。宁波新闻传播史(1845—2008)。杭州:浙江大学出版社。

刘建明(2007)。新闻学概论。北京:中国传媒大学出版社。260。

(b)团体机构作者

建德市志编纂委员会编(2011)。建德市志:1978—2005。杭州:浙江人民出版社。

浙江省报业协会(2005)。浙江报业志。杭州:浙江人民出版社。

浙江省经济研究中心(1986)。浙江省情概要。杭州:浙江人民出版社。

温州新闻志编委会(1992)。温州新闻志。温州:温州市记协。

(c)编辑的书本

马克思恩格斯全集·第1卷(1956)。北京:人民出版社。

马克思恩格斯全集·第36卷(1975)。北京:人民出版社。

(d)翻译类书籍

Almond,Gabriel Abraham(1989)。公民文化——五国的政治态度和民

主(译者:马殿君等)。杭州:浙江人民出版社。(原著出版年:1962)。

Benedict Anderson(1999)。想象的共同体——民族主义的起源与散布(译者:吴叡人)。台北:时报文化出版社。(原著出版年:1983)。

Harold Lasswell(2012)。社会传播的结构与功能(译者:河道宽),北京:中国传媒大学出版社。(原著出版年:1948)

Jean-Pierre Gaudin(2010)。何谓治理(译者:钟振宇)。北京:社会科学文献出版社。(原著出版年:1999)

John Tomlison(1999)。文化帝国主义(译者:冯建三)。上海:上海人民出版社。(原著出版年:1991)。

Jürgen Habermas(1999)。公共领域的结构转型(译者:曹卫东、王晓班)上海:学林出版社。(原著出版年:1990)。

d. 文集篇章

中共中央文献研究室(1983)。同新闻出版界代表的谈话(1957)。毛泽东新闻工作文选(186-195页)。北京:新华出版社。

中国社会科学院新闻研究所编(1985)。马克思恩格斯论新闻。北京:新华出版社。

中国县市报研究会编(2003)。中国县市报资料汇编·第三辑。浙江诸暨。

江苏省县市报研究会编(2003)。江苏省县市报总编辑会议材料汇编(26页)。涟水:江苏省县市报研究会。

浙江日报报业集团传媒研究中心编(2009)。县(市)报转型升级行动指南(22-39页)。杭州:浙江日报。

浙江省新闻工作者协会编(2006)。浙江新闻年鉴2001—2002。杭州:浙江省新闻工作者协会。

浙江省新闻工作者协会编(2010)。浙江新闻年鉴2005—2006。杭州:浙江省新闻工作者协会。

浙江省记协县市党报工委、浙江省报协县报委员会编(2003)。浙江省县市党报概况(1-2页)。北京:中国报业杂志社。

赵凯(2004)。王中文集。上海:复旦大学出版社。

e. 学位论文

孙研(2015)。人口老龄化背景下城市小区居家养老研究(硕士论文)。吉林:吉林大学。

张晓霞(2010)。城市居民小区参与模式及动员机制研究(博士论文)。吉林:吉林大学。

刘劲松(2011)。都市类报纸的角色研究(博士论文)。广州:暨南大学。

g. 报纸

(a)一般报纸

向忠发(1930-8-15)。我们的任务。红旗日报。

金再扬(2010-8-29)。与 8000 份县报同窗共宿 25 载。绍兴县报。3 版。

董国栋(2001-3-23)。浙江县市报,做大又做强。中国新闻出版报。4 版。

杨仁旺(2016-2-19)。一位北大社会学毕业生的返乡报告。中国青年报。12 版。

邓中肯(2010-11)。高墩头、讲演厅与陈惟俭。平湖文化报。6 版。

刘凯(1956-3-22)。介绍一个县报——吴兴报。人民日报,3 版"报刊评介"。

(b)报社社论

大家共同努力把我们的党报办得更好【社论】(1955-12 月 1 日)。萧山报,1 版。

h. 文件、会议公报

(1948-11-18)。中共中央关于新解放城市中中外报刊通讯社处理办法的决定。

(1990-12-25)。国家新闻出版署,报刊管理暂行条例。

(2003-7)。中共中央办公厅、国务院办公厅关于进一步治理党政部门报刊散滥和利用职权发行,减轻基层和农民负担的通知(中办发〔2003〕19 号文件)。

(2013-11-12)。中国共产党第十八届中央委员会第三次全体会议公报。

(2013-12-14)。中共中央城镇化工作会议报告。

(2015-10-29)。中国共产党第十八届中央委员会第五次全体会议公报。

i. 网上其他资源

(2006-04-29)荣荣。党报文化:精英意识与市场份额的对话。人民网。取自 http://media.people.com.cn/GB/22114/63480/63481/63484/4341085.html。

(2017)地理概况。浙江省人民政府网。取自 http://www.zj.gov.cn/col/col922/index.html。

(2017-1-20)。2016 年中国城镇化率达到 57.35%。中国经济网,国家统计局。取自 http://finance.sina.com.cn/roll/2017-01-20/docifxzutkf2122186.shtml。

外文数据（按字母排序）

a. 期刊论文

Ball-Rokeach, S. , & DeFleur, M. (1976). A Dependency Model of Mass Media Effects. *Communication Research*, 9, 3—21.

Carl O. Sauerl (1925). the Morphology of Landscape. *University of California Publications in Geography*: General, Vol 2, NO. 2, 19—54.

Doug Walker (1999). The Media's Role in Immigrant Adaption: How First - year Haitians in Miami Use the Media. *Journalism and CommunicationMonographs*. Vol. 1, Iss. 3, 157—197.

Frey Lawrence R (1998). Communication and Social Justice Research: Truth, Justice, and the Applied Communication Way. *In Journal of Applied Communication Research*, Vol. 26, Issue 2, 155—164.

Graham Murdock (2000). Communications and Political Economy. *Mass Media and Society*, p. 79.

Jane Umphrey. (2006). The Civic Heart of EducationPriciple Leadership (Middle Leveled.). *Rsston*: Dec. Vol. 7, Iss. 4, 6.

Kory Floyd, Jon A Hess, Lisa A Miczo, & Kelby K Halone (2005). Human Affection Exchange: VIII. Further Evidence of the Expressed Affection. *Communication Quarterly*, Vol. 53. No. 3. 285.

Manuel Castells (2007). Communication, Power and Counter-Power in the Network Society. *International Journal of Communication*, 1, 246—249.

Mcleod, J. M. , & Chaffee, S. H. (1973). Interpersonal Approaches to Communication Research. *American Behavioral Scientist*, 4, 469—499.

Ronald Harry Coase (1960). The Problem of Social Cost. *Journal of Law and Economics*. 3. October, 1—44.

Vasquez Candelario (2009). Youth Inclusion & Media Justice. *In Youth Media Reporter*, Vol. 3, 172—174.

c. 书籍

Burridge, K (1979). *Someone, No one. An Eassy in Individuality*. Princetion: Princeton University Press, 116.

Casey Man Kong Lum (2005). *Perspectives on Culture, Technology and*

Communication：The Media Ecology Tradition. Hampton Press，66．

Charles Horton Cooley (1998). *On Self and Social Organization.* Chicago：The University of Chicago Press，19－25．

Dahlgren，p. (1995). *Television and the Public Sphere：Citizenship，Democracy and the Media.* London：Sage，7．

Douglas M. & Wildavsky A(1983). *Risk and Culture：an Eassy on the Selection of Technical and Environmental.* University of California Press，45－47．

Gramsci，A. (1971). *Selections from the Prison Notebooks.* New York：International Publishers，111．

Jameson，Fredric，& Late Marxism(1990). *Adoron，or the Persistence of the Dialectic*，Verso，147．

Johnston，R. J，Derek Gregory，Geraldine Pratt，& Michael Watts (eds.)(2000). *The Dictionary of Human Geography(4th ed.).* Oxford：Blackwell，493－494．

Leach，E. R. Custom(1977). *Law and Terrorist Violence.* Edinburgh：Edinburgh University Press，19－22．

Macpherson，C. B. (1977). *The Life and Times of Liberal Democracy.* Oxford：Oxford University Press，114．

Richard Sennet (1978). *The Fall of Public Man：On the Social Psychology of Capitalism.* New York，Vintage Books，39．

Robin Gable(1981). *Resources of Hope.* Chicago：The University of Chicago press，22．

Stephen V Ward(1998). *Selling Places The Marking and Promotion of Town and Cities*，1950－2000. London：E & FN Spon，1．

Stuart Cunninggham & John Sinclair (2000). *Floating lives：the media and Asian Diasporas.* University of Queensland Press，66－98．

Stuart Hall (1980). *Introduction to Media Studies at the Centre. Culture，Media，Language.* London：Hutchinson，117．

e.学位论文

Owen Bruce M. (1970). *A Selected Bibliography in the Economics of MassMedia.* Stanford University，Stanford．

附　　录

附录 1　2016 年浙江省县报统计数据表

名称	员工人数（人）	出版规模	出版周期	现有媒体	报业总收入（万元）	财政拨款（万元）	发行数量（万份）	发行收入（万元）	广告收入（万元）	新媒体收入（万元）	印刷（万元）	户外（万元）	其他（万元）	总利润（万元）
杭州市														
萧山日报	179	对开16版	周六	萧山日报,萧山网,官方微信,官方微博,萧山发布,无线萧山,城市电视,户外阅报栏	29708.8	0	6	1657	6392	1702.6	0	14981	4976.3	2950.76
富阳日报														
余杭晨报	104	四开16版	周七	余杭晨报,余杭新闻网,官方微博,官方微信,掌上余杭,手机报,户外阅报栏	6995	1200	2.6	455	4500	300	800	40	0	1503
今日建德	61	四开8版	周五	今日建德,数字报,建德新闻网,小记者网,官方微博,官方微信	1417.19	862.5	2.15	0	408.9	49.86	72.22	15.38	1.67	
今日临安	61		周五	今日临安,临安新闻网	920	400	1.5	0	400	0			120	60.3
今日桐庐	49		周七	今日桐庐,桐庐新闻网,桐庐发布	1262	500	3.5	0	500	25				
今日千岛湖	66	对开4版	周五	今日千岛湖,千岛湖新闻网,淳安手机报,千岛湖屏媒,千岛湖微报,微千岛湖,掌上千岛湖,千岛湖商网,千岛GO购,媒美购等11大全媒体集群	773.77	811	2		773.8	384.24	0	287.85		
大江东新闻中心	15	对开4或8版	周二	今日大江东,今日大江东微信,大江东发布,大江东教育杂志	450	250	2							
宁波市														

名称	员工人数（人）	出版规模	出版周期	现有媒体	报业总收入（万元）	财政拨款（万元）	发行数量（万份）	发行收入（万元）	广告收入（万元）	新媒体收入（万元）	印刷（万元）	户外（万元）	其他（万元）	总利润（万元）
鄞州日报	107		周七	鄞州日报，鄞州新闻网，微信公众号，鄞州发布，乡恋，鄞州日报，鄞州日报报业，鄞州日报小记者，鄞州日报微博，鄞州新闻APP	3153	150	4.18	986	1639	60			468	408
余姚日报	153		周七	余姚日报，余姚新闻网，余姚日报微信，微博，姚界APP	3526.6	0	3.02	915.2	2039	192.87	216.7		162.7	143.32
慈溪日报	146		周七	慈溪新闻网，官方微信，微博，慈溪新闻APP，手机报，民e通	5763	0	3.5	1042	1867	175	2289			639
奉化日报	64	对开八版	周六	奉化日报，奉化新闻网，奉化发布，奉化日报等微博微信	1884.94		2	481.1	1295	36				87.08
今日宁海	68		周五	今日宁海，宁海新闻网，宁海发布，味道宁海微信公众号，中国宁海新闻客户端，微博	1718	425	3		1014	271				
今日象山	100		周五	今日象山，中国象山港网站，中国象山手机客户端，中国象山港网微信公众号	1839.21	1106	2		733	154	13			150
今日镇海	31		周五	今日镇海，镇灵通微信公众号，镇灵通新闻客户端	450	120	2.5		400					400
北仑新区时刊社	66	八版	周五	北仑新区时刊，北仑新闻微信，客户端，北仑新闻网微博及网站	1921	1321	3.2		600					

续表

名称	员工人数(人)	出版规模	出版周期	现有媒体	报业总收入(万元)	财政拨款(万元)	发行数量(万份)	发行收入(万元)	广告收入(万元)	新媒体收入(万元)	印刷(万元)	户外(万元)	其他(万元)	总利润(万元)
温州市														
乐清日报														
瑞安日报	163		周六	瑞安日报,瑞安网,瑞安日报微信公众号和官方微博	5018	558	3.5	708	1992	337			1981	510
今日苍南	34	四开八版	周五	今日苍南,苍南新闻网,苍南发布,今日苍南数字报,苍南手机报APP,苍南新闻网微博,苍南新闻网微信,新江新闻APP苍南频道	874.95	791.9	3.25		83.02					
今日永嘉	52		周五加末	今日永嘉,永嘉网,永嘉手机报,中国永嘉微信,永嘉发布	829	465	2.86		360					
新平阳	68	八版	周五	新平阳报,平阳新闻网,平阳第一时间微信公众号	513.9	400	1.3			18.9			63	
温州瓯海区新闻和网络信息中心	37	四版		今日瓯海,瓯海新闻网,瓯海新闻(微信微博),都市新闻	900	900	5.48							
今日龙湾	46	八版	周三	今日龙湾	0	383	4.94							
今日洞头														
今日泰顺														
今日鹿城	37		周二	今日鹿城,都市新闻,鹿城视频新闻,都市新闻,鹿城新闻APP,鹿城新闻网官方微博,浙江新闻鹿城频道,掌上鹿城										

续表

名称	员工人数(人)	出版规模	出版周期	现有媒体	报业总收入(万元)	财政拨款(万元)	发行数量(万份)	发行收入(万元)	广告收入(万元)	新媒体收入(万元)	印刷(万元)	户外(万元)	其他(万元)	总利润(万元)
今日文成	13	8开16版	周二			338								
湖州市														
今日德清	83	对开八版	周五	德清新闻,德清新闻网微博,德清新闻网微信,德清关注微信,爱德清微信	2206	310	1.8	111	1529	134	227		204.5	
安吉新闻														
南浔时报														
长兴新闻														
嘉兴市														
海宁日报	105		周日	爱海宁APP,微信,海宁日报,海宁晓得代,微博,海宁日报——潮域网	4563.58	0	3.536	749.1	2697	58.56			1059.5	503.46
今日桐乡	34		周五	钱江晚报今日桐乡,周游桐乡微信公众号,爱桐乡网站,钱江晚报今日桐乡微博		200	2	0	374.9	109.15			48.33	4.76
嘉兴日报社平湖分社	50		周五	嘉兴日报平湖报,平湖网,微博平湖,看平湖微信	713	130	0.985	76	582					17
嘉兴日报社嘉善分社	46	对开四版	周五	报纸,手机报,微信微博,善商杂志,网站,APP新闻客户端	974	326	1		647					0.8
嘉兴日报社南湖分社	12	四版	周五	南湖新闻,南湖新闻微信	606	0	2.3		606					
嘉兴日报社海盐分社														
嘉兴日报社桐乡分社	12	四版	周五	桐乡新闻,桐乡新闻微博,桐乡样报闻微信公众号	633		885.6		613	20				

续表

名称	员工人数(人)	出版规模	出版周期	现有媒体	报业总收入(万元)	财政拨款(万元)	发行数量(万份)	发行收入(万元)	广告收入(万元)	新媒体收入(万元)	印刷(万元)	户外(万元)	其他(万元)	总利润(万元)
嘉兴日报社秀洲分社	12					280	2.2							
绍兴市														
诸暨日报	101		周七	诸暨日报	5700	100	4.85	1206	2538	105			1600	1046
柯桥日报	86	四开16版	周七	柯桥日报,柯桥发布,柯桥生活家,中国柯桥网,绍兴同城网	4530		5.6	1100	1800	100				1170
上虞日报	86	对开	周六	上虞日报,新商都周刊,教育周刊,文化周刊,财经周刊,上虞新闻网,爱上虞,生活网,上虞日报微博,微信,浙江新闻APP城市页卡,上虞发布政务平台,上虞头条APP	3202		3.45	742.9	1922	130			537.28	276.02
今日嵊州	30		周五	嵊州新闻网,嵊州发布两微一端,嵊州手机报	869	346	1.8		825	44				
今日新昌	34	四开8版	周五	今日新昌,新昌新闻网,今日新昌微信公众号,手机新昌新闻网,官方微博	772.53	70	1.2	110	572.3		5.38		84.81	6.82
金华市														
永康日报	129	四开16版	周三	永康日报	4353.16	70	3.527	566.8	3077	340.7			709.14	1330.2
东阳日报	132	68版/周	周七	报纸,网站,微博,微信,APP	5029		4.256	931	2981	138	930	400	187	1017
义乌商报	112	对开	周七	义乌商报	3836	0	7.2	1186	2642	8	0	0	7.7	
兰江导报	65	60版/周	周五	兰江导报,兰溪新闻网,兰溪新闻微信公众号,兰溪新闻APP	1388	100	22756	314	1073					167

名称	员工人数（人）	出版规模	出版周期	现有媒体	报业总收入（万元）	财政拨款（万元）	发行数量（万份）	发行收入（万元）	广告收入（万元）	新媒体收入（万元）	印刷（万元）	户外（万元）	其他（万元）	总利润（万元）
今日武义	51	四开八版	周五	今日武义,武义新闻网,武义手机报,武义发布,掌上武义,武义E报	470	240	1.5		470	15		50		
磐安报	35		周六	磐安报、磐安报周末特刊,磐安新闻网,磐安新闻网微博,磐安报微信公众号,磐安报手机客户端	876	566	1		280				30	
今日浦江	49	对开四版	周五	今日浦江,浦江新闻网,新浦江论坛,浦江新闻传媒官微,官博	573	235	1.6	0	338					
今日婺城	44	对开四版	周五	今日婺城,电视婺城新闻,婺城新闻网,婺城新闻客户端			1.3							
今日金东	36		周三	今日金东,金东新闻,四金新媒体平台	768	708	0.9		50	10				
衢州市														
今日江山	35		周五	今日江山,江山新闻网,江山新闻网微信,江山骄子杂志			1.7		246	55				
今日开化	32	四开四版	周五	今日开化,开化新闻网,开化新闻网微信,开化发布微信	682	612	1.25		70					
今日龙游														
今日常山														
今日衢江	19	对开	周二	今日衢江,衢江新闻网,衢江发布	120	80	0.87		40					
今日柯城	4	四开	周二	今日柯城		财政全额拨	76.5	0						
绿色新区报	8	四版	周一	绿色新区报,集聚区网站,集聚区微信平台,手机报	0	130	0.92							

续表

名称	员工人数(人)	出版规模	出版周期	现有媒体	报业总收入(万元)	财政拨款(万元)	发行数量(万份)	发行收入(万元)	广告收入(万元)	新媒体收入(万元)	印刷(万元)	户外(万元)	其他(万元)	总利润(万元)
舟山市														
今日普陀	143		周五	普陀电视台,普陀人民广播电台,今日普陀,普陀新闻网,手机报		368	1.56							
今日定海	82		周三	电视,报纸,广播,定海新闻网,定海山微信	0	财政拨款	1.7							
台州市														
温岭日报	94		周六	温岭日报,温岭新闻网,微温岭,温岭发布,温岭一周	2900		4.4	766	980	243				
今日临海	45	对开四版	周五	报纸,新闻网,手机APP,手机报		350	1.3		120					
今日玉环	58	四开八版	周五	今日玉坏	380	270	1.5		380				3	
天台报	40		周五	天台报,天台新闻网,天台新闻微博,天台新闻网微信	606	250	1	74	282					
仙居新闻	25	28版/周	周五	仙居新闻	260	160	1	0	100					
新三门	38	八版	周三	新三门报,三门新闻网	65	400	1.2	0	63	2				65
今日黄岩	50		周五	今日黄岩,黄岩新闻网,掌上黄岩,黄岩手机报	200	470	1.8		200					
今日椒江	36	24版/周	周五	今日椒江,椒江新闻网,E椒江,椒江发布		500	1.6							
今日路桥	40	四开八版	周五	今日路桥,路桥新闻网		580	2		83					
丽水市														
今日龙泉	33		周五	今日龙泉,今日龙泉微信	378	378	1.2							
今日缙云	13	对开四版	周五	缙云报,缙云报电子版,微信公众号		150	0.8	0	120					
钱瓯遂昌	33		周五	报纸网站微信	80	125	0.85		80					

续表

名称	员工人数(人)	出版规模	出版周期	现有媒体	报业总收入(万元)	财政拨款(万元)	发行数量(万份)	发行收入(万元)	广告收入(万元)	新媒体收入(万元)	印刷(万元)	户外(万元)	其他(万元)	总利润(万元)
新松阳	17	对开四版	周三	新松阳,中国松阳新闻网,新松阳采编中心微信,中国松阳新闻网微博	426.74	357.3	0.9		69.47	8				23.3
今日云和	19		周三	今日云和,云和新闻网,今日云和微信	300	300	0.6		15					
畲乡报	22		周三	畲乡报,中国景宁新闻网,微信,微博	62	312.4	70	45	17					62
菇乡庆元	26	四版	周五	菇乡庆元报,中国庆元网,掌上庆元,中国庆元网微信			1							
青田侨报	70	对开四版	周五	青田侨报,中国青田网,中国青田网微信公众号,掌上青田APP	1067.97	279.9	1	115.7	682.3	10				

注:数据来源:浙江省新闻工作者协会县市区域报工作委员会

附录2 2018 年度浙江省部分县市区域报经营数据

名称	主办单位	发行量（万份）	出版情况	2018 年营业总收入（万元）	2018 年广告额（万元）	刊号
萧山日报	萧山日报社	7	对开周六报,每周 56 版	15331	5667	CN33-0043
富阳日报	富阳日报社	3.17	对开周五报	未提供	未提供	CN33-0068
余杭晨报	余杭晨报社	9.05	对开周七报,每周 60 版	9434	3600	CN33-0113
乐清日报	乐清日报社	4.3	对开周五报,每周 40 版	5841	2398	CN33-0103
海宁日报	海宁日报社	3.5	四开周七报,每周 80 版	6602	1912	CN33-0047
诸暨日报	诸暨日报社	5	对开周七报,每周 48 版	6030	2800	CN33-0086
上虞日报	上虞日报社	3.7	对开周六报,每周 64 版	4200	1810	CN33-0080
永康日报	永康日报社	3.1	四开周六报,每周 72 版	4177	2340	CN33-0014
东阳日报	东阳日报社	4.3	对开周六报,每周 52 版	6328	3147	CN33-0104
义乌商报	义乌市委	7.05	对开周七报	7450	3980	CN33-0079
兰江导报	金华日报社	2.3	四开周五报,每周 56 版	1662	1180	CN33-0052
温岭日报	温岭日报社	4	对开周六报,每周 44 版	3758	1293	CN33-0106
今日大江东	大江东产业集聚区党工委	2.5	对开周二报,每周 16 版	350	230	无刊号
长兴新闻	长兴传媒集团	0.8	对开周五报,每周 24 版	23200	500	无刊号
今日金东	金东区新闻传媒中心	1	对开周三报,每周 12 版	无	无	无刊号
今日江山	中共江山市委	1.7	对开周七报,每周 28 版	318	261	无刊号
今日临海	临海市新闻传媒集团	1.5	对开周五报,每周 20 版	6863	1000	无刊号
今日玉环	玉环市传媒中心	1.5	四开周六报,每周 60 版	无	292.3	无刊号

注:数据来源:浙江省新闻工作者协会县市区域工作委员会

附录 3 2019 年浙江省部分县报（融媒体中心）统计数据表

融媒体中心名称	主要平台	开展的媒体服务	2019 年营业总收入	2019 年报纸收入（万元）/报纸发行量（万份）	2019 年广播电视收入（万元）	2019 年新媒体收入（万元）	2019 年广告收入（万元）	2019 年多元经营收入（万元）	其他收入（万元）
余杭区融媒体中心	报纸、广播、电视、PC 端网站、手机 APP、微信公众号、微博、短视频（抖音、快手等）	党建服务、政务服务、民生服务、文化服务、教育服务、其他增值服务	6700	2500/8.7	6000	500	4000	无	无
临安区融媒体中心	报纸、广播、电视、PC 端网站、手机 APP、微信公众号、微博、短视频（抖音、快手等）	党建服务、政务服务、民生服务、文化服务、教育服务、其他增值服务	1984	502 / 2	1106	224	1832	132	20
桐庐县融媒体中心	报纸、广播、电视、PC 端网站、手机 APP、微信公众号	党建服务、政务服务、民生服务、文化服务	2200	130/2	1400	110	412	550	/
淳安县融媒体中心	报纸、广播、电视、PC 端网站、手机 APP、微信公众号	党建服务、政务服务、民生服务、文化服务、教育服务、其他增值服务	1300	250/556	1000	50	1300	0	0
鄞州区融媒体中心	报纸、广播、电视、PC 端网站、手机 APP、微信公众号	党建服务、政务服务、民生服务、文化服务	9387	1220/3.49	384	401	1968	3254	2180
镇海区新闻中心	报纸、广播、电视、PC 端网站、手机 APP、微信公众号	党建服务、政务服务、民生服务、文化服务	12094	682	2567	282	3531	8653	/

续表

融媒体中心名称	主要平台	开展的媒体服务	2019年营业总收入	2019年报纸收入（万元）/报纸发行量（万份）	2019年广播电视收入（万元）	2019年新媒体收入（万元）	2019年广告收入（万元）	2019年多元经营收入（万元）	其他收入（万元）
永嘉传媒集团	报纸、广播、电视、PC端网站、手机APP、微信公众号	/	817.3	2	/	75	603.37	101.23	37.7
平阳县传媒中心	报纸、广播、电视、PC端网站、手机APP、微信公众号	党建服务、政务服务、民生服务、文化服务	895.47	0/292.3200	/	/	895.47	/	/
鹿城区融媒体中心	报纸、广播、电视、PC端网站、手机APP、微信公众号	党建服务、政务服务、民生服务、文化服务	82.73	2.67				80.06	
德清县融媒体中心	报纸、广播、电视、PC端网站、手机APP、微信公众号、微博、短视频（抖音、快手等）	党建服务、政务服务、民生服务、文化服务、教育服务、其他增值服务	21500万	1200，1.2万份		300万	4600万	15400万	
安吉新闻集团	报纸、广播、电视、PC端网站、手机APP、微信公众号、短视频	党建服务、政务服务、民生服务、文化服务、教育服务、其他增值服务	23434	0/1.8	/	500	6048	16027	/
长兴传媒集团	报纸、广播、电视、PC端网站、手机APP、微信公众号	党建服务、政务服务、民生服务、文化服务	25069	350/1.2	11664	500	4240	6590	1725
海宁市传媒中心	报纸、广播、电视、PC端网站、手机APP、微信公众号	党建服务、政务服务、民生服务、文化服务	12296.66	867.99/35936	879	5068.81	3748.1	440.58	无
平湖市传媒中心	报纸、广播、电视、PC端网站、手机APP、微信公众号	党建服务、政务服务、民生服务、文化服务	3952	82.84/1.0	/	/	3641	228.52	/

融媒体中心名称	主要平台	开展的媒体服务	2019年营业总收入	2019年报纸收入（万元）/报纸发行量（万份）	2019年广播电视收入（万元）	2019年新媒体收入（万元）	2019年广告收入（万元）	2019年多元经营收入（万元）	其他收入（万元）
嘉善县传媒中心	报纸、广播、电视、PC端网站、手机APP、微信公众号	党建服务、政务服务、民生服务、文化服务	3001.57	1040.19/0.8	无	83.42	1419.86	无	458.1
柯桥区融媒体中心	报纸、广播、电视、PC端网站、手机APP、微信公众号	党建服务、政务服务、民生服务、文化服务	9410.2	1082/5.5	/	208	2117.2	6003	1100
永康市融媒体中心	报纸、广播、电视、PC端网站、手机APP、微信公众号	党建服务、政务服务、民生服务、文化服务	3718.94	590.59/2.85	/	123.14	1851.7	1153.51	/
兰溪市融媒体中心	报纸、广播、电视、PC端网站、手机APP、微信公众号	党建服务、政务服务、民生服务、文化服务	4075.57	413.32/2.3	1273.86	16.4	1635.56	0	736.43
武义县融媒体中心	报纸、广播、电视、PC端网站、手机APP、微信公众号	党建服务、政务服务、民生服务、文化服务	3254.84	赠阅1.5万份	47.7	26.6	1002.94	/	2177.6
磐安县融媒体中心	报纸、广播、电视、PC端网站、手机APP、微信公众号	党建服务、政务服务、民生服务、文化服务、其他增值服务	920	1	565.3	30.7	920	/	/
开化县融媒体中心	报纸、广播、电视、PC端网站、手机APP、微信公众号	党建服务、政务服务、民生服务、文化服务	774.47	1.25	419.85	20	75	259.62	无
柯城传媒集团	报纸、广播、电视、PC端网站、手机APP、微信公众号、短视频		不做经营						

续表

融媒体中心名称	主要平台	开展的媒体服务	2019年营业总收入	2019年报纸收入（万元）/报纸发行量（万份）	2019年广播电视收入（万元）	2019年新媒体收入（万元）	2019年广告收入（万元）	2019年多元经营收入（万元）	其他收入（万元）
定海区融媒体中心	报纸、广播、电视、PC端网站、手机APP、微信公众号	党建服务、政务服务、民生服务、文化服务	/	/	/	/	/	/	/
三门县传媒中心	报纸、广播、电视、PC端网站、手机APP、微信公众号	党建服务、政务服务、民生服务、文化服务	2990	统计计入广告收入			390	2600	/
云和县融媒体中心	报纸、广播、电视、PC端网站、手机APP、微信公众号	党建服务、政务服务、民生服务、文化服务	92.9	24.9/赠阅3600份	68	无	无	无	无

注：数据来源：浙江省新闻工作者协会县市区域报工作委员会

附录4　2019年度浙江省部分县市区融媒体中心新媒统计表

账号名称	所属单位	创建时间	粉丝量（装机量）	阅读量（点击量）
萧山发布客户端	萧山日报社	2019 年 1 月	13 万	1200 万
智慧萧山客户端	萧山区融媒体中心	2015 年 4 月 27 日	42.8 万	3585877
余杭晨报今日头条号	余杭区融媒体中心	2016 年 8 月	46320	392.7 万
钱塘新区发布微信公众号	钱塘新区管委会	2019 年 4 月	245358	3 万＋
姚界新闻客户端	余姚日报社	2016 年 5 月 30 日	37 万＋	篇均 5700＋
掌上奉化新闻客户端	奉化区融媒体中心	2016 年 9 月 23 日	124699	16654372
看宁海客户端	宁海传媒集团	2017 年 12 月	18 万＋	日均 10 万＋
看北仑微信公众号	北仑区传媒中心	2014 年 1 月 4 日	25.4 万	1022 万
中国乐清网微信公众号	乐清日报社	2012 年 7 月	20 万	683 万
苍南发布微信公众号	苍南县融媒体中心	2014 年 10 月 17 日	100411	310 万＋
中国永嘉微信公众号	永嘉传媒集团	2014 年	16.5 万	1335 万
平阳第一时间微信公众号	平阳县传媒中心	2013 年 8 月	217931	8995793
爱德清微信公众号	德清县新闻中心	2015 年	14 万	日均 8000 人次
爱安吉客户端	安吉新闻集团	2014 年 3 月	21 万	20 万/日
掌上长兴客户端	长兴广播电视台	2019 年 4 月 8 日	22 万	5000 万＋
大潮网	海宁市传媒中心	2013 年 7 月	27.6 万	3257 万
柯桥发布微信公众号	绍兴市柯桥区融媒体中心	2015 年 11 月	219149	21000
永康日报微信公众号	永康日报	2014 年	27 万多	头条全年平均阅读量 2 万左右
东阳日报微信公众号	东阳日报社	2013 年 9 月	341081	平均每条 4000
兰溪新闻微信公众号	兰溪市融媒体中心	2013 年	33 万	1200 万
磐安广电微信公众号	磐安县融媒体中心	2014 年 6 月	129284	540 万/年
开化新闻网微信公众号	开化传媒集团	2013/10/29	69010	2019 年 526 万
柯城发布微信公众号	柯城传媒集团	2015 年 10 月 24 日	6.4 万	260 万＋
温岭日报微信公众号	温岭日报社	2014 年	21 万	单条最高阅读量 37 万＋
天台县传媒中心抖音号	天台县传媒中心	2019 年 9 月 12 日	1.9 万	3000 万＋

续表

账号名称	所属单位	创建时间	粉丝量 （装机量）	阅读量（点击量）
和合天台客户端	天台县新闻传媒中心	2018 年 12 月 1 日	69069	每天 1 万＋
椒江发布微信公众号	台州市椒江区传媒中心	2015 年 3 月 30 日	248181	最高 280000
掌上龙泉微信公众号	龙泉市融媒体中心	2013 年 4 月	109503	2 月 9 日—3 月 10 日 223.3 万人次
遂昌新闻微信公众号	遂昌县融媒体中心	2013 年 7 月 17 日	69324（全县 23 万人口， 占比超 30%）	疫情期间 270 万＋

注：数据来源：浙江省新闻工作者协会县市区域报工作委员会

附录5　中华人民共和国时期浙江县报简表

报名	地点	创刊时间	停刊时间	复刊时间	备　注
临海日报	临海	1954.5	1961 2003.12	1994.7 /	原县(市)委机关报,原《临海报》
萧山日报	萧山	1954.12	1961.2	1991.9	杭州市萧山区委机关报,原为县报《萧山报》
慈溪日报	慈溪	1955.1	1961.2	1992.1	县(市)委机关报,原《慈溪报》
杭县报	临平	1955.4	1958.5	/	县(市)委机关报,曾改出《杭州农村》
富阳日报	富阳	1955.6	1960.8	1993.3	杭州市富阳区委机关报,原为《富阳报》
湖州报	湖州	1955.7	1960.12 1983.10	1980.6 /	县委(市)机关报,原名《吴兴报》
诸暨日报	诸暨	1955.7	1961.2	1980.10	县(市)委机关报,原《诸暨报》
海宁日报	海宁	1955.7	1961.2	1994.1	县(市)委机关报,原《海宁报》,后改为《嘉兴日报·海宁版》
乐清日报	乐清	1955.9	1961.2	1994.1	县(市)委机关报,原《乐清报》
绍兴县报	绍兴	1955.9	1961.2	1985.1	县(市)委机关报,原《绍兴报》
宁波报	宁波	1956.1	1961.2	1980.6	县(市)委机关报,曾改名《宁波日报》
磐安报	磐安	1956.1	1958 2003.12	1994.7 /	县(市)委机关报
泰顺报	泰顺	1956.2	1961.2 2003.12	1998.4 /	县(市)委机关报
嵊州日报	嵊县	1956.3	1961.2	/	县(市)委机关报,县委机关报,原《嵊县报》,曾名《嵊县日报》、《嵊州报》
新昌报	新昌	1956.4	1961.2 2003.12	1994 /	县(市)委机关报
新登报	新登	1956.4	1957.2	/	县委机关报,一度复刊为《新登日报》,与分水、桐庐县委合办
金华县报	金华	1956.4	1960.9 2000.12	1995.3 /	县(市)委机关报,2000年底终刊
平阳报	平阳	1956.4	1961.2 1982.1	1981.1 1994	县(市)委机关报
武义日报	武义	1956.4	1958.11 2003	1993.1 /	县(市)委机关报,原《武义报》
丽水报	丽水	1956.4	1961.2	/	县(市)委机关报

续表

报名	地点	创刊时间	停刊时间	复刊时间	备　注
仙居报	仙居	1956.7	不详 2003.12	1996 ／	县(市)委机关报
缙云时报	缙云	1956.5	1961.2 2003.12	1994.8 ／	县(市)委机关报,原《缙云报》
嘉兴报	嘉兴	1956.5	1961.2	／	县(市)委机关报
青田侨乡报	青田	1956.5	1961.2 2003.12	1993.9 ／	县(市)委机关报,原《青田报》
瑞安日报	瑞安	1956.5	1961.2	／	县(市)委机关报,原《瑞安报》
上虞日报	上虞	1956.5	1961.2	1993.8	县(市)委机关报,原《上虞报》
余姚日报	余姚	1956.5	1961.2	1989.7	县(市)委机关报,原《余姚报》
奉化日报	奉化	1956.5	1961.1	1992.10	县(市)委机关报,原《奉化报》
鄞州日报	鄞县	1956.5	1958.12	1993.7	县(市)委机关报,原《鄞县报》、曾名《鄞县日报》,一度并入《宁波报》
永康日报	永康	1956.5	1960.7	1984	县(市)委机关报,原《永康报》
兰溪日报	兰溪	1956.5	1960.9 2003.12	1989.5 ／	县(市)委机关报,原《兰溪报》
江山日报	江山	1956.5	1961.2 2003.12	1980.6 ／	县(市)委机关报,原《江山报》
淳安报	淳安	1956.5	1961.2 2003.12	1988.5 ／	县(市)委机关报,《遂安报》曾与其合刊
黄岩日报	黄岩	1956.5	1961.2 2001.3	1992.7 ／	台州黄岩区委机关报,原为县报《黄岩报》
义乌日报	义乌	1956.5	1960.9	1992.1	县(市)委机关报,原《义乌报》
东阳日报	东阳	1956.5	1961.2	1993.3	县(市)委机关报,原《东阳报》
余杭日报	余杭	1956.5	1958.2 2003.12	1994.1 ／	杭州市余杭区委机关报,原为县报《余杭报》
温岭日报	温岭	1956.5	1961.2	1995.3	县(市)委机关报,原《温岭报》
临安日报	临安	1956.5	1961.2 2003.12	1994.5 ／	县(市)委机关报,原《临安报》
开化报	开化	1956.5	1961.2 2003.12	1992 ／	县(市)委机关报
镇海报	镇海	1956.5	1961.2 2003.12	1991.12 ／	县(市)委机关报,原《镇海报》,曾改名《镇海信息报》
定海报	定海	1956.5	1957.7 1959.1	1958.7 ／	县(市)委机关报,曾名《定海通讯》
汤溪报	汤溪	1956.5	1958.8		县(市)委机关报
宁海报	宁海	1956.5	约1958.9 2003.12	1994.7 ／	县(市)委机关报,曾并入《象山日报》

报名	地点	创刊时间	停刊时间	复刊时间	备 注
象山日报	象山	1956.5	1961.2 2003.12	1994.7 /	县（市）委机关报
长兴报	长兴	1956.5	1960.1 2003.12	1996.1 /	县（市）委机关报
永嘉报	永嘉	1956.5	1961.3 2003.12	1994.6 /	县（市）委机关报
平湖日报	平湖	1956.5	1961.2	1993.12	县（市）委机关报，原《平湖报》，后改《嘉兴日报平湖版》
龙游报	龙游	1956.5	1959.12 2003.12	2000 /	县（市）委机关报
衢江报	衢州	1956.6	1961.2	1995.6	县委机关报，原《衢县报》
龙泉日报	龙泉	1956.6	1961.2	1995.5	县（市）委机关报，原《龙泉报》
桐庐日报	桐庐	1956.6	1961.2 2003.12	1993.9 /	县（市）委机关报，原《桐庐报》，后有《新登日报》改名
海盐日报	海盐	1956.7	1957.11 2003.12	1994.2 /	县（市）委机关报，原《海盐报》《嘉兴日报海盐版》
三门报	三门	1956	不详 2003.12	1996 /	县（市）委机关报
菇城报	庆元	1956.7	1958.1 2003.12	1993.1/	县（市）委机关报，原《庆元报》
浦江报	浦江	1956.7	1959 年 2003.12	1993 /	县（市）委机关报
安吉报	安吉	1956.7	1961.1 2003.12	1993.3 /	县（市）委机关报
孝丰报	考丰	1956.7	1958.11	/	县（市）委机关报
建德日报	梅城、 新安江	1956.8	1961.2 2003.12	1993.1 /	县（市）委机关报
畲乡报	景宁	1956.8	1960.2	1995.2	县（市）委机关报，原《景宁报》
莫干山报	武康	1956.8	1961.2 2003.12	1993.1 /	县（市）委机关报，原名《德清报》
桐乡日报	桐乡	1956.8	1961.2	1998	县（市）委机关报，原《桐乡报》，后改《嘉兴日报桐乡版》
文成报	文成	1956.9	1958 2003.12	2001.1 /	县（市）委机关报
武康报	武康	1956.8	1958.6	/	县（市）委机关报
常山报	常山	1956.10	1958.1 2003.12	1999.2 /	县（市）委机关报
遂昌报	遂昌	1956.10	1960.9 2003.12	1998.1 /	县（市）委机关报

续表

报名	地点	创刊时间	停刊时间	复刊时间	备　注
洞头报	洞头	1956.10	1960.3	?	县(市)委机关报
宣平报	宣平	1956.10	1957.3	/	县(市)委机关报
普陀报	普陀	1956.11	1957.3	/	县(市)委机关报
遂安报	遂安	1956	1958	/	县(市)委机关报
崇德报	崇德	1956	1958	/	县(市)委机关报
苍南报	苍南	1956	不详 2003.12	1994.7 /	县(市)委机关报
寿昌报	寿昌	1956	1958	/	县(市)委机关报
嘉善报	嘉善	1956	不详	1993.6	县(市)委机关报,后改《嘉兴日报嘉善版》
玉环报	玉环	约1956	不详 2003.12	1995 /	县(市)委机关报
天台山报	天台	约1956	不详 2003.12	1992 /	县(市)委机关报,原《天台报》,曾名《天台日报》
松阳报	松阳	1956	1958.1 2003.12	2000.1 /	县(市)委机关报
云和报	云和	1956	不详 2003.12	1998.7 /	县(市)委机关报
桐庐日报	桐庐	1958.1	1961.2 2003.12	1995.9 /	县(市)委机关报,原名《桐庐报》
绍兴时报	绍兴	1958.1	1958.4	/	原县(市)委机关报,后并入《绍兴报》
嵊泗报	嵊泗	1958.2	1959.4	/	县(市)委机关报

注:数据来源:作者整理

后 记

筇龙已过头番笋,木笔犹开第一花。农历端午刚过,本书写作也近尾声。杭州的初夏已是一片艳阳天,旧日的雾霾受副热带高压影响,已经荡然无存,天空中透出清澈的蓝天白云。即将为书稿画上句号之时,庚子年初蔓延开的这场新冠疫情还在延续,久居一室的我已经闻到了窗前飘逸的栀子花香,此时真是别有一番滋味上心头。

三更灯火五更鸡,正是男儿读书时。写书总是艰苦而又夹着一些枯燥的,在无花无酒锄作田的岁月里,日子就像切洋葱,泪流满面乐不疲。

我是在浙江省新闻工作者协会副秘书长洪佳士高级编辑的指导下,从一个计算机应用技术专业的工学学士、硕士,走上新闻专业的教学和科研之路。2010年,在洪老师的帮助下,我申报了杭州市哲社规划课题“杭州县市区域新媒体发展研究”,并获得立项,这是我第一次与新闻专业的科研项目亲密接触。在走访报社和收集资料的过程中,我和杭州各地的县报有了近距离的接触,看到了它们在数字时代的快速发展,并对它们产生研究兴趣,初出茅庐,相关成果就获得杭州市哲社优秀成果二等奖,这对我的学术之路是一个莫大的鞭策。

2012年5月,我开始参与浙江省哲学社会科学重大课题《浙江通志·报业志》的编辑,负责编辑部的日常工作,这项工作为我收集浙江的县报资料提供了更多便利。目前这部志书也过了三校,即将印刷出版,可谓是双喜临门。

苦耕春前片片土,笑采秋后粒粒珠。本书是在我博士论文基础上修改充实而成。2014年9月,机缘巧合,让我有幸跟着程曼丽教授攻读传播学博士学位。由于我从工科跨到文科,薄弱的理论基础,严重限制了我的研究视野,在程导的指引下,我开始大量研读国内外传播学领域的最新理论。写作之前,我花了整整三个月时间,在图书馆翻阅大量相关书籍,对社会科学研究方法有了比较深入的认识,并开始将这些知识运用到县报的相关研究中,终于拨云见日,思路渐开。

桃李不言,下自成蹊。承蒙各位师友的指导和帮助,此书终将成稿。在此,谨向给予我支持和帮助的人们,致以衷心的感谢!

我的博士生导师程曼丽教授,担任过新闻传播学科唯一的国家一级学会"中国新闻史"学会会长,治学严谨,博学睿智,诲人不倦,和蔼可亲。对我的写作关怀备至,从选题到提纲初拟,到文章成稿,都给予悉心指导,多次从百忙之中抽出时间和我面谈,为我指点迷津,修正谬误,匡我不逮,苍白的语言无法表达我对你的感激之情。

曾任浙江省新闻工作者协会县市报工委主任的洪佳士高级编辑,光明日报浙江记者站站长叶辉高级记者,为我的写作提供了大量第一手数据,他们虽身兼数职,事务繁忙,仍挤出时间,亲自带我赴多家媒体和机构调研,寻访线索,收集最新资料,采访相关人员,感谢你们的鼎力相助。

要感谢的人还很多,怎一个"谢"字了得?感谢陈曦教授、李彬教授、陈培爱教授、张志庆教授、黄瑚教授、邓绍根教授、朱志刚教授、孙瑱副教授、柳旭东副教授、谭志强副教授、章戈浩副教授。你们的谆谆教导,传道解惑,让我受益匪浅,你们的一路陪伴,与我一起挥斥方遒,纸落云烟,让我走过了这段苦乐交集的研究之路。

时光如水,匆匆一瞥,多少岁月,轻描淡写。感谢浙江省新闻工作者协会县市区域报工委的金烽秘书长,以及颜伟光、李国平、干剑松等诸多忘年好友和多位县市报老总,为我提供大量一手材料,和我交流经验体会,一起度过很多愉快日子,给我如此多的感动,为我的研究生涯平添明媚之阳光。

感谢所有给我帮助和支持的亲朋好友。不是每处远方都有诗,不是每轮月下都有梦,忙碌的生活已经远离情怀和初心,而你们的付出就像那秋风一缕,在不经意间让我改变了生活的轨迹,你们的支持和帮助,给了我坚持到底的信心和勇气。

因本人水平所囿,虽已倾力而为,文中谬误依然难免,敬祈老师和同仁能够慷慨提出,不吝赐教。

2020 年 10 月